FIQUE RICO

RICO

RICO

FIQUE

RICO

FIQUE RICO

SAIBA IDENTIFICAR OPORTUNIDADES E CONQUISTE O QUE VOCÊ DESEJA

EDITORA AlfaCon

Diretor Geral: Evandro Guedes

Diretor de TI: Jadson Siqueira

Diretor Editorial: Javert Falco

Gerente Editorial: Mariana Passos

Tradução: Claudio Salles Carina

Editores: Fábio Oliveira, Paula Craveiro e Wilza Castro

Coordenação de Editoração: Alexandre Rossa

Diagramação: Alexandre Rossa e Nara Azevedo

Dados Internacionais de Catalogação na Publicação (CIP)
Jéssica de Oliveira Molinari CRB-8/9852

L379f

    Latka, Nathan

    Fique rico : saiba identificar oportunidades e conquiste o que você deseja / Nathan Latka ; tradução de Claudio Carina. - Cascavel, PR : AlfaCon, 2022.

    300 p.

    ISBN 978-65-5918-470-5

    Título original: How to be a capitalist without any capital

    1. Finanças pessoais 2. Negócios 3. Empreendedorismo 4. Riqueza I. Título II. Carina, Claudio

---

22-4412   CDD   332.024

Índices para catálogo sistemático:
1. Finanças pessoais

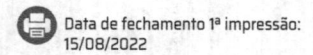 **Data de fechamento 1ª impressão:**
15/08/2022

 Dúvidas?
Acesse: www.alfaconcursos.com.br/atendimento
Rua: Paraná, nº 3193, Centro – Cascavel/PR
CEP: 85810-010

 SAC: (45) 3037-8888

RECURSOS

Se liga no **vídeo**!

App AlfaCon Notes

Neste livro você encontra o **AlfaCon Notes** que é um app perfeito para registrar suas **anotações de leitura**, mantendo tudo **organizado e acessível** em seu smartphone. Deixe **sua leitura mais prática** e armazene tudo que puder! Viva a experiência AlfaCon Notes. É só seguir o passo a passo para instalação do app.

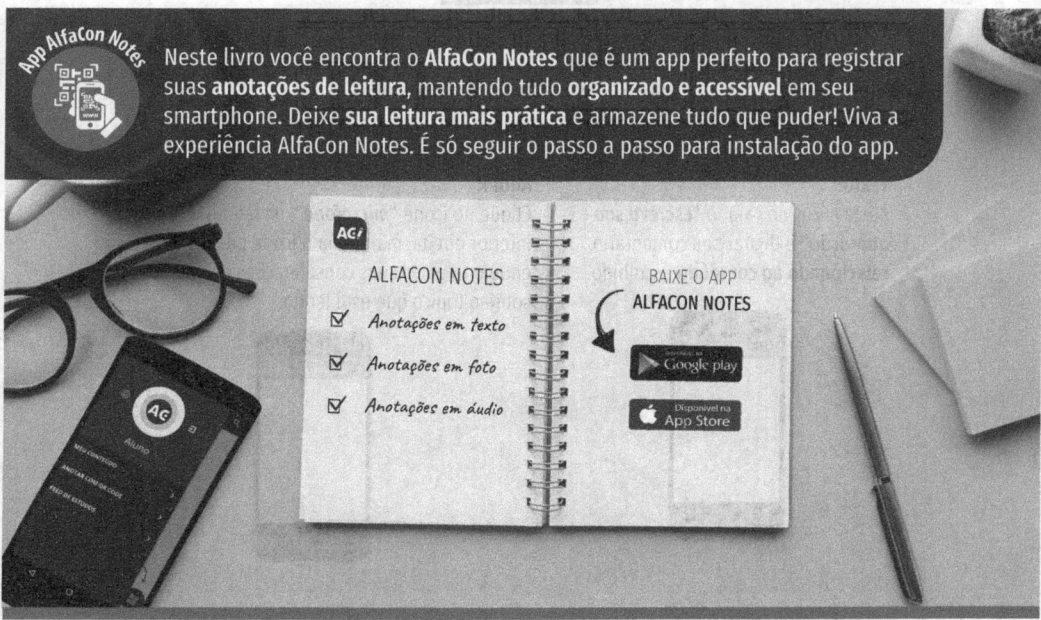

Passo 01:

Instale o **Aplicativo AlfaCon Notes** em seu smartphone.

Passo 02:

Você terá acesso ao seu feed de estudos, no qual poderá encontrar todas as suas anotações.

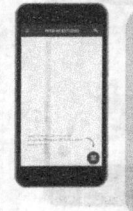

App AlfaCon Notes

Para criar uma nova anotação, clique no ícone localizado no canto inferior direito da tela.

Passo 03:

Cada tópico de seu livro contém **um Código QR** ao lado.

App AlfaCon Notes

Escolha o tópico e faça a leitura do Código QR utilizando o aplicativo AlfaCon Notes para registrar sua anotação.

AlfaCon

Passo 04:

Pronto! Agora você poderá escolher o formato de suas anotações:

Texto:
Basta clicar no campo *"Escreva sua anotação"* e digitar seu comentário, **relacionado ao conteúdo** escolhido.

Áudio:
Clique no ícone *"microfone"*, na lateral inferior direita, mantenha o ícone pressionado enquanto grava suas considerações de voz sobre o tópico que está lendo.

Foto:

1) Clique no ícone, na lateral **inferior esquerda**.

2) **Fotografe** as anotações realizadas durante sua leitura.

3) Envie no ícone na lateral **inferior direita**.

» Agora você tem suas **anotações organizadas** e sempre à mão. Elas ficarão **disponíveis** em seu smartphone.

» Pronto para essa **nova experiência?** Então, baixe o app **AlfaCon Notes** e crie suas anotações.

Mais que um livro, é uma experiência!

SUMÁRIO

PARTE 1
REGRAS PARA QUEBRAR, REGRAS PARA ADOTAR

À minha mãe, que me ensinou o valor do dinheiro, o poder de uma decisão e as vantagens do trabalho árduo; e a meu pai, que me ajudou a desenvolver minhas habilidades competitivas e uma fome realmente notável de ganhar muito.

INTRODUÇÃO

Riqueza é a capacidade de viver a vida plenamente.

– Desconhecido

Muitas pessoas acham que não são boas em ganhar dinheiro, quando o que não sabem é como usá-lo.

– Frank A. Clark

Quando comecei a escrever este livro, minha mãe me ligou e falou: "Você está ganhando muito dinheiro". "Vai causar uma confusão se você morrer, Deus me livre, e não tem nenhum plano para os seus bens." É engraçado. Três anos atrás ela se mostrou cética quando resolvi abandonar meus estudos. A mensagem dela mudou de "Continue estudando!" para "Faça um testamento!" Nos próximos capítulos, falo mais no que diz respeito a mim ... Primeiro, vamos falar sobre você.

Sabe aquelas pessoas cujas vidas você simplesmente não consegue entender? Elas viajam pelo mundo quando querem. Quase não trabalham. Estão sempre com a família, ou vivendo aquela grande aventura que você reservou para ... "um dia". De alguma forma, elas estão felizes com a vida como ela é – não se escondem atrás da fachada de uma "vida perfeita" nas redes sociais.

Como aquele seu colega de faculdade que largou os estudos e levantou US$ 1 milhão para abrir uma *startup*. Ou o pai que você vê nos jogos de futebol do seu filho ou na sua academia, que tem um Range Rover e está sempre à toa no meio da semana, quando a maioria dos pais está trabalhando. Ou o seu vizinho que largou o emprego em uma grande corporação e agora tem seu próprio negócio, ganhando US$ 10 mil ou US$ 20 mil por mês.

Você sabe que essas pessoas são, no máximo, medianas. Não são supertalentosas ou inteligentes, mas vivem como reis e rainhas, isso lhe deixa pasmo.

O que elas sabem, diferente de você, é como ser um capitalista sem ter nenhum capital. Existem quatro regras de ouro que o mundo dos negócios nos "vendeu" para impedir nosso sucesso. Essas regras antigas devem ser desobedecidas. E as pessoas em quem você pensou nos parágrafos anteriores, dominaram a maneira de burlar essas regras.

É fácil achar que esses super-ricos são "filhinhos de papai" ou presumir que é o cônjuge quem sustenta a casa. Ou podemos pensar que talvez eles não sejam ricos e só estão acumulando dívidas no cartão de crédito. Esses cenários são verdadeiros para algumas pessoas, mas não é sobre elas que estou falando.

Estou falando sobre pessoas que são ricas por conta própria. As famílias não têm nada a ver com suas gordas contas bancárias. Você não aguenta mais ver as postagens delas no Instagram velejando em pleno dia de semana ou as fotos de mais umas férias no exterior. Porém, por mais que o irritem, você também está morrendo de vontade de saber como elas fazem isso. Como essas pessoas conseguem ser tão bem-sucedidas – e livres – enquanto você definha sob as luzes fluorescentes na sua mesa de trabalho por mais de cinquenta horas por semana?

É porque elas fazem parte dos Novos Ricos, como Tim Ferriss chama o segmento da população que descobriu como maximizar tudo na vida – mesmo que não seja muito – para se tornar um ativo que funciona para elas. Os Novos Ricos são criativos com o tempo, o dinheiro e a energia de que dispõem. Conseguem o que querem e quando querem. Viajam o quanto quiserem. Suas agendas estão em branco. E elas têm pouquíssimas despesas.

Tim Ferriss nos apresentou aos Novos Ricos há mais de uma década em seu livro *Trabalhe 4 horas por semana*, mas desde então muita coisa mudou. Hoje, eu e meus colegas estamos ficando ricos não apenas começando empresas do zero, mas aproveitando minas de ouro como Instagram e Airbnb, que não existiam no início dos anos 2000. Geramos riqueza aproveitando novas ferramentas rapidamente e descobrindo como fazer essas ferramentas funcionarem para que possamos trabalhar menos.

Quando uma pessoa comum vê um Novo Rico, ela imagina que ele tenha alguma característica mágica. Não é mágica. As pessoas comuns simplesmente não entendem como o rico ficou tão rico e atribuem isso a uma "mágica". Um mágico pratica uma série de "movimentos" ou "táticas" atrás de uma cortina de forma que, quando o truque é apresentado, o espectador comum não veja o "pulo do gato". Se você visse o mágico agindo atrás da cortina, pensaria: "Eu também posso fazer esse truque!" Acumular riqueza é a mesma coisa.

Sou um mágico da riqueza já faz uma década e, apesar das recomendações do meu advogado, eu vou contar tudo neste livro, para você também realizar a sua própria "mágica da riqueza". Você vai ver minhas restituições do Imposto de Renda, minhas declarações de lucros e perdas, minhas negociações por e-mail ao comprar e vender empresas. Vou mostrar tudo isso para você estudar e ter uma noção real de como construí meu império. Vou mostrar o que há atrás da cortina do Novo Rico para você poder fazer parte desse santuário interno.

O estilo de vida que você deseja não está fora do seu alcance – você só ainda não sabe o que precisa fazer. Este livro ensina o que deve ser feito, iniciando com algumas realizações que tive aos 19 anos. Você vai aprender como replicar o funcionamento interno de mais de vinte fontes de renda que tenho agora aos 32 anos.

Se estiverem prontos para entrar na turma dos Novos Ricos, continuem lendo, meus novos mágicos da riqueza!

MINHA HISTÓRIA E POR QUE VOCÊ PRECISA DESTE LIVRO

Há algumas coisas que você precisa saber sobre mim:

▸ Eu não terminei a faculdade.

▸ Comecei minha primeira empresa no meu alojamento na Politécnica de Virgínia com 20 anos. Em quatro anos, eu contratei quarenta pessoas e aumentei as vendas para US$ 5 milhões e o valor da empresa para US$ 10,5 milhões.

> ▸ Recusei uma oferta de aquisição de US$ 6,5 milhões por essa empresa quando tinha 22 anos.

> ▸ Não tenho um currículo.

> ▸ Comprei meu primeiro imóvel sozinho aos 24 anos.

> ▸ Comprei a minha primeira empresa aos 26.

> ▸ Aos 28 anos, dirigia minha própria empresa de capital privado, comprando e vendendo empresas.

> ▸ Eu uso padrões e dados para tomar minhas decisões.

Este último detalhe provavelmente é a razão de eu ter chegado tão longe e é como vou ajudar você a chegar aqui também. Não vou desperdiçar o seu tempo com conversa fiada e positividade banal. Se você conhece o meu *podcast*, *The Top Entrepreneurs* (Os melhores empreendedores), já sabe isso sobre mim. Já entrevistei mais de quinhentos dos maiores pensadores, inovadores e CEOs do mundo em busca de padrões que qualquer um pode aplicar para ganhar dinheiro, trabalhar menos e conseguir o que quer na vida. Uso dados e números para que eu e você possamos aprender com o mundo real. Na verdade, eu pressiono tanto esses CEOs que eles acabam revelando estratégias secretas que gostariam de não compartilhar e ameaçam entrar com um processo quando o episódio vai ao ar. Culpa deles! (Você ganha com isso!) Um triste efeito colateral é que eu sou o *podcaster* mais processado – você deveria ver minha parede de cartas de cessões e desistência (uma coisa linda! Eu sempre ganho essas disputas!).

Este livro é uma extensão natural do meu *podcast*. Vou contar os segredos dos Novos Ricos e apresentar histórias reais de CEOs de garagem de 20 anos de idade, de milionários do Airbnb, de fundadores de empresas de *software* podres de ricos e de bilionários de tecnologia financeira – todos ficando mais ricos todos os dias, neste instante. Vamos saber a história deles, mas, igualmente importante, vamos examinar os verdadeiros números por trás de seus negócios para entender como eles fazem isso funcionar.

Depois, há os padrões. Em todas as minhas conversas com grandes empreendedores, percebi que seus planos de execução seguem padrões semelhantes, que se opõem à sabedoria empresarial convencional. Esses padrões se correlacionam diretamente com riqueza, liberdade e muitas vitórias – e vão deixar você estupefato. Quando aprender sobre eles nos capítulos seguintes, você perceberá que enriquecer é tão fácil que chega a ser inacreditável entrar na turma daqueles amigos ricos cujo sucesso o deixava perplexo até alguns meses atrás.

Minha obsessão por números é tão feroz que foi a razão de ter largado a faculdade. Isso, mais a mentalidade financeira que minha mãe incutiu em mim desde cedo. Ela jura que com 5 anos de idade eu perguntei durante um passeio de carro por que a gente não saía mais para jantar. A explicação foi que ela e meu pai tiveram que fazer escolhas, pois tinham decidido recentemente se mudar para uma casa grande no campo. Desde que fizeram essa escolha eles optaram por não gastar dinheiro com outras coisas, como comer fora.

Fiquei sentado em silêncio no banco de trás por um longo tempo. Então eu disse: "Mãe, então eu posso abrir o meu cofrinho pra gente ir comer no Pizza Hut hoje à noite?" Minha sugestão não colou. Ela e meu pai preferiram me levar para jantar fora naquela noite, mas a lição ficou clara.

Não tenho lembrança dessa conversa, mas quando ouço essa história ela diz muito sobre como meus pais me criaram para pensar como um empresário. Minha mãe não estava falando sobre o orçamento familiar naquele dia – não exatamente. O que ela quis mostrar é a necessidade de fazer escolhas com base na vida que desejamos viver agora – e na vida que desejamos viver no futuro. É tudo uma questão de custo e benefício. Às vezes isso significa menos pizza em troca de uma grande casa de campo (exceto quando seu filho de 5 anos fraqueja sua resolução numa conversa de dois minutos). Outras vezes significa seguir seu instinto quando vê uma grande oportunidade pela frente, mesmo que vá contra tudo o que dizem que você "deveria estar fazendo" da sua vida.

Foi onde me vi quando resolvi abandonar a faculdade. Fiquei até o terceiro ano, mas nunca vou esquecer o momento em que percebi que meu negócio não era faculdade. Foi durante um curso nos meus primeiros tempos na Politécnica de Virgínia. Eu deveria ter adorado aquela aula, mas a professora era tão chata que comecei a pensar em outras coisas.

Meu exame semestral daquele ano foi meu tempo de despertar. Fiquei acordado a noite divulgando a pré-venda de um produto que eu tinha acabado de lançar na página de fãs do Facebook. Fiquei muito cansado, mas enviei US$ 1.400 em propostas de vendas naquela noite, por isso não me arrependo. Configurei um alerta no meu telefone para emitir um som toda vez que uma nova venda do PayPal chegasse. Meu telefone estava do outro lado da sala enquanto eu prestava o exame, mas ouvi o alerta duas vezes no período de duas horas. Como meu produto custava US$ 700 a unidade, então ganhei US$ 1.400 antes de terminar o exame. Fui reprovado, mas esse fracasso se transformou em um estímulo irreversível para continuar aumentando o meu negócio.

Percebi que era um capitalista no momento em que vi as notas do exame em que fui reprovado. Pensei comigo mesmo: se eu consegui ganhar US$ 1.400 enquanto fui reprovado naquele exame, a escola não é minha praia. Continuei por mais alguns anos, mas sabia que precisava sair e abrir minha empresa. Se você que está lendo isto for um estudante, continue. Vai ficar melhor ainda...

Quando finalmente resolvi deixar a escola, uma das primeiras coisas que fiz foi ligar para minha mãe. Achei que ela ficaria furiosa comigo por querer desistir – especialmente por ela ter trabalhado em três empregos para pagar sua faculdade. Agora meus pais estavam pagando minha mensalidade e lá estava eu, jogando tudo pela janela. Mas ela não ficou com raiva de jeito nenhum. Só me disse que a escolha era minha, mas que deveria pensar sobre as minhas opções. Foi a única vez na minha vida que meus pais pagaram meus estudos (eu tive sorte e sou grato), por isso ela sugeriu que eu concluísse a faculdade, para o caso de algum de meus empreendimentos viesse a fracassar no futuro.

Ela tinha razão, mas eu sabia que nunca me esforçaria para ter sucesso se tivesse essa rede de segurança embaixo de mim. Eu disse a ela que precisava desligar. Aceitou minha decisão, pois sabia que tinha criado três filhos teimosos e ambiciosos, e não iria atrapalhar o que queríamos fazer. Ela só me pressionou para considerar minhas escolhas antes de me jogar de cabeça nessa empreitada.

Mas eu só conseguia pensar nos números. Sabia que poderia ganhar muito mais do que US$ 1.400 numa tarde se dedicasse mais tempo e energia ao meu negócio. Esquecer as regras, ou o que alguém disse que eu deveria fazer da minha vida aos 20 anos (obrigado, mãe, por não ser uma dessas pessoas). Vi minha oportunidade e saí atrás dela.

MINHA DECLARAÇÃO DE RENDA E POR QUE VOCÊ DEVE PRESTAR ATENÇÃO

Aos 23 anos, em 2013, a empresa que abri quando estava na faculdade (chamada Lujure, mais tarde renomeada como Heyo) ultrapassou US$ 939 mil em vendas por ano. Os políticos adoram restituições de impostos, então decidi mostrar as minhas:

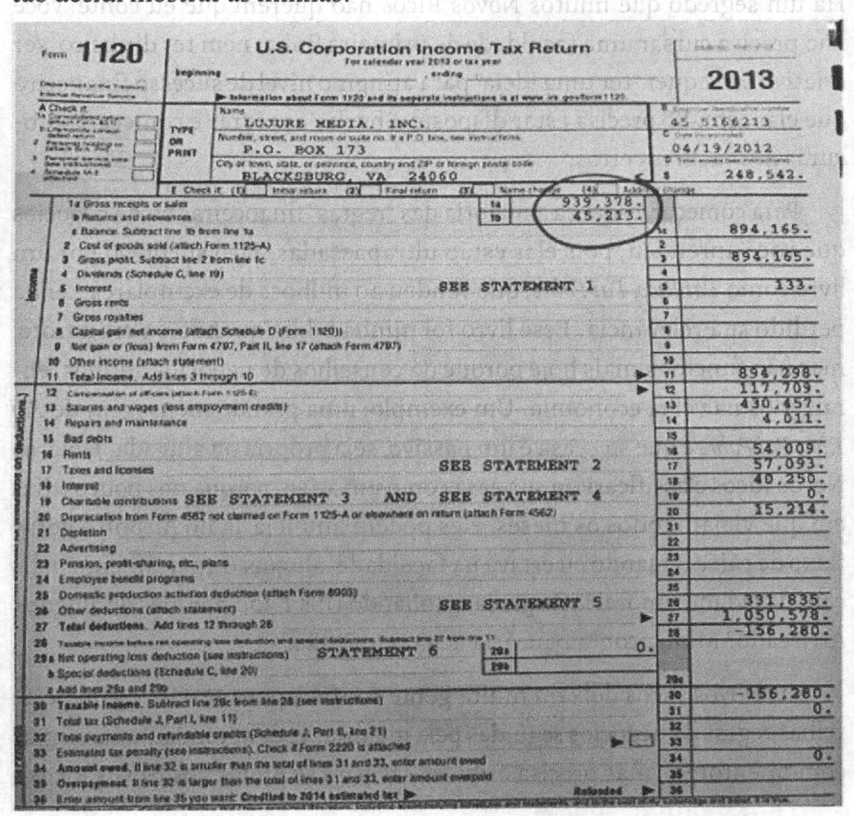

Dois anos depois, em 2015, minha empresa ultrapassou US$ 5 milhões em vendas totais e eu comprei quatro empresas em dois anos para gerar mais receita, de forma mais rápida e mais barata. Hoje eu ganho US$ 100 mil em renda passiva todos os meses e trabalho cerca de quinze horas por semana.

Meu posicionamento aqui não é se vale a pena ou não largar a faculdade (embora tenha acontecido comigo). É defender que pessoas como eu e você, ou qualquer um podem fazer parte da turma dos Novos Ricos, basta querer.

Então, você quer?

PESSOAS RICAS VENDEM A VOCÊ ESTAS QUATRO MENTIRAS

Há um segredo que muitos Novos Ricos não querem que eu conte: você não precisa cursar uma faculdade de primeira linha, nem ter dinheiro, ser criativo ou sequer "ter uma ideia" para atingir o nível de sucesso financeiro que elas têm. Só precisa estar disposto a burlar as regras e começar a procurar nos lugares certos.

Para começar, esqueça a maioria das "regras" financeiras ou de negócios que você aprendeu, pois elas estão ultrapassadas. Fico surpreso por um livro como *Pai Rico, Pai Pobre*, que vendeu 20 milhões de exemplares, tenha perdido sua relevância. Esse livro foi minha bíblia quando eu era garoto, mas não funciona mais hoje porque dá conselhos de negócios antigos, enraizados na velha economia. Um exemplo: uma grande mensagem de *Pai Rico, Pai Pobre* é que sua casa é um passivo, seja própria ou alugada. Hoje, os Novos Ricos classificariam sua casa como um ativo, porque nos poucos dias em que viajam todos os meses, eles podem anunciá-la no Airbnb e gerar fluxo de caixa. Quando eu estava na faculdade, aluguei o apartamento mais caro da cidade e morei lá de graça, ganhando US$ 1.300 por mês de aluguel. Arriscado? Minha conta bancária achava que não.

Os Novos Ricos deixam muita gente confusa porque não jogam pelas velhas regras de negócios seguidas pela maioria. Você aprendeu essas regras com "mentores", mas precisa esquecê-las para se juntar aos Novos Ricos:

▸ Concentre-se em se tornar um especialista em uma coisa.

▸ Tenha uma ideia notável.

▸ Estabeleça metas e trabalhe para alcançá-las.

▸ Dê aos clientes o que eles desejam.

Vou desdobrar cada um desses itens nos próximos capítulos e preparar você com este novo conjunto de regras para entrar na turma dos Novos Ricos:

REGRA 1: Não se concentre em uma coisa só. Seus pais sempre disseram: faça as coisas bem-feitas. A faculdade nos incentiva a fazer o mesmo, escolhendo uma especialização. Mas esta é uma estratégia terrível se você está procurando acumular riqueza na nova economia. Focar numa coisa só implica estar sujeito a um ponto único de falha – seja em um trabalho, em uma oportunidade de investimento ou em um empreendimento. Quando projetam uma ponte, os engenheiros nunca querem ter um ponto único de falha. Se o vento aumentar para trezentos quilômetros por hora e um cabo romper, a ponte ainda terá outros sete cabos para se apoiar. Da mesma forma, você não deve depender de um só empreendimento para enriquecer. Se não der certo, você vai ser destruído e terá de recomeçar do zero. Ignore a sabedoria convencional que diz ser impossível realizar várias tarefas ao mesmo tempo. Vou explicar a minha *Regra dos Três Focos*, mostrando como você sempre pode ter pelo menos três novas ideias lançadas e fermentando sem se esforçar demais. (A maioria vai dizer "Você está fazendo muita coisa!", porque está com inveja!).

REGRA 2: Copie seus concorrentes EM TODOS OS DETALHES. Você nunca pensou: "Puxa, eu ficaria rico se tivesse tido a ideia XYZ que está rendendo milhões para aquele cara"? Você está de brincadeira? Copie a ideia dele. Você não precisa ter uma ideia própria. Na verdade, lançar uma nova ideia é uma abordagem terrível para ganhar dinheiro – você mesmo tem de pagar por todos os erros. Por quê?! A maneira de ficar podre de rico é copiar descaradamente os outros e depois adicionar seu próprio toque. O Facebook copiou publicamente o Snapchat. Quando o Snapchat lançou o Snapchat Stories, o Facebook lançou o Facebook Stories e o Instagram Stories. Quando o Snapchat lançou mensagens que desapareciam, o Facebook adicionou esse recurso ao seu aplicativo de mensagens. O Facebook foi implacável – fez uma análise detalhada dos recursos e copiou todos eles. Copiar concorrentes não é revolucionário. Parece indigno porque a maioria das pessoas tem medo de fazer isso. No final dos anos 1800, os magnatas da mídia Joseph Pulitzer e William Randolph Hearst travaram uma violenta guerra de circulação para conquistar os leitores da cidade de Nova York. Pulitzer publicou seu jornal, o *New York World,* com concorrência zero por mais de uma década, até Hearst entrar no mercado com *The New York Journal* copiando todas as estratégias de Pulitzer. Hearst copiou o *layout* do jornal de Pulitzer. Roubou o melhor cartunista de Pulitzer. Hearst copiou e, em seguida, levou cada estratégia alguns degraus acima do que Pulitzer estava fazendo. Enquanto Pulitzer cobrava US$ 0,02 por um jornal de oito páginas, Hearst cobrava US$ 0,01 por dezesseis páginas. No início do século XX, Hearst consolidou sua posição como o principal editor de jornais da cidade de Nova York. A melhor (ou pior?) parte: Pulitzer foi mentor de Hearst antes de os dois se tornarem rivais. Hearst não se comoveu com isso. Você precisa copiar para ganhar, mas entendo que é difícil saber o que fazer, quem copiar ou por onde começar. A chave é analisar um negócio e identificar uma necessidade dos clientes que não está sendo atendida – e atender a essa necessidade. Eu vou mostrar como. Deixe de lado a desculpa de que alguém já teve essa ideia. A menos que você seja um Elon Musk, um Jeff Bezos ou já seja um bilionário, todas as ideias que você pode lançar e comercializar rapidamente já foram pensadas. Você vai ficar rico copiando uma delas, tornando-a melhor e ganhando impulso. Você pode inventar ideias totalmente novas quando já tiver 1 bilhão de dólares. Mas não é eficiente tentar fazer isso desde o início.

REGRA 3: Pare de estabelecer metas – elas estão deixando você frustrado. Definir uma meta é como dizer: "Eu quero aquele ovo de ouro." Pode ser um relógio Rolex, uma mansão em Beverly Hills, um jato particular de US$ 500 milhões, um jantar de US$ 2 mil no seu restaurante favorito. Tanto faz. Se você projeta a sua vida em torno de uma meta, no segundo em que alcançá-la vai parecer que não há mais nada a ser realizado. E você acaba entediado. Vai ter que se motivar para ir atrás de outro ovo de ouro. É muito melhor investir sua energia para criar, manter e cuidar de um sistema que bombeia ovos de ouro todos os dias. Dessa forma, não importa onde estiver no mundo, se está ou não trabalhando, se tem vinte filhos ou nenhum, você terá uma galinha dos ovos de ouro que continua pondo ovos de ouro. Sistemas tornam os ricos mais ricos, metas deixam os pobres mais pobres. Elas são as culpadas por trás do ditado que você já ouviu muitas vezes: "Os ricos ficam mais ricos e os pobres ficam mais pobres."

REGRA 4: Venda picaretas para garimpeiros em busca de ouro. A essência desta regra é deixar que outras pessoas abram uma trilha na selva densa para você caminhar tranquilamente e aproveitar o trabalho árduo já realizado. Foi o que as pessoas fizeram durante a corrida do ouro. Os garimpeiros foram para o oeste, prospectando, procurando, suando, sangrando, matando e morrendo só para chegar lá. Quando chegaram, perceberam que precisavam de picaretas para garimpar com mais eficiência. Aí, outros simplesmente percorreram os caminhos já abertos para vender as picaretas aos garimpeiros. Eles ficaram ricos sem nenhum risco, suor ou derramamento de sangue. No mundo de hoje, isso se traduz em desviar receita de um mercado aquecido que outros se esforçam para construir. Assim, se você cria uma ferramenta para as pessoas usarem no Facebook, está essencialmente capitalizando com o dinheiro que o Facebook já investiu, vendendo no mercado que a empresa criou. Preste atenção ao que está bombando hoje. Se a demanda semanal por serviço de *delivery* estiver em alta, não tente competir com a HelloFresh ou a Blue Apron. Em vez disso, entenda a infraestrutura de que essas empresas dependem e preste esses serviços a elas. Empresas *delivery* precisam suprir a última fase da entrega, do pedido até as casas dos consumidores. Vou ajudar você a descobrir a sua picareta para vender para os seus garimpeiros locais – pessoas que estão querendo algo a mais no seu espaço ou nicho geográfico. Quando você faz isso, sua empresa tem muito mais chances de ter sucesso, estará pegando carona com um gigante.

PERGUNTAS FREQUENTES: A QUEM SE DESTINA ESTE LIVRO, E A QUEM NÃO SE DESTINA

Este livro é para você – que tem dívidas, quatro filhos, US$ 1 mil no banco... e nenhuma ideia de negócio. Não se preocupe se você nunca abriu um negócio ou se não sabe nada sobre como administrar uma empresa. Vou apresentar todas as etapas e o sistema com capturas de tela da vida real, restituição de impostos e trocas de e-mail que geraram grandes negócios. Ao final deste livro, você vai saber como:

▸ Construir uma empresa autogerida, sem capital inicial.

▸ Fazer essa empresa ter uma base de clientes estável que você não se esforçou para criar.

▸ Comprar um imóvel por um valor abaixo do mercado que tenha um fluxo de caixa positivo desde o primeiro dia.

▸ Fazer investimentos fora do comum com retornos instantâneos que valem o dobro do que você levaria mais de dez anos para ganhar no mercado de ações.

▸ Ganhar impulso suficiente para abrir (ou comprar) e vender empresas de forma consistente a cada dois anos lucrando milhões.

Mas não se preocupe com nada disso ainda. Você começa transformando todos os seus passivos em ativos usando a economia compartilhada, o que eliminará a maior parte de suas despesas. Isso parece impossível, mas os Novos Ricos encontraram um jeito de fazer isso e eu vou contar a você qual é o segredo. Assim que o dinheiro começar a fluir, você vai usar esse dinheiro para construir, comprar, investir e vender para ficar rico.

Há apenas dois requisitos para entrar na turma do Novos Ricos: o desejo de ter mais tempo livre para fazer o que quiser, enquanto ganha dinheiro e de acordo com sua ambição. Não posso ensinar ambição, por isso você precisa ter a sua.

Se você tem essas duas coisas, provavelmente é do tipo que não quer pavimentar sua vida com mentalidade "dar duro 24 horas por dia, 7 dias por semana, sem dormir e trabalhando arduamente pela promessa vazia de uma aposentadoria". Ótimo. Você pode chegar longe. A motivação para projetar sua vida – seja viajando pelo mundo ou construindo uma cabana de madeira na floresta – é tudo que você precisa.

Também quero deixar claro quanto a quem este livro não se destina. Se você adora receber conselhos como "siga a sua paixão", este livro não é para você – pois essa é a maneira mais confiável de continuar pobre. Se estiver procurando alguém que lhe dê permissão para seguir os seus sonhos – mesmo que isso signifique não ter dinheiro nem para pagar um plano de saúde –, você não vai conseguir isso comigo. Sim, se seguir meu conselho você vai viver os seus sonhos, mas só os seus sonhos não vão render dinheiro nenhum. Primeiro, uma renda passiva. Depois você pode sonhar mais do que já imaginou.

Este livro também não é para quem se sente intimidado por quem adora competir. Você vai ter que copiar, negociar, atrapalhar e superar os outros em cada curva. Se você não se empolga com a ideia de fazer essas coisas, não vai durar muito.

Por fim, este livro não é para quem não gosta do 1% dos mais ricos, pois depois de seguir os meus conselhos você vai fazer parte desse 1%, com o objetivo de entrar na faixa do 0,01%.

Se tudo isso parece improvável, lembre-se de que os Novos Ricos são pessoas com quem você sai todos os dias. São os colegas dos cubículos com que você trabalhou anos e anos que finalmente disseram: "Cansei de trabalhar tanto para ganhar só US$ 90 mil por ano. Vou pedir demissão." Talvez sua reação na época tenha sido: "Meu Deus, eu nunca conseguiria largar meu emprego. Tenho dois filhos para cuidar e aqui eu tenho segurança, plano de saúde. Eu nunca vou pedir demissão." Bem, sua colega de trabalho tem três filhos e era o ganha-pão da família quando se demitiu. Avance cinco meses e você vai vê-la saindo de férias com a família. Você encontra com ela em uma cafeteria com alguns amigos e ouve ela dizer que vai pagar a conta de todos. Ela sai com quem quiser e faz o que quer com mais frequência. Na próxima vez que a encontrar, ela vai dizer que seu negócio está rendendo US$ 30 mil por mês. E sabe de uma coisa? Ela não tem mais intelecto, talento e energia que você. Pare de perguntar como ela faz isso e comece já a aplicar as táticas expostas nas próximas páginas.

SEU NOVO PLANO PARA FICAR RICO VISTO DE UMA ALTURA DE 3 MIL QUILÔMETROS

Esta é uma visão aérea de como poderá ser seu caminho para a riqueza, se você seguir os conselhos deste livro:

1. Comece do zero. Sem capital inicial. Sem um cheque da conta poupança da vovó. Sem um cônjuge bem remunerado contribuindo com dinheiro para fazer seus empreendimentos decolarem.

2. Aproveite as quatro táticas que usei para gerar mais de US$ 10 mil em dinheiro e começar a financiar empreendimentos como os que fiz aos 21 anos.

3. Conforme o dinheiro entra:

   ■ Gaste como quiser para viver uma vida feliz e saudável. Saia de férias. Faça o desjejum com um café de primeira. Compre aquele vestido dos seus sonhos, mesmo que não esteja à venda.

   ■ Invista em seus empreendimentos atuais de maneiras originais.

   ■ Invista em imóveis usando pouquíssimo capital.

   ■ Compre logo outras empresas por centavos de dólar usando as táticas de negociação que vou ensinar.

   ■ Mantenha um fundo de reserva para financiar seu próximo empreendimento do jeito que achar melhor.

Vou mostrar a você como fazer todas essas coisas.

É simples? Sim.

É fácil? Não.

Na música, existem apenas sete notas. Qualquer pessoa pode conhecê-las. Mas por que algumas criam canções de sucesso enquanto outras mal conseguem cantar? A resposta está na combinação dessas sete notas.

Nos negócios a coisa é ainda mais simples – são só quatro notas. Este livro vai ensinar como combinar essas quatro notas, ou princípios, de forma a criar obras-primas que resultam em dinheiro na sua conta bancária. Você também vai saber como eu combinei esses quatro princípios, que são as quatro regras que recomendo burlar, para acumular uma riqueza incrível. A jornada começa agora.

Passe para o capítulo seguinte para saber como ganhei meus primeiros US$ 6.400 com minha empresa de *podcast*.

PARTE

1

REGRAS PARA QUEBRAR, REGRAS PARA ADOTAR

REGRA 1: NÃO SE CONCENTRE EM UMA COISA SÓ

Um ponto único de falha (PUF) é um sistema que "contém apenas um componente para fazer um trabalho [...] se esse componente falhar, não há outro para substituí-lo."

– PC Magazine

Nossos pais e professores estavam errados. Quase todos incentivaram a nos concentrarmos em uma coisa e nos tornarmos realmente bons nisso. Escolha uma especialização. Torne-se um especialista. Seja a pessoa que todos chamam quando precisam de uma autoridade na área que você domina.

Tudo bem você desejar ser, digamos, o melhor neurocirurgião do mundo. Mas isso é um conselho terrível se você quer ficar rico e trabalhar menos.

Já mencionei um problema com essa abordagem: ela oferece um ponto único de falha. Se empenhar toda a sua confiança e seus recursos em uma coisa e essa coisa falhar, você está ferrado. Isso é verdade se estivermos falando sobre um emprego cotidiano, um novo negócio ou qualquer coisa em que você investir seu tempo e dinheiro. Você estará sempre vulnerável à competição. Mesmo sendo o melhor neurocirurgião, comerciante ou engenheiro de *software* do mundo – ou da sua região –, alguém sempre poderá substituí-lo. É muito fácil hoje em dia as pessoas se mudarem e conseguirem novos empregos. Os empregadores podem encontrar melhores talentos mais rapidamente que nunca; os clientes estão constantemente experimentando novas ideias e cancelando negócios. Sua "única especialidade" estará sempre sob ataque – bem como seu sustento.

Tenho certeza de que isso soa familiar. Todos já ouvimos em algum momento que não devemos "colocar todos os ovos na mesma cesta". Mas qual é a outra opção? O clichê não nos diz essa parte. Se você quiser ficar rico, precisa mais do que a estratégia de "manter suas opções em aberto". Sim, concentre-se em mais de uma coisa. Mas também é preciso saber em quais projetos vale a pena investir, como dividir seu tempo e como fazer com que seus empreendimentos funcionem.

Mas vamos deixar a estratégia de lado por um segundo. Uma estratégia ajuda, mas desempenha um pequeno papel no sucesso. Os dois maiores fatores de sucesso são, na verdade, *timing* e sorte. (Não acredite em ninguém que disser que seu sucesso não tem nada a ver com sorte.) Você não pode controlar nenhuma dessas duas coisas, só pode estar preparado para ter sorte e se posicionar no momento certo. E a única maneira de fazer as duas coisas é se arriscar mais. Você já deve ter ouvido isso em outras palavras: "quem não arrisca não petisca".

COMO UM PROJETO ME RENDEU US$ 6.400 QUANDO EU AINDA ESTAVA NA FACULDADE

Há ainda um motivo mais sutil pelo qual você não ganhará muito concentrando-se em uma coisa só, e é potencialmente o mais forte: impedir que você consiga multiplicar sua renda. Não estou falando aqui apenas sobre somar fluxos de renda. "Multiplicar" é quando você encontra padrões que vinculam diferentes projetos e alavanca essas conexões para que cada empreendimento renda muito mais do que poderia render sozinho. Multiplicar é o epítome de trabalhar de forma mais inteligente, não trabalhar mais. E é o que diferencia os boêmios experientes de gente que bebe coquetéis enfeitados.

Sorte e multiplicação são os motivos pelos quais meu *podcast*, *The Top Entrepreneurs*, tem 10 milhões de downloads e me rende US$ 50 mil por mês.

Quando comecei esse *podcast*, em 2016, toda a minha receita vinha de patrocínios. Meu primeiro patrocinador entrou em contato comigo alguns meses depois do lançamento do *podcast*:

From: Justine Smith ██████████████
Date: Wed, Feb 24, 2016 at 10:47 AM
Subject: Podcast sponsorship?
To: ██████████████████

Hi Nathan,

My name is Justine and I represent ████████, the cloud accounting solution for small, service-based business owners with over 5 million users worldwide.

As a full-time business owner, I'm a big fan of your podcast and was wondering if you'd be open to exploring a sponsorship from ████████? We think it would be a great fit on both sides and are eager to learn more about partnering with you.

If yes, I'd love to know:

- What sponsorship rate you charge per episode?
- How many downloads each episode gets?

Thank you,
Justine

Isso se transformou em um negócio de US$ 6.400 para veicular o anúncio de uma empresa de *software* no *podcast* por dois meses:

Primary Contact							Notes
Podcast Name: The Top							
Contacts: Nathan Latka							
Address:							
Telephone:							
E-mail: ██████████							

Month	Flight Dates	Placement	# of Spots Per Show	Gross Cost Per Episode	Estimated Downloads Per Episode	# of Episodes in Month	Total Cost
Mar-16	TBD between March 15-31	:15 Pre, :60 Mid	2	$400	8,000	8	
Apr-16	TBD between Apr 1-15	:15 Pre, :60 Mid	2	$400	8,000	8	$3,200
						Subtotal:	$6,400
						TOTAL COST:	$6,400

Terms and Conditions:
(1) All ads voiced by host.
(2) The Top will provide makegood spot for any ads that run incorrect copy or does not highlight the proper call to action and offer.
(3) Featured mention in the show notes and on sponsor page, including textual link(s) to the Advertiser.
(4) Audio advertisement shall remain on archived versions of sponsored episodes.

Accepted By : _____ Date: 03/08/2016
on behalf of ██████████

Accepted By : /s/ Nathan Latka 3/8/2016 Date: _____
on behalf of The Top

Três meses depois, consegui meu segundo patrocinador, que me pagou US$ 5 mil para ir ao ar em 35 episódios consecutivos.

Toda a receita do meu *podcast* ainda vem de patrocinadores, só que agora descobri como aproveitar uma das minhas empresas, The Top Inbox, para aumentar a receita de patrocínio para bem mais do que o *podcast* ganhou por conta própria.

Como a mágica acontece: a Top Inbox é uma ferramenta do Gmail que permite: agendar o envio de e-mails, configurar lembretes na caixa de entrada, indicar se o e-mail foi aberto pelo destinatário e acompanhar automaticamente as trocas de mensagens. Quando comprei o The Top In-box, não tinha ideia de que poderia inserir um *pop-up* na interface do *software*. Foi algo que descobri sem querer. Então eu resolvi experimentar o uso de *pop-ups* para direcionar o tráfego dos meus patrocinadores do *podcast*.

A maioria dos patrocinadores do meu *podcast* são empresas de *software* que vendem ferramentas de produtividade, vendas e marketing para pequenas e médias empresas. Muitos proprietários de pequenas empresas usam The Top Inbox para manter a produtividade, e eles são o público que consome tudo que os patrocinadores do meu *podcast* oferecem.

O *Pop-up* Acidental de US$ 180 mil

Comecei experimentando usar uma alavancagem psicológica nessas caixas *pop-up* para fazer os usuários do The Top Inbox se sentirem como se tivessem ganhado um prêmio – ou seja, uma avaliação gratuita do produto do patrocinador. Isso me permite direcionar rapidamente milhares de cliques de alta qualidade para qualquer patrocinador que eu quiser. Resultado: meu patrocinador obtém retornos maiores e continuam a bordo como um parceiro feliz e duradouro. Executei o *pop-up* abaixo para uma empresa de marketing por e-mail.

Só hoje: 50% off em ferramentas de marketing da ▮▮▮▮ List Building   ✕

Aqui é Nathan, o cara do ▮▮▮▮▮▮▮. Usei a ▮▮▮ para ajudar a conseguir adesões, gerenciar meu marketing por e-mail e compartilhamento social no meu blog.

Noah, CEO da ▮▮▮, nunca faz ofertas como esta. Como é uma ferramenta que eu uso, e está com desconto, gostaria que aproveitasse antes de ele cancelar (só hoje, Black Friday).

Você só vai ver este *pop-up* uma vez.

Comprar

A Sumo teve 941 cliques em sua página nos dois dias em que esta promoção foi veiculada. Feliz Sumo. Feliz Nathan.

Hoje, cada patrocinador do *podcast* me paga de US$ 150 mil a US$ 180 mil por ano, e muito desse sucesso se deve aos meus *pop-ups* da The Top Inbox – algo que descobri por acaso. Essa oportunidade simplesmente não existiria se meu *podcast* ou The Top Inbox fossem meus únicos projetos. Foi muita sorte. Agora, a capacidade de promoção cruzada é um item básico que procuro quando estou adquirindo uma empresa.

Sobreposições como esta existem em todos os lugares. Elon Musk tira proveito dos padrões que vinculam seus projetos a cada passo. No momento em que ele se aventurou em inteligência artificial (IA) e neurociência com sua empresa Neuralink, em telhas solares via a SolarCity, transporte de alta velocidade com Hyperloop, carros elétricos com a Tesla e foguetes com a SpaceX.

Cada empresa trabalha de forma independente, mas Musk as vincula sempre que pode. Seu carro elétrico e telhas solares geram energia verde. Ambos os produtos usam baterias de lítio para armazenar energia de forma eficiente. Como gera uma grande demanda por baterias, ele está construindo a Gigafactory, uma enorme fábrica para atender a essa demanda. Criou vários produtos que usam o mesmo recurso – energia de íons de lítio – e está alavancando economias de escala para reduzir seus custos.

A multiplicação terá um papel importante nas estratégias que você adotar dos próximos capítulos. É também a razão pela qual as pessoas mais bem--sucedidas na nova economia têm um entendimento certo de muitas coisas diferentes. Elas realizam vários empreendimentos e depois retiram os padrões que os ligam. Se você se fixar em uma coisa, perderá a chance de reconhecer padrões e capitalizá-los para multiplicar seus fluxos de renda. Não importa se você administra um negócio ou está alugando um quarto do seu apartamento. Sempre tenha mais de uma coisa fermentando e sempre procure os padrões que possam ajudar suas ideias a se alimentar umas das outras.

MINHA REGRA DOS TRÊS FOCOS

Tudo bem, você não é o Elon Musk. Está no Capítulo 1, então é provável que ainda não tenha lançado nada. Isso é bom. Você vai começar muito melhor, pois este livro vai ensinar como maximizar seus esforços antes de perder tempo ou dinheiro.

Não se assuste com a ideia de fazer malabarismos com vários empreendimentos só porque não está trabalhando no nível de Musk. É mais importante se concentrar em algumas coisas quando se está começando, independentemente do que nos diz a sabedoria popular.

Muitas vezes, quando se reúnem com investidores e consultores, os fundadores são orientados a "escolher uma ideia e apostar tudo nela". Esse conselho vem de longa data – existe até um provérbio que diz: "Se você perseguir dois coelhos, os dois vão conseguir fugir." O problema com essa orientação, pelo menos do ponto de vista de negócios, é que ela só é relevante se você estiver em busca de uma grande tacada, de bilhões de dólares. E você não vai fazer isso quando estiver apenas começando.

As chances de criar um negócio de bilhões de dólares na primeira tentativa são essencialmente zero. Você teria mais sorte jogando na loteria. É mais provável ter sucesso assumindo ou montando um negócio de US$ 4 milhões ou US$ 5 milhões de uma forma mais previsível. E não estou falando que a ideia de lançar qualquer coisa multimilionária está fora de alcance. O que estou dizendo aqui se aplica mesmo se você estiver administrando uma loja da Etsy ou trabalhando em um escritório.

Não importa como você comece, minha única regra é que esteja sempre buscando três novas oportunidades ao mesmo tempo. Assim que um empreendimento estiver funcionando, você vai colocá-lo no piloto automático de forma a tomar só uma ou duas horas do seu tempo por mês. Eu vou mostrar como fazer isso nos próximos capítulos. A essa altura, não será mais um dos seus três novos projetos. Será um suave zumbindo de fundo, só chamando sua atenção quando você percebe a receita passiva que despeja em sua conta bancária.

Tudo bem se o que estiver fazendo não render muito dinheiro no começo. O mais importante por enquanto é que você está aprendendo a maximizar seu tempo, esforço e produção. Se não fizer isso, nunca chegará ao próximo nível. Nunca será vitorioso.

A estratégia aqui é semelhante à de um grande rebatedor no beisebol. O jogador que mais rebater vai dar muitas tacadas, acertar muitas bolas e entender como fazer pontos em dobro e mais vezes. Ele não ocupa a base pensando em fazer um *grand slam* e ganhar o jogo. Age como quem tem a ideia na qual está trabalhando no momento e mais duas outras paralelas. Os empresários ou os rebatedores nunca apostam tudo numa só tacada.

Essas pessoas sabem que há boas bolas sendo lançadas o tempo todo e é certo que vão perder algumas. É por isso que as regras do beisebol permitem três chances de rebater um bom arremesso. O mesmo vale para seus empreendimentos comerciais. Às vezes você vai perder essas bolas boas porque não está prestando atenção; ou está com outras urgências na vida que o impedem de aproveitar aquela tacada perfeita.

É normal errar, mas o importante é você realmente acertar essas bolas boas. Você tem três chances, se não acertar nenhuma resultará em consequências negativas. A primeira e óbvia é que diminui sua chance de ter três entradas de renda diferentes. Como no beisebol, um árbitro vai marcar um *strike* se você deixar uma boa oportunidade passar. É como deixar um cheque de US$ 5 milhões por mês passar batido. Pegue esse cheque. Capitalize. Aumente seu valor ou deixe descansando alguns meses depois de ter aprendido com ele.

Outra grande razão pela qual é tão importante rebater essas boas bolas é que quando você erra, consegue diagnosticar por que errou. Qualquer empreendimento que você tente e depois tenha de fechar, acelera o seu aprendizado. Tentar aproveitar cada boa oportunidade prepara você para aprender três vezes mais rápido do que se nunca tivesse tentado.

Também é fácil esquecer que algumas das maiores histórias de sucesso envolvem um bocado de sorte. A sorte pode ter sido aleatória, mas as pessoas por trás desses sucessos se prepararam para aproveitar essa sorte – e **isso** foi intencional. Está bem documentado que Thomas Edison fez milhares de experimentos sem saber quais funcionariam. Quando algumas coisas funcionavam, nem sempre ele sabia por que elas funcionavam. Eu chamo isso de sorte. A partir daí, ele descobriu por que teve sorte. Se o átomo 1 atingisse o átomo 2 de uma maneira que fizesse a lâmpada funcionar, ele fazia a engenharia reversa do processo para descobrir por que funcionou e depois replicava o experimento. Nós só vemos a lâmpada funcionando no final, mas isso foi resultado de literalmente milhares de chances de acertar que Edison criou para si mesmo.

Muita gente se recusa a admitir que sua riqueza foi resultado de sorte. Gostam de dizer que sabiam que a coisa ia dar certo desde o início. Mas em muitos casos isso simplesmente não é verdade. A sorte desempenhou um papel importante. Investir em três oportunidades ao mesmo tempo é uma ótima maneira de se preparar para ter sorte.

MEU TIPO DE CRONOGRAMA: TRÊS PROJETOS DE UMA VEZ NÃO = TRÊS VEZES MAIS TRABALHO

Eu falarei nos próximos capítulos sobre o tempo de dosagem, uma estratégia usada por muitas pessoas de sucesso para lidar com grandes projetos. Meus três maiores projetos no momento em que este livro está sendo escrito são meu *podcast The Top Entrepreneurs*, The Top Inbox e GetLatka.com. Observando meu cronograma de uma semana, você pode ver como estabeleço a dosagem: 10% estão relacionados à The Top Inbox, 20% são entrevistas em *podcast*, 40% são ligações de vendas da GetLatka.com e 50% são diversos. Agora todos esses projetos estão bem estabelecidos, mas enquanto trabalhava no lançamento de cada um, concentrei-me a maior parte do tempo em estabelecer a infraestrutura que faria com que cada projeto gerasse dinheiro. Vou mostrar como fiz isso para cada um nos próximos capítulos. Minha programação varia a cada semana, dependendo de onde preciso gerar receita.

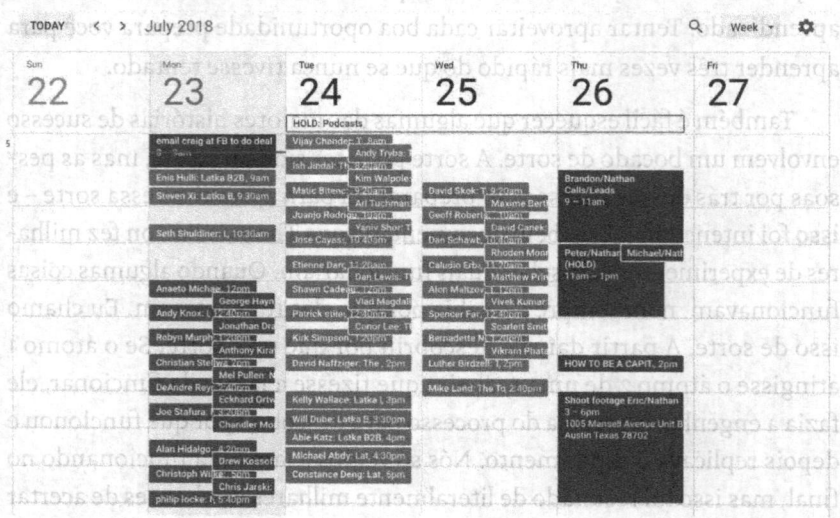

Lembre-se: eu disse que a coisa mais importante em que se concentrar agora é aprender a maximizar seu tempo, seu esforço e produção. Portanto, minha Regra dos Três Focos não significa uma roda-viva de multitarefas que o deixará exausto. É exatamente o que quero ajudá-lo a evitar. Para fazer essa regra funcionar, você vai alavancar a regra 80/20 ao buscar novas oportunidades.

Você não vai conseguir trabalhar em três projetos enormes e que exijam muito do seu tempo. Portanto, concentre 80% do seu tempo em um projeto – o que gerar mais dinheiro ou tiver o potencial de ser sua maior fonte de renda. Divida os outros 20% do seu tempo entre os dois outros empreendimentos. Isso significa lançá-los em uma escala menor ou colocá-los em uma programação mais lenta. Ou escolha empreendimentos que sejam inerentemente mais passivos para os 20% do tempo restantes: invista em outro negócio em vez de começar o seu próprio, crie um novo fluxo de receita a partir de um de seus projetos já em piloto automático etc.

Quando você divide uma semana de trabalho de cinco dias, isso significa investir cerca de três dias por semana na ideia de 80%. Pode ser uma *startup* de *software*, uma consultoria, caça a um imóvel (ver capítulo 8) – o que você quiser. Pode até ser seu emprego em tempo integral enquanto estiver poupando dinheiro, e você pode deixar de se concentrar no crescimento de um de seus outros dois empreendimentos. Só não tente lançar três novos projetos enormes a partir do zero. É provável que nenhum deles dê certo e você desanime no processo.

TRÊS FOCOS: TESTE, MULTIPLIQUE E CRESÇA

A razão pela qual sou obcecado pela Regra dos Três Focos se relaciona com tudo que eu disse até agora: ela permite que você teste ideias (tentar, errar, aprender), multiplicá-las (encontrar padrões de capitalização) e usar esse conhecimento para lançar novos empreendimentos.

Seus negócios atuais estão repletos de potencial para novas receitas. Às vezes está embutido no que você já está fazendo, como perceber que pode usar as sobras de couro da sua confecção de bolsas para fazer chaveiros e pulseiras. Ainda podem surgir de uma simples conversa com seus clientes e, a partir disso, descobre o que eles precisam e o que você pode oferecer.

Tenho moradias de aluguel em Blacksburg, na Virgínia, que me geram fluxo de caixa. Costumo falar constantemente com meus locatários para entender por que eles pagam aluguel e o que pensam sobre o aluguel.

Ao mesmo tempo, sou um dos investidores na pousada onde moro em Austin, no Texas. Uma das minhas apostas é que no decorrer dos próximos quatro ou cinco anos as pessoas detestarão a ideia de pagar aluguel. O meio de pagamento será uma taxa de assinatura mensal para morar em qualquer lugar que desejarem. Se eu quiser atender a essa demanda, precisarei ter pousadas em várias cidades do mundo. As pessoas pagarão uma taxa de, digamos, US$ 1 mil por mês e poderão escolher qualquer uma das minhas propriedades, quando quiserem. Elas terão liberdade de locação.

Posso testar esse conceito em meus inquilinos que me pagam um aluguel fixo. Basta perguntar: "Ei, se você pudesse morar no lugar que quisesse, com total liberdade de locação, você pagaria o mesmo aluguel?" Se der certo, eu posso alavancar duas ideias diferenciadas – investir em pousadas *versus* investir em imóveis – para lançar um empreendimento inteiramente novo.

E a multiplicação pode continuar. Digamos que eu lance um livro depois da pousada decolar. E se eu fizesse parceria com as pousadas para pôr um livro em cada cama? Poderia ser um ótimo canal de distribuição e divulgação.

Elon Musk usou exatamente essa estratégia para lançar a Gigafactory. A fábrica só existe porque seus outros negócios geraram a demanda por baterias de íons de lítio. Ideias geram ideias assim como dinheiro gera mais dinheiro. Nenhum de nós ficou rico por se apegar a um único negócio. Portanto:

- ▸ Esqueça a sabedoria popular.

- ▸ Teste sua sorte.

- ▸ Aproveite suas chances no momento certo.

- ▸ Descarte o que não está funcionando e aprenda com isso.

- ▸ Ou... limite-se a uma coisa só e arrisque-se a perder tudo.

REGRA 2: COPIE SEUS CONCORRENTES

Bons artistas copiam, grandes artistas roubam.

– Atribuído a Pablo Picasso

Você está perdendo seu tempo lendo este livro se não adotar esta ideia: você precisa copiar os seus concorrentes.

Faça isso agora! Faça isso de forma agressiva. Faça isso rapidamente. E faça isso gastando o mínimo de dinheiro possível.

Estou sempre falando com pessoas que não se permitem copiar. Acham que é antiético, que precisam inventar algo novo se quiserem abrir um negócio. É aí que elas estão completamente enganadas.

Todos os empresários de sucesso copiaram, mesmo que não admitam. Normalmente você não percebe porque eles pegaram a ideia de outra pessoa e ajustaram para um setor totalmente diferente. O CEO da Wealthfront, Andy Rachleff, fez exatamente isso para impulsionar sua base de clientes.

A Wealthfront usa *software*, não pessoas, para gerenciar as carteiras de investimento de seus clientes. Novos investidores têm os primeiros US$ 10 milhões administrados gratuitamente. Para cada amigo que convidam e que aceitam o convite, eles têm direito a mais US$ 10 milhões administrados gratuitamente.

É a primeira empresa a usar esse modelo de "convite de um amigo" no setor financeiro. Enquanto conversava com Andy por uma conexão instável do Skype, perguntei como ele criou seu modelo de crescimento. Sua resposta me surpreendeu:

"NÓS COPIAMOS O DROPBOX"

O Dropbox oferece aos usuários determinada quantidade de armazenamento gratuitamente. Se você convidar um amigo que se associe, seu limite de armazenamento gratuito aumenta. Soa familiar?

Cerca de 15% dos convites enviados pelos clientes da Wealthfront atrai um novo usuário, que investe pelo menos US$ 500 em um novo portfólio.

Cópia flagrante. Sem nenhum prejuízo para o Dropbox. Grande vitória para a Wealthfront.

Às vezes, copiar pode ser brutal e cruel, como a guerra de circulação de Hearst *versus* Pulitzer já citado anteriormente. Quando o Facebook fica na cola do Snapchat copiando todos seus novos recursos, fica claro que a intenção é matar o concorrente. Mas não precisa ser assim. Outras vezes, copiar é apenas uma pesquisa. Você vê o que funciona e o que não funciona, e assim aperfeiçoa seus recursos. No momento em que você concluir o seu produto – ou o que estiver lançando –, ele pode não se parecer em nada com o da concorrência que você se inspirou. Ou talvez se pareça. Você decide.

No Capítulo 11 mostrarei como extrair dados de uma empresa; isso lhe ajudará quando tiver a sua. Também vou mostrar algumas táticas de cópia que usei ao lançar a minha primeira empresa de *software*, a Heyo.com.

Por enquanto, concentre-se apenas em eliminar qualquer resistência que você tenha para copiar. É a melhor maneira de arrecadar muito dinheiro rapidamente – e você pode ser tão implacável quanto quiser.

COMO DECODIFICAR UM PADRÃO VENCEDOR PARA COPIAR

Eu disse que sou obcecado por modelos. Encontrar os modelos comuns a negócios de sucesso é como decodificar os segredos por trás de uma vitória. É essencialmente o que você faz quando está copiando – procurando os modelos que levaram seus concorrentes ao topo. Depois vai usar essas informações para ficar igual ou melhor que todos eles. Ao fazer isso, está essencialmente recebendo uma aula gratuita sobre negócios. Se não copiar, terá que pagar para aprender as mesmas lições.

Se você está começando com um negócio paralelo, as oportunidades para copiar são enormes. Vejamos os aluguéis do Airbnb ou, na verdade, qualquer produto ou serviço que você poderia oferecer por um mercado on-line. Todas as estratégias de seus concorrentes estão bem na sua frente. Percorra as listagens mais bem avaliadas em sua área e encontre os modelos que elas compartilham.

Se você está cadastrando um imóvel seu no Airbnb, comece pelos títulos. Como são feitas as avaliações de tantos imóveis para alugar? Enquanto escrevo isto, os principais resultados de uma pesquisa em Denver, cada uma das mais de duzentas avaliações de cinco estrelas, têm os seguintes títulos:

> ▸ Cocheira dos anos 1880 reformulada em Curtis Park
>
> ▸ Condomínio colorido e adorável em Denver
>
> ▸ Viva como um morador no famoso bairro de RiNo
>
> ▸ Cinco estrelas – a 3 quilômetros do centro – Estacionamento gratuito – Perto do zoológico

Os anúncios mostram claramente o que atrai as pessoas: localização alegre ou conveniente, charme histórico, espaço de vida animado etc. Pense em sua propriedade nestes termos e destaque as qualidades que as pessoas desejam.

Veja também as fotos. Como você faz para a primeira foto da sua lista se destacar em relação ao concorrente? Você pode copiar ou, se preferir, pode fazer exatamente o contrário do que os outros estão fazendo para tornar sua listagem mais popular.

Depois vem a descrição: Como eles descrevem o wi-fi? Eles dizem: "wi-fi perfeito para profissionais de negócios", ou "wi-fi perfeito para *streaming* de vídeos do YouTube numa festa com seus amigos"? As propriedades mais antigas são apresentadas como "rústicas" ou com "charme de uma casa de fazenda"? Concentre-se no léxico que essas listagens principais usam para poder atender ao mesmo mercado que elas estão disputando.

Qualquer mercado on-line é uma mina de ouro para aulas de negócios gratuitas. Outra dica popular para franco-atiradores: as lojas Etsy. Digamos que você queira lançar um novo top para mulheres. Acesse Etsy.com → Roupas e Sapatos → Para Mulheres →Tops e Camisetas → e veja quais são os modelos mais vendidos pelos fabricantes.

Você logo vai ver que *tops* com frases atrevidas vendem muito. Enquanto escrevo isto, um *top* dizendo *FEED ME TACOS AND TELL ME I'M PRETTY* (Me pague um taco e diga que sou bonita) tem 2.941 avaliações. Se você pesquisar só essa frase, vai que já foi muito copiada. Pelo menos cinco vendedores diferentes oferecem uma camiseta com a mesma frase, todos com mais de quinhentas avaliações. Qualquer coisa que faça referência a café, vinho, gatos ou ioga já foi muito usada.

Veja também o estilo. Você vai notar que as camisetas pretas com textos na cor branca são as mais vendidas.

Continue pesquisando enquanto pensa em estratégias para o seu próprio produto. Se você ainda não tiver uma ideia para uma camiseta, pode entrar na onda dos tacos e gatos e fazer melhor: preços mais baixos, mais ofertas de cores, letras personalizadas etc., dependendo da sua capacidade. Ou extraia detalhes de vários dos itens mais populares e lance uma versão com seu próprio toque: Um gato tomando vinho fazendo uma postura de ioga? Encontre um artista no Fiverr ou no Upwork para criar o *design* (se você não puder fazer isso sozinho), faça as contas para encontrar um fornecedor acessível para imprimir suas camisas (se você mesmo não fizer isso) e pronto, já está no caminho.

Não quero subestimar o trabalho que envolve a criação de uma loja da Etsy (ou qualquer outra loja on-line) de sucesso, pois é preciso muito esforço para seus produtos serem notados e gerarem lucro. Provavelmente você não vai ficar milionário fazendo isso. Mas uma cópia estratégica pode encurtar muito o longo caminho para um fluxo de receita estável.

SEGREDOS PARA CÓPIAS USANDO SITES DE *FREELANCE*

Se você está abrindo um negócio de consultoria, observe os sites onde as pessoas listam serviços prestados. Na parte de baixo (em termos de preço) estão o Fiverr.com e o Upwork.com. Você encontra serviços com preços mais altos em *hubs* como o Toptal.com. Veja o que alguns dos melhores consultores estão vendendo. Observe como os modelos apresentam seus serviços, preços e quais garantias oferecem. Examine as biografias, portfólios e fotos em busca de pistas sobre a melhor forma de configurar seu perfil se você deseja um império de consultoria.

Faço um mergulho mais profundo nas táticas de cópia para produtos físicos no capítulo 11. Os melhores lugares para procurar inspiração para produtos físicos, se você está começando, são sites de *crowdfunding* como o Kickstarter e o Indiegogo. Veja os produtos que estão indo muito bem e concentre-se em entender por que estão tendo sucesso. O produto atende a algum nicho? A história e o vídeo do criador são tão emocionantes que o produto vende naturalmente? Isso acontece muito. O produto é uma porcaria, mas a história é inacreditável. As pessoas adoram comprar uma história.

Se estiver lançando um produto digital como um *podcast* ou um canal do YouTube, você precisa pesquisar o Patreon.com. Mostra quanto os criadores estão ganhando com promessas mensais e exatamente o que estão oferecendo para atrair esses clientes pagantes. Eu vou lá o tempo todo para ver o que os *podcasters* estão fazendo. Alguns estão ganhando até US$ 80 mil por mês só com o *podcast*. Tento entender qual conteúdo estão oferecendo exclusivamente para membros pagantes e o que oferecem de graça, e isso me dá ideias do que tornar exclusivo no meu *podcast*. O Patreon também me permite ver como os *podcasters* de maior bilheteria se comunicam com seus fãs, como configuram seus níveis de pagamento e quantas pessoas escolheram cada nível diferente. Todas as informações estão ali. Eu vejo o que está funcionando e copio.

SEGREDOS PARA CÓPIAS USANDO SITES DE FREELANCE

Se você está abrindo um negócio de consultoria, observe os sites onde as pessoas listam serviços prestados. Na parte de baixo (em termos de preço) estão o Fiverr.com e o Upwork.com. Você encontrará serviços com preços mais altos em lives como o Toptal.com. Veja o que alguns dos melhores consultores estão vendendo. Observe como os modelos apresentam seus serviços, preços e quais garantias oferecem. Examine as biografias, portfólios e fotos em busca de pistas sobre a melhor forma de configurar seu perfil se você deseja um império de consultoria.

Faço um mergulho mais profundo nas táticas de cópia para produtos físicos no capítulo 11. Os melhores lugares para procurar inspiração para produtos físicos, se você está começando, são sites de crowdfunding como o Kickstarter e o Indiegogo. Veja os produtos que estão indo muito bem e concentre-se em entender por que estão tendo sucesso. O produto atende a algum nicho? A história e o vídeo do criador são tão emocionantes que o produto vende naturalmente? Isso acontece muito. O produto é uma porcaria, mas a história é inacreditável. As pessoas adoram comprar uma história.

Se estiver lançando um produto digital como um podcast ou um canal do YouTube, você precisa pesquisar o Patreon.com. Mostra quanto os criadores estão ganhando com promessas mensais e exatamente o que estão oferecendo para atrair esses clientes pagantes. Eu vou lá o tempo todo para ver o que os podcasters estão fazendo. Alguns estão ganhando até US$ 80 mil por mês só com o podcast. Tento entender qual conteúdo estão oferecendo exclusivamente para membros pagantes e o que oferecem de graça, e isso me dá ideias do que tornar exclusivo no meu podcast. O Patreon também me permite ver como os podcasters de maior bilheteria se comunicam com seus fãs, como configuram seus níveis de pagamento e quantas pessoas escolheram cada nível diferente. Todas as informações estão ali. Eu vejo o que está funcionando e copio.

REGRA 3:
DEIXE DE ESTABELECER METAS; ELAS SÓ ATRAPALHAM

Sempre achei que cada pessoa inventou a si mesma...
que cada um de nós é uma invenção da própria imaginação.
O problema é que a maioria das pessoas não tem imaginação.

– David Geffen

A maioria das pessoas adora estabelecer metas. Vivem ansiosas para sair de sua zona de conforto para atingir algo novo. E a recompensa parece valer a pena: a promoção que você mereceu, aquelas férias no México para as quais você economizou, finalmente comprar o carro dos seus sonhos...

Soa familiar? Se isso descreve você, a armadilha do "conjunto de metas" pegou você.

O maior erro que você pode cometer ao tentar construir riqueza é definir objetivos que você acha que pode atingir. Nada é mais limitante. Se seus objetivos forem apenas aqueles que você consegue alcançar, eles estão impedindo seu crescimento.

Não estou dizendo que você precisa trabalhar mais. Na verdade, você já está trabalhando bastante – e esse é o seu problema.

49

NÃO TER METAS É O QUE OS RICOS PREFEREM FAZER

Lembra da história da galinha dos ovos de ouro? Bem, há mais coisas a aprender com essa galinha. Existem dois tipos de pessoas no mundo: pessoas obcecadas com os ovos de ouro e pessoas obcecadas em otimizar a saúde da galinha dos ovos de ouro para os ovos de ouro se tornarem maiores, melhores e mais abundantes com o tempo. A galinha é o sistema. O ovo de ouro é uma meta.

Os sistemas podem impulsionar as metas numa velocidade cada vez maior à medida que você os refina, com o mínimo de sua participação. É por isso que pessoas inteligentes criam sistemas para entrar na turma dos Novos Ricos, e é por isso que quem está falido continua falido e obcecado por metas, mesmo que tenha um carro zero de luxo (provavelmente pagando prestações que vão deixá-lo falido por mais tempo). Veja nos próximos capítulos como consegui meu Rolls Royce Ghost branco que vale US$ 350 mil de graça.

O objetivo número um da publicidade é fazer você querer algo, um ovo de ouro. Empresas de artigos de luxo gastam trilhões para convencê-lo de que seu mais recente ovo de ouro precisa estar na sua lista de metas. Roger Federer usando o relógio Rolex em Wimbledon desperta em você o desejo de querer um Rolex. A marca Versace contrata Kim Kardashian para a sessão de fotos para o lançamento do seu próximo produto para fazer você querer aquele vestido Versace. Isso o distrai de pensar numa galinha que poderia produzir um novo Rolex ou um vestido de grife para você todos os meses.

Imagine como sua vida mudaria se você não comprasse esses itens, a menos que tivesse dinheiro para comprar um deles por dia. Esta é uma boa regra para se usar e, também, é por isso que a maioria das metas torna-se perigosa. Quando uma meta é modesta o suficiente para parecer factível, mesmo que seja difícil, você se concentra para atingir e não se esforça para dominar o processo que lhe dará o mesmo resultado e muito mais.

Portanto, estabeleça metas difíceis e audaciosas, em seguida esqueça essas metas e concentre-se em criar um sistema para produzir o resultado que você deseja, não apenas uma vez, mas continuamente. É assim que melhoramos o nosso desempenho, nossa produtividade e os nossos resultados.

Uma vez instalado, o sistema o deixará livre para realizar coisas ainda mais audaciosas e imaginativas, que pareciam impossíveis.

PARA SER GRANDE, COMECE PELO MICROSCÓPICO

Como você domina um sistema? Concentre-se nas minúcias por um breve período. São elas que criam os sistemas que tornam as metas audaciosas possíveis.

Isso pode parecer monótono – até mesmo o oposto do imaginativo –, mas ficar obcecado com os detalhes é a única maneira de esquecê-los. Conhecer as minúcias que movimentam um processo permite criar sistemas que automatizam os detalhes. Fornece o fluxo e as rotinas. Libera espaço no cérebro para você continuar crescendo com um mínimo de esforço. É aí que a riqueza entra em ação. Isso é o que os Novos Ricos fazem e os outros não. E é por isso que bilionários como Warren Buffett tendem a ter agendas em branco.

Hoje, eu faço de quinze a vinte entrevistas para *podcasts* de três a quatro dias por mês. Essa é a única vez que eu interfiro no *podcast*. Mas em agosto de 2015, comecei a criar o sistema que o manteria funcionando sem receita, sem equipe e sem experiência em mídia. Hoje, o *podcast* tem 6 milhões de downloads e US$ 50 mil de receita mensal com um *freelancer* ajudando a administrar o sistema. Isso libera o meu tempo – a definição de dimensionamento com o mínimo de interferência.

O pensamento sistêmico exige que você deixe de ganhar dinheiro em troca de dedicar o seu tempo, energia e suor para configurar sistemas que farão o trabalho por você no futuro. O trabalho inicial é grande, e esse é o problema para a maioria das pessoas. Elas preferem ganhos a curto prazo. Precisam de gratificação instantânea. Não querem abrir mão do consumo atual. Não conseguem abrir mão de recompensas na próxima semana, mesmo que isso signifique obter um melhor retorno logo na semana seguinte. É por isso que a maioria das pessoas é míope demais para investir tempo na criação de sistemas, e eu estou bem. Que sejam seduzidas pelo ovo de ouro reluzente. Elas vão continuar sem dinheiro, enquanto você faz como eu e gera quantias de dinheiro que nunca pensou ser possível.

Quando estiver configurado, seu sistema deve funcionar como uma máquina: coloque menos na máquina e obtenha mais resultados do que quando você estava fazendo algo sozinho. Entradas e saídas. Mais sobre este assunto nas próximas páginas

OS PRIMEIROS US$ 700 QUE EU GANHEI

Minha primeira empresa, a Heyo, era inicialmente uma agência que vendia páginas de fãs personalizadas do Facebook por US$ 700 cada, com o nome de "Fan Page Factory".

Audra foi uma das minhas primeiras clientes, em 2010:

-----Original Message-----
From: Nathan Latka <██████████████>
To: ████████ <██████████>
Sent: Tue, Oct 5, 2010 11:23 pm
Subject: The Social Tee Customer Receipt/Purchase Confirmation

Thank you for your order!

Order Information

Merchant: ████████████
Description: Fan Page Factory OrderId 167182995
Invoice Number: 167182995

Billing Information   Shipping Information

Total: US $700.00

Discover
Date/Time: 05-Oct-2010 09:23:16 PM MT
Transaction ID: 3221553474

Depois que ela me pagou, eu fiz o trabalho de elaboração de cada página: o *design*, a codificação, escrevi a Facebook Markup Language (FBML – como era chamada em 2010). Depois de algum tempo, percebi que seria muito mais eficaz e divertido não me concentrar em codificar as páginas de novos clientes todos os meses. Se, em vez disso, investisse algum tempo e dinheiro desenvolvendo um *software*,(que é um sistema) eu poderia vendê-lo a outras pessoas e elas conseguiriam arrastar os elementos para fazer suas próprias páginas de fãs sem o meu trabalho personalizado. Isso poderia render mais, economizar tempo e gerar mais dinheiro. Vou dizer quanto em um minuto.

Tive que interromper as vendas por algumas semanas para me reunir com meus cofundadores – técnicos na TopTal – e começar a codificar um sistema que automatizasse o trabalho. Precisei fazer um sistema para meu sistema. Demorou muito para gerar essa receita recorrente, mas no fim eu tinha milhares de pessoas me pagando de US$ 30 a US$ 300 por mês para usar o sistema que construí. Foi um salto épico de quanto tinha cerca de cem clientes me pagando US$ 700 por vez por um serviço profissional.

O GRANDE ERRO DA MINHA PLATAFORMA

O gráfico a seguir é da nossa reunião de diretoria de 9 de outubro de 2012, cerca de cinco meses depois de levantarmos nosso capital inicial de US$ 500 mil (a linha tem um pico em abril).

Se você observar as colunas de janeiro, fevereiro e março, verá que fazer os usuários pagarem de US$ 30 a US$ 300 por mês cria um fluxo de receita "cumulativo". Desde que eles não cancelem, você continua acumulando receita e o sistema se torna muito eficiente.

Eu tinha 21 anos na época, e passamos do nada no final de 2011 para US$ 99 mil em receita recorrente mensal em abril de 2012:

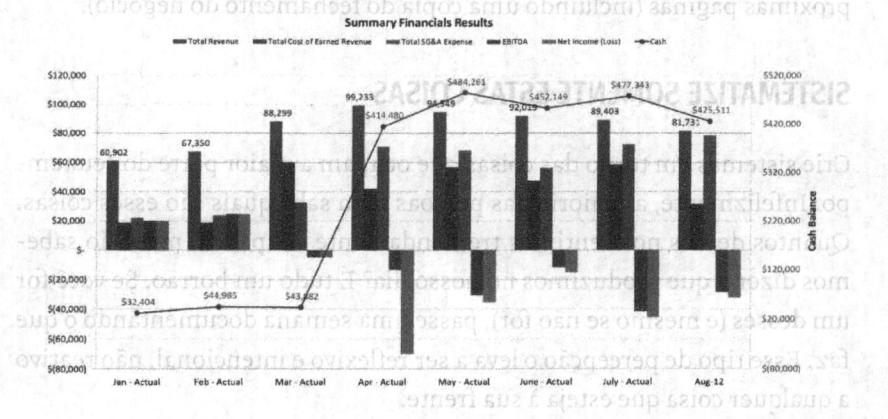

Um dos meus maiores erros ao construir o sistema foi contratar rápido demais. Você pode ver que aumentamos as contratações para cerca de dezoito pessoas em tempo integral, e estávamos prestes a contratar mais quatro quando fizemos nossa reunião de diretoria no dia 9 de outubro de 2012.

Desenvolvimento organizacional

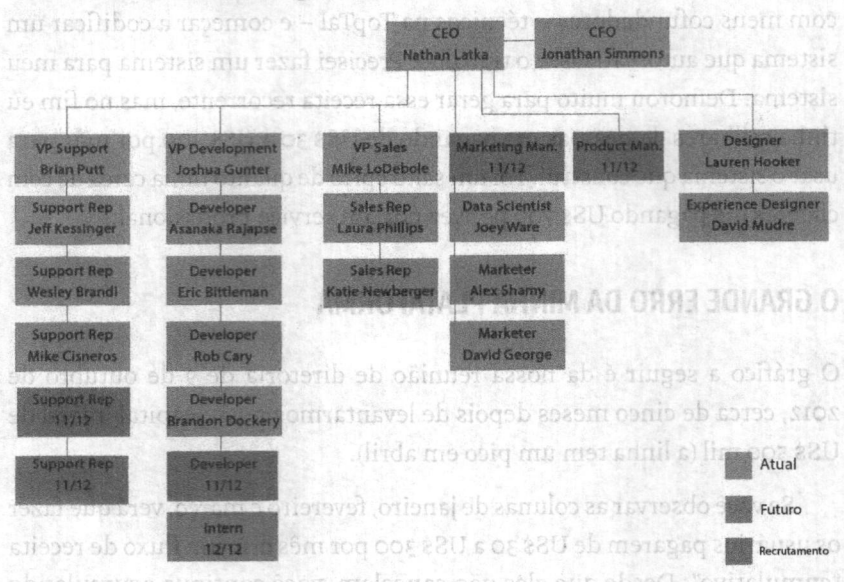

Apesar de tudo isso, tivemos uma oferta de aquisição de mais de US$ 6,5 milhões e uma avaliação de US$ 10,5 milhões em uma reunião final de diretoria um ano depois, quando eu tinha 22 anos. Mais sobre isso nas próximas páginas (incluindo uma cópia do fechamento do negócio).

SISTEMATIZE SOMENTE ESTAS COISAS

Crie sistemas em torno das coisas que ocupam a maior parte do seu tempo. Infelizmente, a maioria das pessoas nem sabe quais são essas coisas. Quantos de nós nos sentimos tremendamente ocupados, mas não sabemos dizer o que produzimos no nosso dia? É tudo um borrão. Se você for um desses (e mesmo se não for), passe uma semana documentando o que faz. Esse tipo de percepção o leva a ser reflexivo e intencional, não reativo a qualquer coisa que esteja à sua frente.

Quando estou criando um novo sistema, uso o Apple Notes e meu caderno de notas BestSelf:

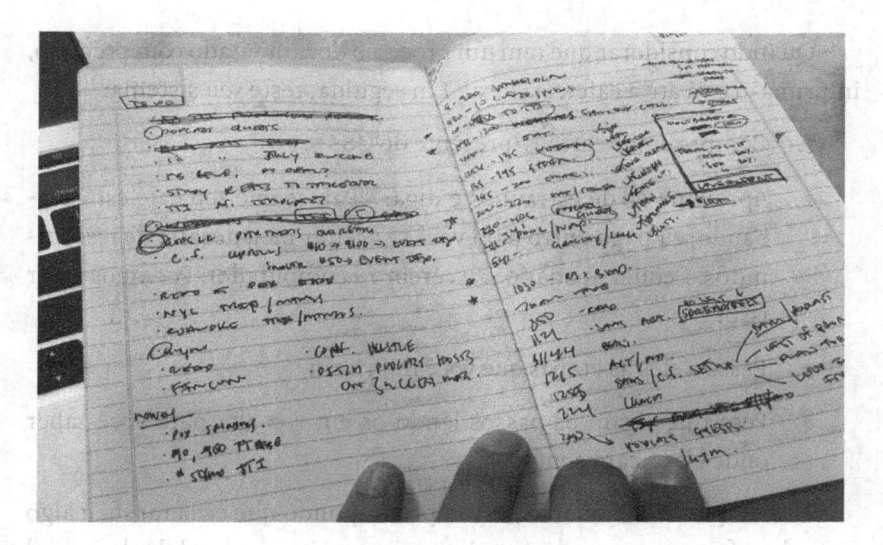

Analise as pequenas coisas que você precisa fazer diariamente ou semanalmente para realizar o que deseja, como: economizar para comprar uma casa, lançar uma loja de *e-commerce*, ficar em forma – qualquer coisa. Seja o mais detalhista possível: como você responde a um cliente quando um pedido chega, como você imprime suas etiquetas de envio, o que você come no café da manhã.

OUTSOURCING: MEU "PROCESSO STARBUCKS PARA TESTE DE SISTEMA"

Se você estiver executando as mesmas tarefas relacionadas todos os dias ou todas as semanas, crie um *documento* do Google e registre a aparência dessa tarefa. Não tenha preguiça ao tentar documentar o que estiver fazendo. Você precisa ser tão detalhista que outra pessoa ao ler seu documento execute a tarefa completamente, sem sua ajuda. Não subestime detalhes, como:

1. As informações de *login* necessárias para uma ferramenta que você usa. Quando você passar essa tarefa para outra pessoa, ela precisa das informações do *login*.

2. Os detalhes pessoais do seu relacionamento com a outra pessoa que faz parte do processo. Esse tipo de coisa é muito difícil de ignorar.

3. Todas as etapas que fazem parte da rotina de trabalho.

Quando considerar que tem um processo documentado com precisão, imprima-o e vá até a cafeteria local. Em seguida, teste seu sistema:

1. Compre cinco cartões-presente de US$ 5.

2. Aproxime-se de estranhos e diga: ""Parece que seu café está acabando; eu pago outro para você se aceitar meu desafio de três minutos. Requer apenas o seu cérebro e computador. Podemos fazer isso?"

3. Passe a eles as etapas que você imprimiu.

4. Peça que sigam os passos lendo-os em voz alta para você saber onde eles ficam confusos.

Nas etapas mencionadas, estou pressupondo que essa tarefa é algo virtual ou feito em um computador, como enviar um modelo de e-mail para cinquenta possíveis convidados para um *podcast*. Se sua tarefa não for realizada em um computador, aplique essas mesmas etapas, mas em uma configuração diferente.

Seu objetivo é encontrar alguém que não saiba nada sobre o que você faz e observar se ele consegue seguir as etapas de execução do seu processo. Você está testando sua capacidade de documentar integralmente um sistema.

Depois de várias rodadas disso, você deve ter uma imagem muito mais completa de quais etapas precisam acontecer a cada dia para fazer algo sem dar nenhuma etapa como garantida.

Experimente entregar seu processo a algum calouro do ensino médio que seja seu vizinho. Se eles conseguirem fazer isso será uma boa notícia para você: provavelmente estão procurando um emprego de US$ 10 por hora que supere seus ganhos fazendo bico em algum restaurante de *fast food*.

Essa é a essência da alavancagem de sistemas. Se você tiver um sistema claro, isso pode ser feito mais rápido e mais barato por alguém (ou mesmo alguma coisa) que não seja você.

DESCOBRINDO OS PONTOS CEGOS QUE FAZEM SUA MÁQUINA DE DINHEIRO FUNCIONAR

O esforço inicial de descobrir todos os detalhes do seu processo vai valer a pena. Assim que seu sistema estiver funcionando, você pode se afastar e esquecer tudo sobre ele – exceto na hora de contar o seu dinheiro. Você provavelmente vai querer fazer isso sozinho. Não há nada que eu goste mais do que contar dinheiro – é uma pilha grande e bonita e é muito divertido para passar a outra pessoa.

O teste da cafeteria pode ser suficiente para obter todas as informações de que você precisa. Mas se o seu projeto tiver muitas camadas, é bom também pensar no futuro para antecipar os pontos cegos que você provavelmente não vai ver.

Você ficaria surpreso com o quanto pode facilmente deixar de ver. Dedicamos a maior parte do nosso tempo àquilo que já conhecemos, deixando assim de enxergar os aspectos ocultos ou desconhecidos. Você está lendo este livro agora para se tornar mais inteligente e melhorar seus negócios. Aposto que não pensou sobre:

1. As árvores usadas para fazer este livro vieram da América Central ou do leste dos Estados Unidos?

2. As palavras que está lendo agora foram impressas com tinta à base de pigmento ou à base de solvente?

3. As microfibras que prendem a encadernação foram feitas de fios de linho ou de seu substituto, o fio de algodão mercerizado?

Ninguém se importa com isso, certo? Mas se você estivesse abrindo um negócio de impressão e encadernação isso seria muito importante. Essas perguntas mostram um tipo de cegueira do sistema: **Cegueira Material** – é importante para qualquer um que esteja desenvolvendo um produto físico.

Cegueira de Tempo é outro descuido comum. Sempre imaginamos que as coisas podem ser feitas mais rapidamente do que na realidade. A economia de tempo normalmente começa após um sistema estar operando por um período de semanas ou meses e você pode começar a fazer ajustes para economizar tempo. Henry Ford criou a linha de montagem em que os carros se moviam e as pessoas ficavam paradas depois de observar as ineficiências de tempo de ter "carros parados e pessoas se movendo" para construir cada carro. Ele percebeu que era mais eficiente fazer os carros se moverem e as pessoas ficarem paradas.

A **Cegueira de Começo/Término** também atrapalha as pessoas. Um projeto de várias camadas pode ter vários sistemas, mas pode ser difícil articular o começo e o término de um sistema – ou em que parte começa outro. As empresas mais novas tendem a ter um CEO que faz tudo. No cotidiano isso equivale a: "Estou cumprindo muitas funções! " Compare isso a um sistema bem definido que imprime mais de US$ 50 milhões por ano, em que o problema parece mais: "Estou farto de fazer a mesma coisa todos os dias!" Isso ocorre porque o negócio foi dividido em sistemas claramente definidos e as pessoas foram conectadas para operar partes do sistema que são mais difíceis ou mais caras de automatizar.

Você pode ver por meio da névoa de começo/término identificando uma atividade que aciona um sistema ou procedimento, como mandar um convite a um CEO para ser entrevistado (o começo do meu sistema de programação do *podcast*). Este é o seu começo. Em seguida, pense na última ação realizada, como enviar um episódio editado e concluído de um *podcast* ao iTunes. Seu sistema é tudo o que acontece no meio.

Definir claramente em que parte os sistemas começam e terminam permite que você monte um quebra-cabeça perfeito que vai mostrar sua composição geral do negócio.

ANATOMIA DE UM NOVO SISTEMA FUNCIONAL

Depois de descobrir seus pontos cegos, é hora de alinhar suas peças e construir seu sistema. Novos Sistemas Funcionais são compostos pelos seguintes elementos:

Insumos: O que você precisa para alimentar o sistema para fazê-lo funcionar? Sua galinha dos ovos de ouro precisa de água e comida todos os dias para sobreviver – entre muitas outras coisas.

Produção: O que o seu sistema produz para você depois de configurado? Mantenha sua galinha dos ovos de ouro viva, continue colhendo ovos de ouro.

Ciclos de *feedback*: A produção do seu sistema pode melhorar, com insumos mais baratos ou mais ágeis para criar um efeito bola de neve? E se você pudesse usar os ovos de ouro da sua galinha para comprar suplementos de proteína para usar como insumo para o sistema fazer sua galinha produzir dois ovos de ouro por semana em vez de um?

Estoques: São quaisquer ativos que se acumulam dentro do sistema e que são usados para gerar uma produção. O insumo é o alimento que sua galinha dos ovos de ouro come para obter energia. A produção são ovos de ouro. O "estoque" é a energia da sua galinha dos ovos de ouro. Se cair, não haverá mais ovos de ouro. Se o estoque ficar baixo muito tempo, a galinha morre. Ninguém gosta de galinha morta. O estoque é uma medida de mudança. É controlado pela velocidade ou lentidão com que diferentes insumos e a produção estão interagindo num sistema.

Configurar o seu sistema é mais importante do que decidir que você quer ganhar US$ 1 milhão por ano. Isso porque quando você configura o esqueleto do seu sistema, a maneira de aumentar sua eficiência é mudando seus insumos e a produção, gerenciando melhor seus estoques e criando ciclos de *feedback* que resultem numa vantagem real em relação aos seus concorrentes.

Os Novos Ricos não medem esforços para definir claramente os insumos, os procedimentos e a produção, depois sempre analisam seus estoques e procuram ciclos de *feedback* que podem economizar tempo e ganhar mais dinheiro.

COMO PAGUEI US$ 29 PARA RECUPERAR NOVE HORAS DO MEU TEMPO

Veja como essas ideias funcionam em meu sistema de *podcast The Top Entrepreneurs:*

INSUMOS

▸ Convidados.

▸ Tráfego.

▸ Editores.

▸ Eu. (Limite seus insumos nesta categoria para ter mais tempo livre e continuar aumentando sua renda. Eu vou mostrar como.)

PRODUÇÃO

▸ O episódio do *podcast The Top Entrepreneurs* é publicado no meu blog, no iTunes e no SoundCloud todas as manhãs às 6h no fuso horário da Costa Leste.

▸ Receita do patrocinador.

▸ Influência.

ESTOQUES

▸ *Downloads.* (Diminuem e aumentam com base em como equilibro insumos e produção. Se eu quiser aumentar a receita do patrocinador no lado da produção, sem alterar os insumos, meu público [estoque] provavelmente vai diminuir por conta do excesso de anúncios.)

OPORTUNIDADES DE CICLO DE *FEEDBACK*

▸ Um convidado (insumo) compartilha seu episódio no meu *podcast* com seu público (insumo), o que aumenta o número de downloads (estoque) e me permite cobrar mais pelo patrocínio (produção).

Veja como tudo funciona em conjunto para criar um sistema para produzir e publicar um episódio de *podcast*:

PROCESSO

1. Nathan usa NathanLatka.com/acuity para agendar convidados do *podcast* em formato de lote. (Em destaque – entrevisto cerca de cinquenta CEOs de *software* toda semana.) Pago a Aaron, da minha equipe de reservas, US$ 12 por convidado agendado.

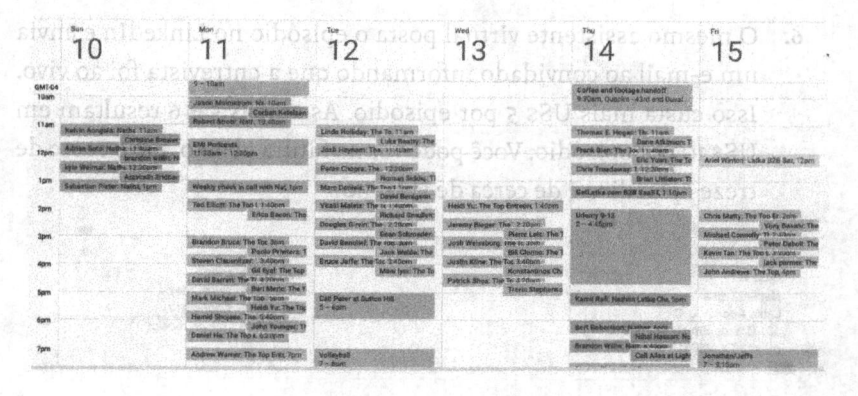

2. Na hora de entrevistar, Nathan a grava via Skype usando o Ecamm.

3. Nathan insere os arquivos Ecamm no Audacity e depois exporta os arquivos de áudio para o Google Drive, ponto a partir do qual Sam assume.

4. Sam finaliza cada arquivo de áudio adicionando o *loop* aberto pré e pós-roll, introdução e menções do patrocinador e, em seguida, carrega a versão final no Google Drive, no YouTube, no Libsyn. Eu pago a Sam US$ 7 por episódio nessa etapa.

5. O cronograma de lançamento é gerenciado numa enorme planilha do Google. Quando o episódio vai ao ar no Libsyn, eu pago um assistente virtual para publicar a biografia do convidado, foto do rosto e SoundCloud incorporados no meu blog. Isso custa cerca de US$ 5 por episódio.

ay of Week	Release Dat	Episode	Who	Title (Nathan Writes Titles)	Gues	Guest Bio
ursday	7/26/2018	1097	Brandon Kelly	CMS CEO: How to Move 1 Time License Model doing $	bran	Brandon is the head honcho at Craft CMS, the wor
ednesday	7/25/2018	1096	Babak Hedayati	How TapClicks is Managing 80% yoy Growth in Marke	baba	With over 20 years as a senior executive at Fortun
esday	7/24/2018	1095	Dominic Edmunds	Why He Gave Up $5m Agency for Customer Data Saas	domi	As the founder & CEO of SaleCycle, I am focused o
onday	7/23/2018	1094	Brian Reale	How he bought 15 people off cap table, hit $9m in ARR	brian	Brian Reale is a serial entrepreneur. Prior to found
unday	7/22/2018	1093	Jeremy Adams	If you're under 30, is agency/coaching a good way to m	jerem	Being one of Forbes' & Influencive.com's Top 30 E
aturday	7/21/2018	1092	Jordan Mitchell	Why Chef Creator Raised $30m to Replace Walkie Talk	jorda	Jesse Robbins is CEO and founder of Orion Labs. P
iday	7/20/2018	1091	Daniel Nissan	Founded in 1999, How He's Managed a 20+ Year "Ove	Danie	See https://www.linkedin.com/in/danielnissan/
ursday	7/19/2018	1090	Chris Ingham Brooke	CEO Eating Own Dog Food for $25m Revenue, $5.5m	chris	Chris Ingham Brooke is the founder and CEO of Pu
ednesday	7/18/2018	1089	Vijay Tella	Workato CEO: "We're Enterprise Version" of Zapier, Se	Vijay	Vijay has led the creation of market leading integr
esday	7/17/2018	1088	Sati Hillyer	How Ex-Salesforce Leader Launched Video for Salesp	Sati	Sati is a seasoned entrepreneur who loves building pro
onday	7/16/2018	1087	James Kappen	Yeah I'd sell (Live negotiation)	james	Designer and entrepreneur who loves solving problems
unday	7/15/2018	1086	Jake Atwood	Sales outreach tool hits $1.2m ARR, would you sell for	jaked	Jake Atwood is the Founder & CEO of BuzzBuilder. He
aturday	7/14/2018	1085	Joshua Tillman	We're #1 in Salesforce for Call Routing, Tech with $10n	joshu	Joshua Tillman began building DialSource in 2005, whi
iday	7/13/2018	1084	Murry Ivanoff	Bulgarian company spends $45k of $65k MRR on paid	murry	Murry founded Metrilo in 2014 to help eCommerce stor
ursday	7/12/2018	1083	nancy hua	How she 2x ARR yoy in mobile testing space to $6m in	nanc	I'm the CEO of Apptimize! We're probably installed on y
ednesday	7/11/2018	1082	Mark Grether	Why Public Sizmek Went Private to Fuel Growth via Mi	Sizme	Mark Grether is CEO of Sizmek. He focuses on guiding
esday	7/10/2018	1081	Eric Frankel	With $2m in ARR and $16m Valuation for 7+ Years, Do	eric	Eric Frankel is an innovative business leader with a pro
onday	7/9/2018	1080	Danny Wajcman	15,000 Customers at $35 ARPU is $500k+ in MRR righ	danny	
unday	7/8/2018	1079	Soeren Stamer	How He's Pivoted 3 Times Since 1996, Moving to Clou	soere	CEO & Co-Founder of CoreMedia. Recipient of the Ger
aturday	7/7/2018	1078	Nick Mason	How agile content marketing solution Turtl hit $125k/mc	nickc	Please can you use the one from my previous submissi
iday	7/6/2018	1077	Collin Holmes	We Bootstrapped Our Way to $2m in ARR, Now $10m	collin	Collin Holmes, founder and CEO, started chatmeter in i
ursday	7/5/2018	1076	Chris Kenton	We pivoted to pure play SaaS, now $1m in ARR growir	ckent	I'm CEO of SocialRep, providing social sales enableme
ednesday	7/4/2018	1075	John Panaccione	LogicBay CEO: Love Venture Debt! Helped us pass $1	jpana	As CEO of LogicBay, John works with leading compani

6. O mesmo assistente virtual posta o episódio no LinkedIn e envia um e-mail ao convidado informando que a entrevista foi ao vivo. Isso custa mais US$ 5 por episódio. As etapas 5 e 6 resultam em US$ 10 por episódio. Você pode ver na fatura abaixo que o custo de treze episódios é de cerca de US$ 130:

INVOICE

BILL TO		INVOICE #	4399
Nathan Latka		DATE	12/03/2017
Latka Agency LLC		DUE DATE	12/05/2017
301 Brazos Street, Ste 703		TERMS	Due on receipt
Austin, TX 78701			

DATE	ACTIVITY	QTY	RATE	AMOUNT
12/01/2017	Services Melissa assistant work 11/18/17 -12/01/17 Converted audio files to SoundCloud and posted to site, multiple episodes #847 - #860, emailed respective interviewee, posts to LinkedIn, reading show notes	5,60	22.50	126.00

Thank you for your continued business! We really appreciate you!   BALANCE DUE   **$126.00**

USANDO O MEU TEMPO:

▸ Por episódio, tempo decorrido sem ajuda: dez horas

▸ Custo por episódio em dinheiro sem ajuda: zero dólar

USANDO O TEMPO DE OUTROS:

Por episódio tempo decorrido com ajuda: vinte minutos (eu só gravo a entrevista de quinze minutos)

▸ Custo por episódio em dinheiro com ajuda: US$ 29

▸ Aaron: US$ 12 por convidado reservado

▸ Sam: US$ 7 para editar cada episódio, enviar, agendar

▸ Assistentes virtuais WMM: US$ 10 para postar em meu blog, enviar e-mail para convidados informando que eles estão ao vivo

Usando este sistema, deixei de usar 300 horas do meu tempo por mês (não é possível se você fizer as contas) para usar apenas 10 horas (30 episódios × 20 minutos) do meu tempo e pagar US$ 870 (US$ 29/episódio × 30 episódios).

Economizei 290 horas do meu tempo pagando US$ 870. Vale cada centavo. Procure sistemas de administração de tempo como este para configurar o seu negócio.

Vou falar mais sobre estratégias de receita nas próximas páginas, mas com esse custo de US$ 870 por mês eu vendo vários patrocinadores por mais de US$ 10 mil ou mais/mês em pagamentos.

Exemplo de um dos muitos acordos anuais assinados em 2017:

The Top Entrepreneurs in Money, Marketing, and Life
Nathan Latka brings you entrepreneurs who...

The Latka Agency LLC– The Top Podcast

SPONSORSHIP AGREEMENT

DATE:

1.   Project objectives
This is a sponsorship agreement between ▮▮▮▮ & The Latka Agency LLC (dba The Top Podcast). This will be a 12 month long promotion from Jan 1 2018 to Dec 31 2018.

2.   The Top Podcast Pricing and Industry Metrics

- Syndicated on ▮▮▮▮ podcast feature
- INC #1 rated show with ▮▮▮▮

- Podcast launched August 1st, 2015 by Software as a Service CEO Nathan Latka, hit #1 in New and Noteworthy August 23rd, #1 Management and Marketing Podcast October 2nd, #34 Overall Business Podcast October 3rd, 2015.
- According to 2014 statistics, 90% of podcasts receive less than 100 plays per month. As of October 2015 the Top Podcast with host Nathan Latka is on track for 3.8 million listens in 2016.

3.   Sponsorship Options
The deliverable(s) for this project are as follows:

a. Mid-Roll
This runs between minute 10 and minute 15 of the podcast.
- 30 Second Mid-Roll

b. Post-Roll
This runs at the end of each show.
- 30 Second Post-Roll

4.   Estimated fees and expenses
The sponsorship package is a 12 month contract for a mid, and post-roll in 15 episodes per month with different CTA layouts. Ex: Mid is "Here's how I use ▮▮▮▮", Post is "Go get started on ▮▮▮▮ now". For this particular project, ▮▮▮▮ will be given the rates presented in Fig 1.1 below bringing total cost for ▮▮▮▮.

Title	Cost per month	# Months	Bi-Annually
Mid	$15000	12	$180,000
Total			$180,000

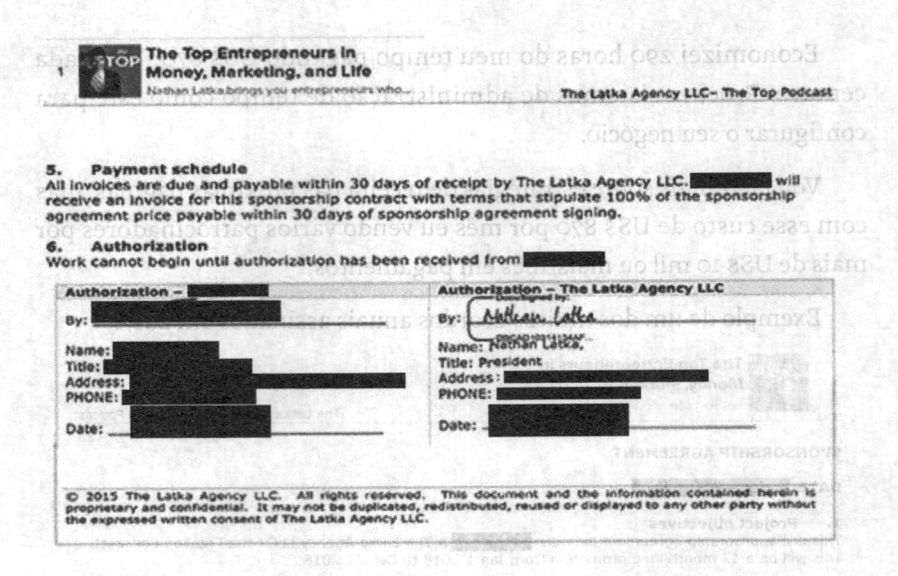

OBTENDO SEU SISTEMA *HIPEREFICIENTE* (E FICANDO SUPER-RICO COM ELE)

O ponto ideal é um equilíbrio: comece explorando em todos os detalhes possíveis o que precisa ser feito, e depois procure maneiras de minimizar as etapas. Você não precisa fazer todo o trabalho sozinho, mas mantenha sua equipe pequena, reduzindo o número de etapas.

Procure oportunidades para automatizar tarefas assim que puder. O Kitchen é um restaurante *fast-casual* de inspiração oriental que serve arroz frito na *wok* e tigelas de macarrão cozido, rápido e por menos de US$ 10. Eles estavam pagando mais de US$ 9 mil/mês pelos serviços de contabilidade. Para reduzir os custos, eles mudaram para um provedor de serviços contábeis automatizado, economizando assim US$ 4 mil/mês. Agora o processamento de dados é mais rápido, há mais relatórios e maior precisão do que antes quando alguém da equipe cuidava dos livros. Tiveram que gastar para economizar, mas valeu a pena.

Depois de elaborar um processo, você pode gerar descrições de funções identificando as etapas que uma pessoa pode cobrir. No meu *podcast* eu tenho uma pessoa, Aaron (da Piper Creative, se você quiser contratá-lo), fazendo tudo que envolve reservas de convidados, e Sam em todas as tarefas relacionadas a áudio.

Seu sistema tem chance zero de ficar mais eficiente se depender somente de um recurso. Fica ainda mais difícil se esse único recurso for o seu tempo. Alavancagem e eficiência sempre vêm combinando um recurso com outro e fazendo 1 + 1 = 3.

Para chegar lá, certifique-se de que parte de sua produção seja "dinheiro economizado", que você possa usar para adicionar insumos e aumentar o potencial do circuito de *feedback*. Assim, as iterações do seu sistema ao longo do tempo ficariam mais ou menos assim:

▸ **Etapa 1:** Insumo = Você + *freelancer* Fiverr

▸ **Etapa 2:** Insumo = Você + *freelancer* Fiverr + *Software* de automação

▸ **Etapa 3:** Insumo = dois *freelancers* Fiverr + *Software* de automação (Seu tempo agora está livre, então você o usa para começar a construir outro sistema.)

▸ **Etapa 4:** Seu sistema está criando fluxo de caixa como a produção, o que permite que você invista em novos sistemas ou torne seus insumos e sistemas atuais mais eficazes.

Empilhar sistemas como esse é como fazer um bolo em camadas. Quanto mais doçura você acumula, mais rico fica o sabor!

Até chegar à Etapa 4, você sempre estará procurando maneiras de diminuir os insumos e maximizar o fluxo de caixa. Uma maneira inteligente de fazer isso é negociar despesas que você não pode evitar (em vez de se concentrar só em gerar receita).

A Amazon e o Walmart negociam tanto volume que têm força para exigir que os fornecedores de seus insumos (produtos que a Amazon e o Walmart vendem) cobrem menos. Eles repassam a maior parte dessa economia ao consumidor, o que lhes dá mais participação no mercado. Um círculo de *feedback* clássico.

Pense em todas as suas despesas neste momento. Agora negocie com todas elas usando poder *hard* e *soft* (*hard*: "Se você me der um desconto de US$ 100/mês eu vou cancelar minha conta"; *soft*: "Estou tentando economizar e seria muito importante se você puder reduzir os pagamentos mensais por dois meses até o negócio recuperar o equilíbrio"). Aqui estão algumas despesas que aposto que você pode diminuir significativamente:

Software: se você gasta muito com *software*, diga que tem opções de quem comprar esse *software* e peça um preço mais baixa aos seus fornecedores atuais.

Despesas com material: caso você utilize resina de plástico cinza 390x da China na fabricação dos seus produtos, peça um desconto por volume. Faça uma pesquisa quanto ao que pode conseguir com fornecedores alternativos de plástico, para saber o gasto mínimo que vai ter se for trocar seu fornecedor.

Despesas de pessoal: o número de funcionários geralmente é a maior despesa de uma empresa. É difícil negociar para reduzir esse custo. No entanto, sites como Fiverr, Toptal (para desenvolvedores), Upwork e outros estão tornando muito fácil substituir talentos de alto valor por talentos de baixo custo. O talento *freelance* também é variável (você pode contratar e desligar) em comparação com funcionários em tempo integral, que são despesas fixas (muito mais difícil de desligar e contratar). Investir em tecnologia quando possível é outra maneira inteligente de reduzir as despesas com pessoal. A Panera percebeu que gastar mil dólares uma vez para instalar um terminal virtual para pedir sua refeição é mais barato que pagar a um caixa um salário mínimo de US$ 15.

Além disso, considere sua produção como fontes potenciais de fluxo de caixa. Existe alguma maneira de seus resultados ruins serem bons insumos para outros? Se uma empresa de *software* está perdendo clientes todos os meses – uma grande produção negativa –, ela pode transformar isso numa produção positiva de geração de caixa vendendo as informações de contato de seus clientes potenciais para um concorrente com preços mais baixos (isso é bom para todas as partes!).

O SISTEMA *PODCAST* DE SETE ZEROS

Quando o seu sistema estiver produzindo ovos de ouro, você pode mudar sua atenção para coisas maiores e fazer mais dinheiro. Para mim esse ovo de ouro é um episódio por dia, pois um episódio vale muitos milhares de dólares da receita de patrocínio (em fevereiro de 2018, eu ganhei US$ 4 mil por episódio diário com despesas de US$ 29 – uma boa margem!).

Se eu não tivesse configurado a produção de *podcasts* para funcionar sozinha, nunca teria o espaço cerebral, a energia ou o tempo para ganhar tanto dinheiro. E como consigo novos patrocinadores? É outro sistema.

Cada episódio de *podcast* é uma entrevista com um novo CEO. Eu uso uma ferramenta chamada Acuity, que permite que os CEOs escolham um horário na minha agenda. Não há necessidade de um intermediário para lidar com o agendamento. Imediatamente após a entrevista, a Acuity envia um e-mail de agradecimento ao CEO e avisa quando a entrevista acontecerá ao vivo. O e-mail também menciona que temos um ou dois espaços de patrocínio abertos pergunta se ele está interessado em patrocínio.

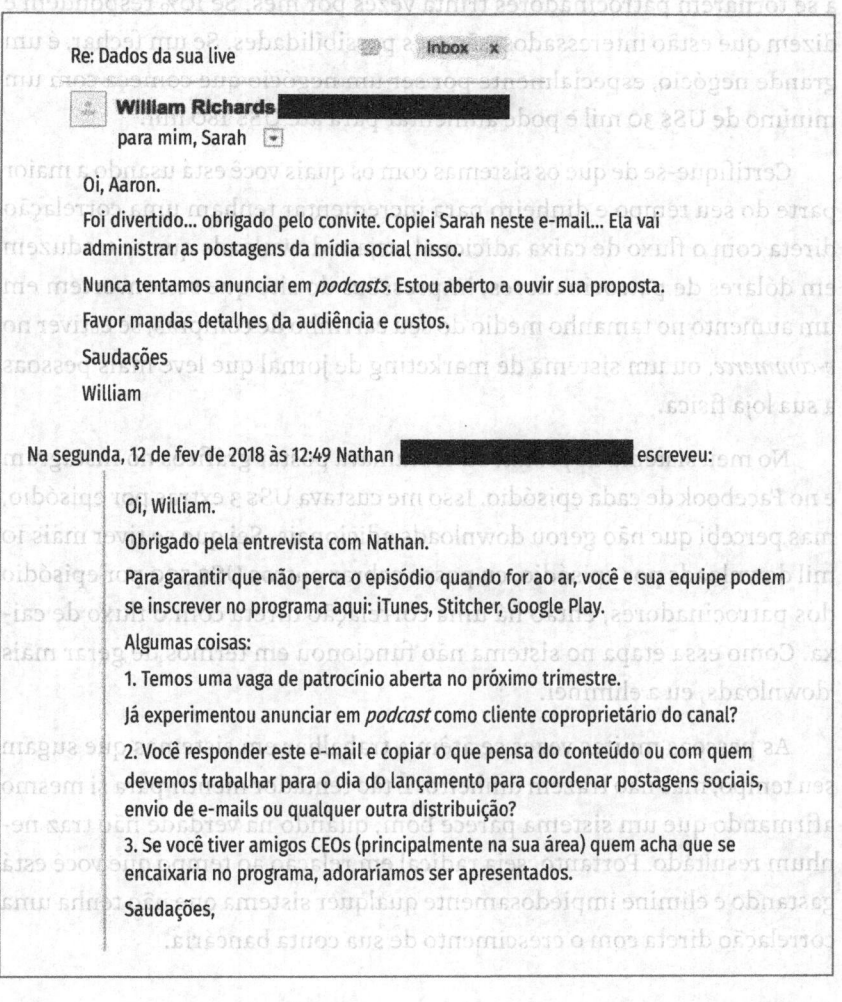

Re: Dados da sua live | Inbox   x

William Richards ▉▉▉▉▉▉▉
para mim, Sarah ▾

Oi, Aaron.

Foi divertido... obrigado pelo convite. Copiei Sarah neste e-mail... Ela vai administrar as postagens da mídia social nisso.

Nunca tentamos anunciar em *podcasts*. Estou aberto a ouvir sua proposta.

Favor mandas detalhes da audiência e custos.

Saudações

William

Na segunda, 12 de fev de 2018 às 12:49 Nathan ▉▉▉▉▉▉▉ escreveu:

Oi, William.

Obrigado pela entrevista com Nathan.

Para garantir que não perca o episódio quando for ao ar, você e sua equipe podem se inscrever no programa aqui: iTunes, Stitcher, Google Play.

Algumas coisas:

1. Temos uma vaga de patrocínio aberta no próximo trimestre.

Já experimentou anunciar em *podcast* como cliente coproprietário do canal?

2. Você responder este e-mail e copiar o que pensa do conteúdo ou com quem devemos trabalhar para o dia do lançamento para coordenar postagens sociais, envio de e-mails ou qualquer outra distribuição?

3. Se você tiver amigos CEOs (principalmente na sua área) quem acha que se encaixaria no programa, adoraríamos ser apresentados.

Saudações,

A taxa de resposta deste e-mail de acompanhamento é de mais de 90%:

Jared Behrieber (2)	Inbox	Re: your go live date - for your podcast. > > I'm writing because my wife (and I) got quite a shock yesterday when she > Googled my n	Mar 16
Bernardo Leteyl	Inbox	Re: your go live date - 1) We don't have budget for ads yet.. I'll get back to you if we get some :) 2) You can coordinate all things with me	Mar 14
Peter Lamson	Inbox	RE: your go live date - make sure you don't miss your episode when it goes live, and your team can subscribe to the show here: iTur	Mar 13
Petr .. Monica, Charlie (28)	Inbox	RE: your go live date - > Hope you had a great holiday season. Wanted to circle back to see if you > had this interview scheduled yet?	Mar 13
Collin Holmes	Inbox	Re: your go live date - me and you didn't receive permissions for any of this. On Fri, Mar 2, 2018 at 8:47 AM Collin Holmes wrote: > Na	Mar 12
Darshen, Emily (2)	Inbox	Re: your go live date - Aaron, 1) We haven't, but we'd be open to it provided that you can prove that your audience is our target audien	Mar 12
Iba Masood	Inbox	Re: your go live date - Here you go! Tam will help co-ordinate social posts on launch day. Thanks Aaron. "the Masood"	Co-founder &	Mar 9
Jai, me, Jai (3)	Inbox	Re: your go live date - right away 1. Swym : https://swym.it/ 2. Kwanzoo: http://www.kwanzoo.com/ 3. Reflektive. https://www.reflektive.	Mar 9
Allen Bonde	Inbox	Re: your go live date - 2018 at 1:04 PM. Nathan Latka < scheduling@acuityscheduling.com> wrote: > Hey Allen, > > Thanks for taking	Mar 8
William, Sarah, Aaron (3)	Inbox	Re: your go live date - on the Podcast that William at EasyRedir did with you, and check on timing. We have signed up to the channel	Mar 8
Jessie Yarrow (3)	Inbox	Re: your go live date - When can we expect to access it on iTunes? > > Also copying Natalie, who heads up social media for Ping Ident	Mar 6
Eric Berry (2)	Inbox	Re: your go live date - recording the podcast with you a few weeks ago. What's the normal lead time to go-live? Definitely wanna make	Mar 6
Robert Jacobi	Inbox	Re: your go live date -, Thank you for the opportunity to talk about Joomla with you on your podcast. Sandra Decoux is Joomla's Director	Feb 28
Stephen CEO LoopMe	Inbox	Re: your go live date - did you have Ellie and my skype I am available in the next few days - please can you suggest new times we lo	Feb 28
Howard, Max, Nell (4)	Inbox	Re: your go live date - make sure you don't miss your episode when it goes live, and your team can subscribe to the show here: iT	Feb 27
Kistle Adams	Inbox	Re: your go live date - I Do you know the date when this interview will go up? Regards, Kistle Adams Senior Publicist Pitch Public Rela	Feb 27

Agora, como faço uma entrevista por dia, estou convidando CEOs ricos a se tornarem patrocinadores trinta vezes por mês. Se 10% respondem e dizem que estão interessados, são três possibilidades. Se um fechar, é um grande negócio, especialmente por ser um negócio que começa com um mínimo de US$ 30 mil e pode aumentar para até US$ 180 mil.

Certifique-se de que os sistemas com os quais você está usando a maior parte do seu tempo e dinheiro para incrementar tenham uma correlação direta com o fluxo de caixa adicional, sejam downloads que se traduzem em dólares de patrocinadores, impressões do site que se convertem em um aumento no tamanho médio do seu carrinho de compras, se estiver no *e-commerce*, ou um sistema de marketing de jornal que leve mais pessoas a sua loja física.

No meu sistema de *podcast* eu costumava postar gráficos no Instagram e no Facebook de cada episódio. Isso me custava US$ 3 extras por episódio, mas percebi que não gerou downloads adicionais. Sei que se tiver mais 10 mil downloads por episódio, eu posso cobrar outros US$ 500 por episódio dos patrocinadores, então há uma correlação direta com o fluxo de caixa. Como essa etapa no sistema não funcionou em termos de gerar mais downloads, eu a eliminei.

As pessoas muitas vezes se atêm a trabalhar em sistemas que sugam seu tempo, mas não trazem dinheiro. É tão tentador mentir para si mesmo afirmando que um sistema parece bom, quando na verdade não traz nenhum resultado. Portanto, seja radical em relação ao tempo que você está gastando e elimine impiedosamente qualquer sistema que não tenha uma correlação direta com o crescimento de sua conta bancária.

VOCÊ DEVE CONTRATAR PESSOAS QUE SÃO APENAS 60% TÃO COMPETENTES QUANTO VOCÊ?

Se você está resistindo em contratar profissionais tão competentes quanto você, provavelmente, é porque vive dizendo a si mesmo uma dessas coisas:

1. Ninguém pode fazer isso tão bem quanto eu.
2. Se eu contratar alguém tão competente, minha equipe não precisará mais de mim!

A probabilidade de você ser realmente o melhor do mundo em alguma coisa é muito pequena. É mais provável que seu ego esteja dizendo isso para você se sentir importante. Duas pessoas que sejam 60% tão competentes quanto você gerariam 120% de sua produção, e isso não demandaria nada de seu tempo.

Sempre tento encontrar, influenciar e persuadir a pessoa que se considera a melhor do mundo para fazer o trabalho que eu faço. Esse é um conjunto de habilidades que pode ser aplicado para fazer qualquer coisa – uma abordagem generalista – *versus* se especializar em uma coisa e ser rotulado.

"Mas, Nathan, se eu contratar alguém tão competente quanto eu, minha equipe não vai precisar mais de mim!"

É apenas uma questão de tempo para esse tipo de pensamento matar totalmente a sua equipe. Considere o sistema político dos Estados Unidos. Há uma razão pela qual os mandatos presidenciais são de quatro anos cada. Em outros países, sem limites de mandato, os líderes que chegam ao poder tendem a aumentar a complexidade na escada que subiram para tornar mais difícil para outros concorrentes políticos subirem e confrontá-los. (A propósito, essa é uma ótima estratégia de negócios quando se monta um sistema que dê muito dinheiro. Basta olhar para o sistema de táxis dos Estados Unidos e a complexidade dos *lobbies* taxistas. O Uber agora está confrontando essa complexidade de frente e está a caminho de uma abertura de capital de mais US$ 100 bilhões.)

Se você complicar a versão empresarial de sua escada, estará se isolando como um sistema de insumo que nunca aumentará a produção. As únicas maneiras de aumentar a produção são:

1. Torne a máquina mais eficiente com os mesmos insumos.

2. Insira insumos menos dispendiosos no sistema, de forma a aumentar a proporção entre produto e insumo.

3. Faça o nº 1 e o nº 2 ao mesmo tempo.

Para posicionar seu sucesso geral a longo prazo, você precisa se tornar um mestre em produzir mais. Isso significa atualizar insumos e máquinas, inclusive seu próprio tempo e energia (como insumo).

Ao procurar por talentos humanos para substituir a si mesmo em um sistema, tente muitos miniprojetos como testes. Projetos avaliados pelo desempenho são muito mais eficazes do que escanear currículos o dia todo. Ninguém gosta de alunos criativos que tiraram notas baixas na escola, como Nathan Latka! Envie-me um e-mail, eu te contrato: nathan@nathanlatka.com

Para encontrar talentos em potencial, use sites como:

1. *Fiverr:* um mercado autônomo onde todos os projetos começam em US$ 5. Depois de definir um processo, faça um *upload* como uma tarefa no Fiverr, encontre um talento e analise como ele executa a tarefa. Se o desempenho for bom, veja se você consegue convencê-lo a participar do seu sistema como um insumo da maneira que achar adequado (por hora, contrato etc.)

2. *Toptal:* se o insumo que você precisa requer codificação ou desenvolvimento, use o Toptal. Toptal é um site que já registrou e avaliou os melhores 3% dos desenvolvedores do mundo. O trabalho começa em US$ 50/hora. Inseri um projeto de US$ 1 mil no Toptal para a primeira versão de GetLatka.com. O desenvolvedor fez um bom trabalho e desde então investi mais dinheiro no Toptal para continuar a usá-lo.

3. *Upwork:* uma boa combinação de Fiverr e Toptal em termos de preço e talento. Os contratados do Upwork podem trabalhar por apenas US$ 2/hora, dependendo da tarefa. Para minha primeira iteração de TheTopInbox.com, inseri um projeto de US$ 2 mil no Upwork, gostei muito do desenvolvedor e acabei pagando a ele US$ 20 mil durante seis meses.

Às vezes, um ser humano não é a melhor maneira de se substituir num sistema. Você pode achar que o trabalho que está fazendo é muito repetitivo. Se for esse o caso, pode ser mais barato e mais eficiente pagar a um site como o Zapier para escrever um código que vincule seus processos do aplicativo.

COMO IR ÀS FESTAS DO OSCAR USANDO MEUS "SISTEMAS DE DECISÃO"

Como você decide se uma grande compra vale a pena? Outro dia eu estava pensando em me hospedar no Beverly Hills Hotel, em Los Angeles, em vez do meu lugar habitual. Por US$ 600/noite, é um luxo difícil para a maioria das pessoas. Então criei um "Sistema de Decisão" muito simples para filtrar esses tipos de compras. Ele economiza energia e sua simplicidade lhe dá um valor utilitário muito alto.

Se meu fluxo de renda mensal atual não me permitir pagar por uma dessas coisas todos os dias, eu não compro. Simples assim. Essa é a regra. Para carros, casas, férias, jantares, qualquer coisa.

Digamos que eu esteja ganhando só US$ 3 mil dólares/ mês e me sobrem somente US$ 1 mil após as despesas. Se estiver pensando em gastar US$ 600 em um hotel por uma noite, eu me pergunto: Bem, eu posso gastar isso todos os dias? US$ 600 por noite por um mês somam US$ 18 mil. Eu só ganho US$ 1 mil por mês, então digo não a esse hotel.

Por outro lado, eu vou à cerimônia do Oscar todos os anos para apoiar a Fundação AIDS de Elton John e não tenho nenhum problema em fazer o que a maioria considera "um luxo" e me hospedo no melhor hotel de Beverly Hills – o London, por US$ 800/noite. Meus sistemas geram uma renda passiva que excede US$ 24 mil/mês

(US$ 800/noite). Como eu teria dinheiro para morar no London em tempo integral, não tenho nenhum problema em me dar ao "luxo" de me hospedar lá uma ou duas noites.

Quando me dou a esse tipo de luxo eu tendo a me exceder também antes de voltar o meu muito simples guarda-roupa de camisetas e jeans pretos da Banana Republic.

Abaixo eu estou com dois trajes para o Oscar 2018, um com um paletó Versace, sapatos Ferragamo com cristais Swarovski e acessórios Ralph Lauren, totalizando mais de US$ 20 mil (mais o estilista).

Usando um Versace na Rodeo Drive em Hollywood em uma das duas únicas coberturas da Tiffany no mundo:

Na festa do Oscar de Elton John em 2018.

Este tipo de processo de pensamento é o que os Novos Ricos usam quanto a comprar *versus* alugar. Alugar um jato por um dia por US$ 5 mil ou comprar um jato por US$ 5 milhões? Só faça a segunda escolha se você puder comprar um novo jato a cada mês.

Este Sistema de Decisão permite que você preserve sua energia diariamente. Regras simples. Decisões rápidas.

OS SETE PRINCIPAIS LIVROS SOBRE SISTEMAS

1. *Thinking in System*, de Donella Meadows, simplifica o que faz qualquer sistema funcionar e como construir o seu próprio.

2. *Mastering the Rockefeller Habits*, de Verne Harnish, é o plano mais fácil a seguir para definir claramente os insumos que você quer no seu negócio – a primeira etapa para configurar o processo e os insumos.

3. *Aventuras empresariais*, de John Brooks, destaca CEOs e empresas que criaram o maior valor para os acionistas ao longo de sua gestão. Você vai começar a identificar os modelos de negócios e seus sistemas subjacentes que o prepararão para o sucesso.

4. *The Outsiders*, de William N. Thorndike Jr. é uma coletânea de oito histórias de oito CEOs que criaram sistemas que geraram os maiores retornos de capital da história.

5. *Explica tudo*, de Randall Munroe, faz um diagrama visual de como as coisas funcionam usando apenas mil das palavras mais comumente usadas na língua inglesa (força a simplificação e torna o reconhecimento de padrões mais fácil).

6. *McDonald's: A verdadeira história do sucesso*, de John F. Love, ajuda a dissecar um dos sistemas mais replicados e valiosos já construídos: a lanchonete. Não importa em que setor você estiver, com certeza aprenderá sobre partes que se encaixam no seu sistema.

7. *Trabalhe 4 horas por semana*, de Timothy Ferriss vai ajudá-lo a encontrar maneiras de sistematizar seu negócio e sua vida para economizar tempo, energia e dinheiro.

4

REGRA 4:
VENDA PICARETAS PARA GARIMPEIROS

"Você pode garimpar em busca de ouro ou vender picaretas." Trata-se obviamente de uma alusão à Corrida do Ouro na Califórnia, onde alguns empresários bem-sucedidos, como Levi Strauss e Samuel Brannan, não garimparam ouro, mas venderam suprimentos para os garimpeiros – carrinhos de mão, tendas, jeans, picaretas etc. Garimpar ouro era o caminho mais glamoroso, mas, na verdade, acabou tendo, no geral, um retorno pior sobre o capital e o trabalho que vender suprimentos.

– Business Insider

V ocê já sabe que tentar criar um negócio totalmente novo é uma péssima ideia se você quer ficar rico. São muitas as chances de fracassar e, além disso, é optar por uma estrada já muito percorrida que raramente leva você à frente.

Se quiser desafiar as probabilidades, você precisa de uma abordagem contraintuitiva. Não tente atrair as massas. Veja o que as massas estão comprando e entre no mercado que outros já construíram em torno disso.

Essa é a beleza do que chamo de "vender picaretas para garimpeiros". Você deixa os garimpeiros fazerem todo o trabalho e depois extrai os lucros do mercado que eles criaram. Isso funciona nas vendas B2B (vendas realizadas entre empresas) e também ao consumidor final. Enquanto todo mundo está gastando dinheiro com capas para celular, você pode lançar "capas personalizadas para celular". Se a Amazon lucra com vendedores terceirizados, você pode criar um programa de rastreamento para localizar esses vendedores. As picaretas se escondem atrás de qualquer mercado popular. Podem ser difíceis de detectar no início, porém quanto mais começar a pensar dessa forma, mais elas se mostrarão a você.

A maioria das pessoas adora essa ideia, mas é preciso muito autocontrole para escolher a produção de picaretas em vez de garimpar ouro. A tentação de entrar em uma indústria promissora quando se vê o sucesso de outras pessoas é muito grande. Aconteceu comigo recentemente, quando estava conversando com um amigo investidor sobre capital de risco. Ele me disse que em 2014 o montante total de capital de risco levantado por *startups* foi de US$ 48,3 bilhões. Em 2016, esse número chegou a US$ 69,1 bilhões. Curioso com os dados, comecei a conversar com outros fundadores de *startups* para ver o que eles achavam de empresas de capital de risco (ECR). Muitos deles confidenciaram que, ao fundarem uma *startup*, seu sonho era ingressar em uma empresa de ECR. A indústria estava fazendo um ótimo trabalho na venda da atratividade de uma ECR. Meu coração, que adora dinheiro, tentou me dizer que eu também deveria me arriscar numa ECR, mas meu cérebro encontrou uma opção mais inteligente.

ECR é a mina de ouro que todos querem ir atrás. A picareta da indústria de ECR são os dados. As ECRs contam com dados excelentes para fazer investimentos sólidos. Percebi que apesar de haver centenas de empresas de capital de risco, na verdade elas têm acesso limitado aos dados da empresa. Foi, então que eu resolvi enriquecer vendendo dados para elas e fundei a GetLatka.com.

Algumas empresas já faziam isso, então me propus a aprender + copiar + fazer melhor. Michael Bloomberg ficou rico vendendo seu Terminal Bloomberg para comunidades financeiras. Ele tinha os dados. Outras empresas que competem no nicho de dados de empresas de capital de risco incluem a PitchBook, HG Data, Mattermark (fechada), CB Insights, Crunchbase, Zirra e Owler. Eu precisava descobrir se eles estavam realmente indo bem para saber se valia a pena construir essa picareta.

POR QUE MILHARES DE CEOS DE EMPRESAS PRIVADAS ME REVELAM AS SUAS RECEITAS?

Eu não poderia simplesmente ligar para os CEOs e perguntar: "Quanto dinheiro você ganhou no mês passado?" Mas eu podia mandar e-mails convidando-os para o meu *podcast*. No *podcast*, eu perguntaria quanto estavam ganhando e outras métricas do negócio para fazer a engenharia reversa de seus negócios e lutar como um demônio para superá-los. A Mattermark faturava US$ 2,4 milhões em 2015, tinha 47 funcionários, US$ 18 milhões em financiamento e ganhava cerca de US$ 275 mil por mês em abril de 2016 (agora extinta, adquirida numa venda-relâmpago para a FullContact por US$ 500 mil). A Owler estava na fase pré-receita, mas tinha arrecadado US$ 19 milhões. A CB Insights gerou cerca de US$ 8 milhões em receita em 2015, e US$ 14,4 milhões em 2016. Era uma picareta mais ardida, uma colherada de raiz-forte, se eu conseguisse evitar os erros da Mattermark. Elas só vendiam poucas centenas de dólares por mês a empresas de capital de risco. Eventualmente acabariam ficando sem ECRs para vender e já tinham fixado um preço muito baixo. Quando perceberam isso, elas tentaram mudar o negócio para equipes de vendas, mas já era tarde demais.

Para conseguir cobrar um preço mais alto, a GetLatka.com precisava se destacar. Eu não queria começar a despejar dados e chamar a atenção da concorrência já estabelecida. Foi aí que entrou o meu *podcast*. Foi como se minha galinha dos ovos de ouro tivesse dado à luz a outra galinha dos ovos de ouro – só que maior e ainda mais fértil.

Meu sistema de *podcast* cria dois ativos para mim. Eu monetizo a galinha dos ovos de ouro nº 1, meu *podcast*, com a venda de anúncios para patrocinadores. São negócios grandes, de seis dígitos, e tenho vários em andamento ao longo do ano. (Veja o contrato no capítulo 3.)

Mas existe o filho nº 1 da galinha dos ovos de ouro: a GetLatka.com. Depois de entrevistar um CEO no meu *podcast*, eu insiro os números que ele me revela em um banco de dados. O resultado é um monte de dados de receita, dados de crescimento etc. de empresas de *software* privadas, que eu vendo para empresas ECRs que querem se conectar com esses CEOs para investir em suas empresas. Se as ECRs não estiverem constantemente fazendo negócios, seu grande fundo de US$ 500 milhões morre. Elas precisam encontrar os melhores empreendedores, e é por isso que as maiores ECRs e empresas de capital privado estão me pagando entre US$ 5 mil e US$ 15 mil por mês para acessar esse conjunto de dados. Como eu aumento os preços todo mês, enquanto você lê estas linhas o valor já é maior.

Além disso, faço de 15 a 25 novos contatos novos com CEOs de *software* B2B por semana. A maioria dos analistas dessas empresas de capital de risco batalham para fazer de quatro a seis contatos por semana.

Veja como pode ser o exemplo de uma semana.

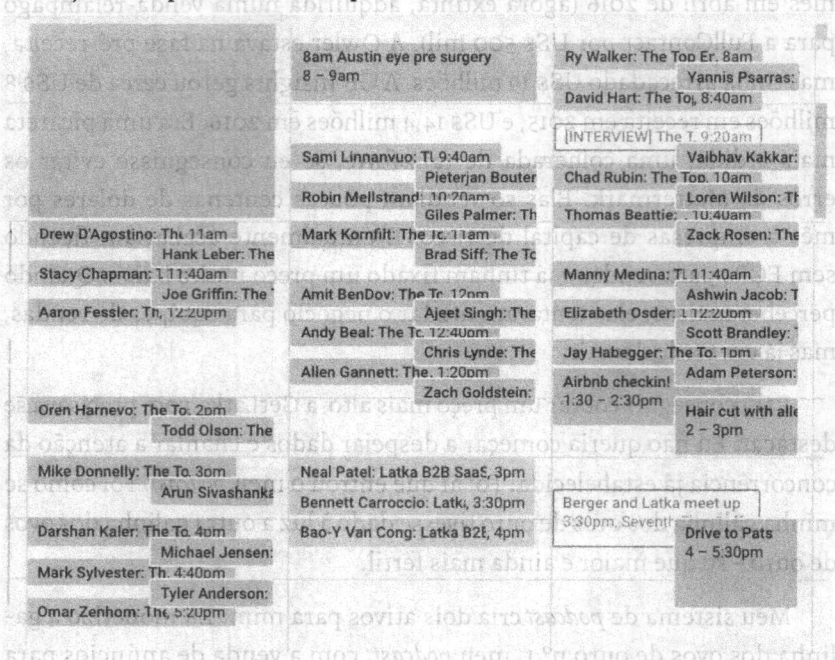

O que torna meus dados tão valiosos e compensadores é que eles saem direto da boca do CEO. Ninguém tem dados mais precisos sobre a receita, o número de clientes, tamanho da equipe, receita média por usuário (RMPU) ou dados de rotatividade de uma fonte tão confiável quanto o próprio CEO. Meus concorrentes obtêm seus dados vasculhando sites e postagens em blogs em busca de métricas relevantes e número de clientes, que nunca são muito precisos. Muitos nem mesmo têm os valores de receita. Simplesmente não conseguem encontrá-los.

Tecnicamente, qualquer ECR poderia obter essas mesmas informações ouvindo todos os episódios do meu *podcast*. Mas ninguém tem tempo para isso, por esse motivo pagam pelo banco de dados. No final das contas, estou tornando mais fácil o acesso ao conteúdo que meu *podcast* disponibiliza publicamente de graça.

É assim que funciona.

1. Acesse a GetLatka.com para ver 5% de todo o banco de dados gratuitamente:

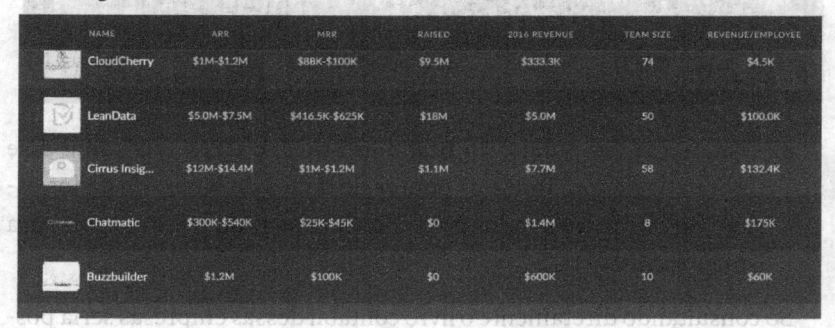

2. Clique na empresa sobre a qual deseja saber mais:

3. Clique em um ponto de dados sobre o qual deseja saber mais (sublinhado). Neste caso, quero ouvir quando o CEO da Cirrus Insight diz: "Estamos ganhando US$ 1 milhão por mês, ou um desempenho de cerca de US$ 12 milhões no momento".

4. Na marca temporal 0:40 Brandon Bruce, o CEO, fala sobre esse ponto de dados. Todos os pontos de dados do banco de dados estão diretamente ligados à voz do CEO quando o entrevistei para meu *podcast*.

Só consultando diretamente o livro contábil dessas empresas seria possível obter uma informação mais confiável. E é exatamente o que as ECRs precisam para atingir seus objetivos de investimento. Assim, enquanto meus amigos sonham em ingressar numa ECR para encontrar ouro, eu vendo às empresas as ferramentas das quais elas precisam para procurar ouro. Meu banco de dados gerou US$ 100 mil nos primeiros três meses de funcionamento e já multiplicou esse valor desde então – um dinheiro que invisto em outras ideias de negócios. É um ciclo virtuoso de lucros e investimentos.

ENCONTRE NESTES SETE LUGARES OS SEUS PRÓXIMOS US$ 5 MIL

Alguns especialistas de renome dirão para você explorar ideias de negócios lucrativos entrevistando consumidores sobre o que eles desejam. Um péssimo conselho. Se perguntar aos clientes o que eles querem, vai ouvir ideias grandiosas e atraentes com as quais talvez você fique rico. Qualquer pessoa pode fazer perguntas como essa, o que significa que a maioria das ideias grandiosas e atraentes já estão sendo trabalhadas. Por entrar numa disputa com a concorrência só por ter "ouvido seus clientes"? É um mau conselho e uma bela maneira de ir à falência.

Fale com os clientes, mas não faça o que eles dizem. Se os clientes disserem que querem refeições entregues em casa toda semana, não tente competir com Thrive Market, HelloFresh e Blue Apron. Em vez disso, descubra a dependência desses modelos de negócios e atenda essa demanda. O transporte final do depósito até a casa do consumidor é uma delas. A Onfleet.com está fazendo isso e já tem mais de trezentos clientes, com US$ 2,1 milhões em receita em 2016 e US$ 4,5 milhões em caixa. É um *software* B2B que ajuda as empresas de *delivery* a gerenciar e analisar suas operações de entrega locais. A HelloFresh é uma das clientes.

Esta é a parte do iceberg que flutua fora da água – é grande, é brilhante e todo mundo fala a respeito. Você conhece o resto desta história. A maior parte do iceberg é a que as pessoas não conseguem ver, embaixo d'água. Essa é a parte em que você pode ganhar, a parte que pode render muito dinheiro. É também a parte que fica totalmente fora da visão dos consumidores, e por essa razão eles nunca vão falar sobre isso.

Essa estratégia vem funcionando há gerações. Lembre-se: as pessoas mais ricas durante a corrida do ouro não foram os garimpeiros. Foram as que venderam picaretas aos garimpeiros.

Se você não tem acesso a uma base de clientes ou simplesmente não quer seguir esse caminho, ainda assim há muitas oportunidades para descobrir boas ideias para as suas picaretas:

- ▸ **Venda complementos para itens extremamente populares.** Qualquer produto muito procurado oferece um público para o qual você pode vender. É por isso que a Amazon mostra mais de 50 mil resultados de pesquisa para o termo "capa para iPhone". Funciona. Monte numa baleia (a Apple) e venda no mercado dela (capas para iPhone).

- ▸ **Leia as manchetes de manhã com uma outra perspectiva.** Enquanto escrevo isto, as empresas estão falando sobre repetir a fórmula; os consumidores são obcecados por drones, compartilhamento de caronas e entrega de comida sob demanda; e quase todo mundo está falando sobre criptomoedas. Portanto, em vez de comprar criptomoedas, ou fazer seu próprio ICO (oferta pública inicial de ações), talvez você possa criar um painel para as pessoas rastrearem ICOs. Isso é tirar proveito de um mercado aquecido – a corrida do ouro da criptomoeda. Sua picareta é basicamente um conjunto de dados que rastreia ICOs, como o que a Bolsa de Valores de Nova York faz para as empresas quem abrem o capital.

A Coinbase foi concebida para as pessoas gerenciarem sua criptomoeda e convertê-la em dólares para uso no mundo real, enquanto a empresa cobra uma taxa de transação. A Coinbase foi fundada em 2012 e seu crescimento está diretamente ligado à obsessão atual da mídia com as tribulações nas avaliações de criptomoedas. A Coinbase levantou US$ 100 milhões em 2017 com uma avaliação de US$ 1,6 bilhão.

▸ **Preste atenção a outros mercados.** Se você oferece serviços de consultoria para vendedores, pode ir a Salesforce AppExchange ou a HubSpot – grandes empresas de *software* que prestam serviços a vendedores – e ver qual é tendência nessas comunidades. Enquanto escrevo isto, GetFeedback, Dropbox e HelloSign são aplicativos em alta no Salesforce. GetFeedback é um *software* que permite às empresas pesquisarem seus clientes e enviar os dados para a equipe de vendas da empresa. É um aplicativo bem classificado, então deve estar ganhando muito dinheiro. Bem, você pode lançar um serviço de consultoria focado em ajudar os vendedores a entender os resultados da pesquisa. Perfeito para treinamento de vendedores. Assim você não está se juntando aos mineiros de ouro competindo diretamente com o *software*; estará pegando carona no mercado que eles criaram, oferecendo serviços profissionais que ajudam as pessoas a usar o produto de maneira mais eficaz.

Sua picareta para encontrar clientes: clique em GetFeedback no aplicativo Salesforce, veja quem deixou um comentário e entre em contato com eles oferecendo seu novo serviço de consultoria.

▸ **Aproveite as plataformas de aprendizagem on-line.** Veja quais cursos estão bombando mais em plataformas de *e-learning* como a Udemy. Você pode lançar cursos semelhantes de forma com algo a mais (se tiver as habilidades que as pessoas desejam aprender) ou iniciar uma empresa independente que atenda a uma necessidade semelhante. Mark Price fez um pouco das duas coisas com sua empresa Devslopes. Price começou ensinando as pessoas a codificar com seu curso da Udemy. Depois de ensinar mais de 40 mil alunos, em 2017 Price lançou sua própria empresa de SaaS para ensinar a codificar, a Devslopes, e conseguiu 130 alunos pagando US\$ 20/mês no primeiro mês, resultando numa receita recorrente total de US\$ 2.600. Em três meses sua receita recorrente mensal chegou a US\$ 10 mil.

▸ **Bisbilhote os influencers.** O que as celebridades e influencers com mais de 1 milhão de seguidores de mídia social estão falando? Você vai vê-los postando de seus jatos particulares e locais exóticos do Airbnb. O Guesty se alimenta das sobras da baleia que é o Airbnb, oferecendo *software* de gerenciamento de propriedade para o seu imóvel alugado. AirDNA faz o mesmo fornecendo dados dos aluguéis nas listagens do Airbnb. A JetSmarter aproveitou a comunidade de jatos particulares criando um *hub* onde as pessoas podem alugar um jatinho ou viajar no de outra pessoa. Ambas as empresas atendem clientes de alto patrimônio em um mercado já estabelecido. Brilhante.

Acesse também blogs dos nichos em que você quer entrar. Sobre quais empresas eles estão escrevendo?

▸ **Veja qual é a tendência nas campanhas do Kickstarter e de outros sites de *crowdfunding* (financiamento coletivo).** Quando algo está superfinanciado, você sabe que o espaço está aquecido e que as coisas tendem nessa direção. Os consumidores deram ao Liberty + Soundbuds mais de US\$ 1,7 milhão via Kickstarter. Combine isso com o Apple AirPods e todas as outras empresas que atuam no espaço de som/voz, como Google Home e Amazon Echo. O aumento dos números é um forte sinal de que som/áudio é um mercado próspero. Todas essas agências ajudam você a saber operar o aplicativo Alexa para fornecer seu conteúdo de áudio aos consumidores com dispositivos Alexa em casa. Sua agência de consultoria é a picareta para a mina de ouro voz/áudio.

IPG MEDIA LAB	ISL	isobar	MATCHBOX
A IPG Media Lab é uma agência de tecnologia criativa que constrói experiências conversacionais para grandes marcas.	A ISL inventa experiências digitais & físicas para as maiores marcas do mundo. Nossos projetistas, desenvolvedores, marqueteiros e construtores produzem aplicativos, dispositivos conectados e campanhas tremendamente criativas que atingem um público global.	A isobar é uma agência digital de serviços global voltada a solucionar complexos problemas dos clientes com ideias que transformam marcas e negócios.	Matchbox é um estúdio com experiência em projeto e desenvolvimento de interação de voz, com diversos recursos e ferramentas publicados para Alexa.

▸ **Faça uma pesquisa no Patreon.com para ver quais produtos digitais estão em voga.** Criadores de tudo, de quadrinhos a *podcasts* publicam quanto estão ganhando a cada mês. Isso lhe dará uma noção do que está funcionando e do que não está. No momento em que este artigo foi escrito, pude ver na seção de *podcast* do Patreon que a *Chapo Trap House* está faturando mais de US$ 100 mil por mês. Vá para a página do criador e analise por que os clientes estão fazendo suas doações. Ouça o conteúdo e descubra por que está tão popular. Isso vai proporcionar ideias sobre coisas que você pode fazer para ajudá-los a servir o seu público. Se você quiser fazer algo na área de tecnologia, observe quais produtos do ProductHunt.com têm mais votos.

EXPLORE CREATORS		Top 20 creators in Podcasts
Video & Film		
Comics		
Podcasts	**S&S** is creating The Sword and Scale Podcast	12705 patrons
Comedy		
Crafts & DIY		
Music	**Chapo Trap House** is creating Chapo Trap House Podcast	21863 patrons
Drawing & Painting		$97,560 / month
Games		
Science		
Dance & Theater	**Ralph Garman** is creating a daily audio show!	6904 patrons
Writing		
Animation		
Photography	**Mike Ward Sous Écoute** is creating a Podcast	2929 patrons
Education		
All		

Pergunte a si mesmo: de que dependem esses modelos de negócios? Todos os artistas no Patreon precisam lidar mensalmente com clientes que cancelam sua assinatura. E se você criar um complemento do Patreon que os ajude a gerenciar essa rotatividade? Você pode dizer: "Ei, *podcaster*, a cada mês cem de seus clientes que pagam US$ 50 por mês cancelam a assinatura, e vocês estão perdendo US$ 5 mil por mês. A nossa pequena ferramenta vai ajudar vocês a reduzir 20% ou 10% dessa receita perdida. Vocês querem experimentar?" Essa é uma picareta potencial para os criadores de conteúdo do Patreon, pois todos eles vendem para assinantes digitais que cancelam a assinatura. É um problema universal.

Quando você olha para os setores através dessas lentes, as ideias começam a voar. Sua tarefa é validar as ideias que os outros querem – a ponta do iceberg. Quando você constatar que é legítimo, comece a construir a parte oculta que manterá toda a operação funcionando. Ou venda complementos que montam na baleia. Você quer ingressar em um mercado já comprovado e vender nele. Deveria ser óbvio – garimpeiros de ouro precisam de picaretas; usuários de iPhone precisam de capas; quem tem uma cafeteira precisa de xícaras de café. Aqui vão algumas maneiras de sondar se uma ideia ou indústria estão gerando uma receita sólida:

▶ Use o Siftery.com para ver quais ferramentas as empresas estão pagando para usar em seus negócios. Você pode identificar as mais procuradas antes dos outros.

▶ Use as listas das "principais vendas brutas" das lojas de aplicativos para ver se os usuários pagam pelos aplicativos.

▶ Use sites que licenciam a venda de bebidas alcoólicas para obter dados da receita dos bares na sua vizinhança (destilados, vinhos, cervejas).

▶ Use links de relações com investidores em sites da internet para saber das vendas de empresas públicas.

A beleza dessa abordagem de negócios é que quando você valida a sua ideia não é mais necessário se esforçar para convencer as pessoas de que vale a pena. Outros já fizeram o trabalho árduo de construir o mercado. Agora você só está pegando carona nessa baleia e desfrutando de todas as vantagens.

Sobre criação de o vídeo. Só o algoritmo do *feed* de notícias do Facebook já mostra o quanto aumentou a proeminência do vídeo no ano passado. O marketing de vídeo é o futuro, especialmente se você deseja atingir gente nas redes sociais. Bem, criar vídeos é difícil. É por isso que empresas como a Vidyard e a Videoblocks são tão bem-sucedidas. A Vidyard arrecadou US$ 70 milhões em financiamento, tem 132 funcionários e ultrapassou US$ 8 milhões em receitas em 2016, só facilitando a compra e o uso de bancos de vídeos. A Videoblocks opera no mesmo nicho, com US$ 20 milhões arrecadados, US$ 16 milhões em receita em 2016 e mais de 150 mil clientes.

COPIE MODELOS DO PASSADO

Outra maneira eficiente de encontrar sua picareta é aplicar modelos de negócios bem-sucedidos do passado aos mercados aquecidos de hoje.

A DroneDeploy fez isso quando começou a vender *software* para drones. Desde seu lançamento em 2013, eles levantaram US$ 30 milhões, ultrapassando mil clientes e US$ 1 milhão em receitas anuais. Apesar de atuarem em um novo mercado, eles estão essencialmente fazendo o que os desenvolvedores de aplicativos começaram a fazer há uma década: ganhando dinheiro com *softwares* que rodam nos dispositivos mais modernos.

Estude as grandes empresas para conhecer os modelos lucrativos ao longo da história. Leia biografias de empresários de sucesso e identifique os comportamentos e estratégias que os levaram ao topo. Você também pode recorrer a documentários – como *American Genius* e *The Men Who Built America* – para aprender como os pioneiros construíram seus negócios.

Aquisição + Picareta de dois gumes

Ted Turner construiu um grande império de picaretas ganhando dinheiro com a mina de ouro da TV. Turner sabia que os anunciantes – os garimpeiros – estavam ansiosos para alcançar os consumidores pela TV. Mas também percebeu que a TV não seria valiosa para eles, a menos que os olhos das pessoas ficassem grudados na tela. Então começou a produzir um conteúdo incrível.

Turner era obcecado por manter as pessoas assistindo à TV: ele cobriu a Guerra do Iraque atrás das linhas inimigas; comprou times esportivos em parte para ter seus direitos de transmissão; adquiriu o World Championship Wrestling (WCW) e reviveu o interesse do público pela luta; lucrou até com reprises de sitcons e filmes clássicos. Cada um dos ativos de Turner funcionou como uma picareta que ele depois vendia aos anunciantes. Até deu aos anunciantes uma maneira de pagar mais dinheiro inserindo seus produtos em seus programas.

Turner começou com uma estação de TV local de Atlanta em 1970 e criou um enorme portfólio de redes adquirindo estações locais. Usou essa vantagem para continuar crescendo. Quando ele lutou para participar no lançamento do Satcom 2, obteve uma conexão por satélite que o permitiu transformar a CNN em uma rede de distribuição mundial. Agora ele podia chegar à casa de todos os consumidores.

Qualquer pessoa hoje pode copiar os modelos que Turner aproveitou para construir seu império. Basicamente, ele replicou duas coisas:

> ▸ Aumentou seus negócios por meio de aquisições. Turner entendeu que é muito mais fácil comprar empresas do que construir uma a partir do zero.
> ▸ Descobriu quais picaretas poderia vender (publicidade) para os garimpeiros (anunciantes) que estavam ansiosos para lucrar com um espaço publicitário crescente e aquecido (TV).

Seja qual for o seu negócio ou setor, lembre-se de que a mina de ouro é a tendência em alta. Essa é a parte do *iceberg* acima da linha d'água que todos veem e desejam. A picareta é a parte do *iceberg* abaixo da superfície – a parte que ninguém consegue ver, mas a tendência em alta depende para funcionar.

ROCKEFELLER E SEU PROBLEMA COM O ENXOFRE: USE UM PASSIVO NO SEU PLANO DE CRESCIMENTO

John D. Rockefeller é outro ícone empresarial que fez fortuna por meio de aquisições. Ele assumiu alguns riscos importantes ao lidar com passivos para comprar ativos, mas seu plano funcionou.

A maioria das pessoas lembra da ordem de 1911 da Suprema Corte para Rockefeller dissolver sua Standard Oil Company por violar as leis antitruste. Essa é uma parte da história. O que a maioria não percebe é que em meio às acusações de discriminação de preços, espionagem de concorrentes e coisas do gênero, Rockefeller estava revolucionando a indústria do petróleo.

No final do século XIX e início do século XX, o mercado aquecido era o da iluminação. Todos queriam chamas acesas em casa para ter luz – isso foi antes de Edison – e precisavam de querosene para isso. Então o querosene era a picareta que os garimpeiros (qualquer um que quisesse "vender luz") buscavam.

Parte da estratégia de Rockefeller foi comprar fontes de petróleo que não podia ser processado em querosene utilizável devido ao alto teor de enxofre. Ele se arriscou, esperando encontrar um químico que conseguisse extrair o enxofre do petróleo. Funcionou. Para resolver seu problema, Rockefeller contratou Hermann Frasch, um químico que inventou um método de dessulfurização para processar o petróleo de suas próprias fontes. Ele atraiu Frasch prometendo pagá-lo em ações da Standard Oil. O resultado final foi uma enorme fortuna para Frasch, pois seu método liberou cada vez mais óleo utilizável para Rockefeller e sua empresa.[1]

Ao construir uma empresa hoje, pense em como você pode incluir um passivo em seu plano de crescimento. Se você pode comprar um ativo ou um grupo de ativos que tenham um passivo comum, como no caso do enxofre, e está confiante em sua capacidade de resolver esse passivo, você pode ganhar muito. Essa é a essência do capital privado hoje. E é a essência de um modelo histórico que você deve copiar. A Top Inbox tinha um passivo de US$ 100 mil em seus livros quando comprei a empresa. Eu sabia que poderia resolver isso negociando esse passivo. Fiz isso e desbloqueei dinheiro sem gastar nada. Mais sobre isso nas próximas páginas.

Reduza o intervalo de tempo

Se você está no ramo de *fast food*, alimentos ou processamento em geral, leia *McDonald's: A verdadeira história do sucesso* ou assista ao filme *Fome de poder*. É incrível ver como Ray Kroc e seus irmãos conseguiram que o

---

1 ' Disponível em: https://dash.harvard.edu/bitstream/handle/1/4686409/RWP11–008_Scherer.pdf.

McDonald's entregasse um hambúrguer a cada poucos segundos com o menor espaço possível.

Eles determinaram o *layout* do restaurante em uma quadra de basquete marcada com giz para aperfeiçoar o processo de servir um hambúrguer no local em que o cliente fazia o pedido no balcão o mais rápido possível. A obsessão maníaca deles em configurar esse sistema para economizar o tempo dos consumidores foi o modelo em que eles apostaram tudo.

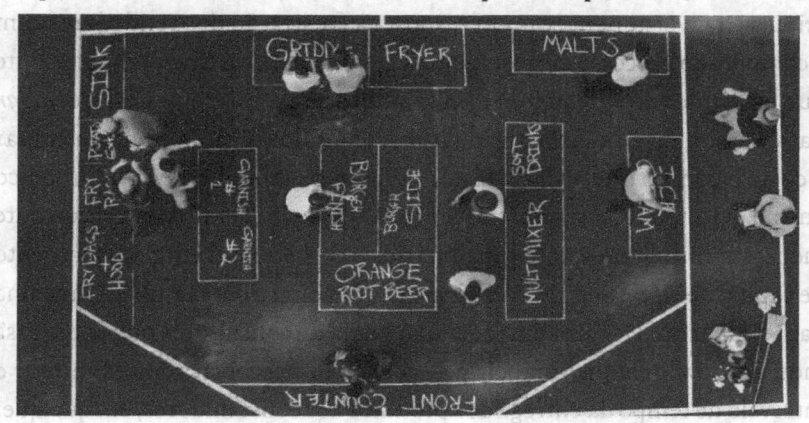

A picareta da indústria de restaurantes são os sistemas. A maior despesa de qualquer restaurante de *fast food*, fora os funcionários e a comida, em geral é o aluguel do espaço. Portanto, você precisa descobrir como fazer o máximo no menor espaço possível. Hoje existem exércitos de *softwares*, ferramentas e consultores que vendem planos de *layouts*, sistemas e máquinas para restaurantes e máquinas que organizam a grelha e a fritadeira com a máquina de *milkshake* e a de refrigerante de forma torná-las o mais eficiente possível e ocupar um décimo do espaço.

CORRIDA DO OURO 2018? VENDER PARA OS VENDEDORES DA AMAZON E DO EBAY?

Hoje, a Amazon mostra o mesmo nível de obsessão para economizar tempo para as pessoas. Está inovando em sistemas de entrega de caminhões, instalando robôs em depósitos, despachando drones para recolher itens de depósitos e entregá-los nas casas – tudo de acordo com o foco singular de Jeff Bezos de levar produtos aos consumidores mais rapidamente para eles comprarem mais. E é por isso que ele é o homem vivo mais rico do mundo.

Se você estiver neste setor, alimente-se dessa baleia, que é em essência um gerenciamento da cadeia de suprimentos. Pense também em economizar o tempo dos vendedores. Muita gente está fazendo isso: vendendo *software* para vendedores da Amazon e do eBay. Victor Levitin criou a CrazyLister em 2013 em resposta à frustração dos vendedores com o complicado processo de postagem de itens no eBay. A CrazyLister permite que os vendedores arrastem e soltem fotos, texto e elementos de *design* para personalizar suas listas de itens. Quando terminam, basta copiar e colar o código que a CrazyLister gera no back-end do eBay. Em cinco anos, Levitin fez a empresa crescer para US$ 25 mil em receita recorrente mensal, 2 mil clientes, oito funcionários e US$ 600 mil em financiamento de capital de risco. Seu *software* de arrastar e soltar agora também funciona para a Amazon. Há também toda uma gama de consultores que apoia essa indústria. De qualquer maneira, se conseguir descobrir como diminuir o intervalo de tempo da entrega dos produtos aos consumidores, em qualquer um dos lados do processo de vendas – para vendedores que apresentam seus produtos ou clientes que querem esses produtos em mãos – você vai ganhar.

Há algo a aprender – e copiar – em cada empresa de sucesso na história, não importa quão antiquada pareça. Basta procurar os modelos que funcionaram bem. Eles estão sempre à espreita.

Torne-se um especialista, ou encontre um

Procurar ideias para utilizar suas picaretas pode ser viciante. Existem muitas oportunidades em todos os setores, mas é provável que você tenha mais sucesso em algo que conhece, pelo menos um pouco. Portanto, comece identificando os mercados importantes da sua área.

Tucker Max decodificou uma picareta para a publicação de livros quando se tornou autor. Percebeu que há um enorme mercado de pessoas (mineradores de ouro) que querem se estabelecer como líderes de pensamento para poderem cobrar taxas mais altas de consultoria e por palestras (a mina de ouro). Publicar um livro é uma bala de prata para isso. O problema: a maioria das pessoas não tem o tempo nem os conhecimentos necessários para se tornar um autor. Max logo viu onde estava sua picareta e começou a trabalhar no lançamento de Book in a Box (agora Scribe Writing), em 2015. Desde então, a empresa trabalhou com mais de quinhentos autores e passou de US$ 11,3 milhões em receita em setembro de 2017. Ela cobra um mínimo de US$ 25 mil para escrever o livro para os clientes, com a voz deles. O cliente só precisa responder a algumas perguntas em uma entrevista. Max percebeu que a Book in a Box tinha o potencial de ser mais lucrativa do que seus próprios livros mais vendidos, e é por isso que atualmente ele passa mais tempo no negócio do que escrevendo.

Se você está na mídia, observe as tendências no Facebook, no BuzzFeed, no Google e em outras grandes empresas de mídia. Se estiver na área de engenharia, veja o que a Boeing está fazendo ou o que a Rolls--Royce está criando. Jogue em seu campo de jogo e certifique-se de ter pelo menos alguma experiência na área.

Então, mais uma vez, sempre há espaço para aprender coisas novas. Uma ótima maneira de desenvolver conhecimentos que você ainda não tem é entrevistando pessoas da área. É uma das razões pelas quais criei meu *podcast*. Isso me permite acessar rapidamente a cabeça de pessoas que são muito inteligentes em áreas que eu posso não conhecer muito bem, entender o que elas preveem como tendências, o que será quente daqui a um ano e mergulhar nisso. No momento estou fazendo isso com cripto-moedas. Entrevistei mitos dos maiores especialistas em criptomoeda em meu *podcast*, perguntando para onde acham que a indústria está indo, como usam seu tempo, em que investem. O *feedback* deles me dá ideias sobre a parte inferior do que pode ser um iceberg.

Se você é ligado em podcasts, é uma ótima janela para conhecer os principais pensadores. Não se preocupe em começar do zero. Antes de ter mais de seis milhões de downloads, eu não tinha nenhum. O truque no lançamento é não dizer aos seus convidados em potencial que eles vão participar do primeiro episódio. Se fizer isso, eles se fixarão no fato de que você não tem público. Em vez disso, diga: "Meu programa vai ter um milhão de downloads no dia X." Especialistas e pessoas com quem você deseja se conectar vão adorar esse tipo de confiança. E isso vai atraí-los. Quando você os transmite ao vivo, eles ajudam a criar uma profecia autorrealizável para formar o seu público, já que eles próprios são grandes nomes.

Raramente há uma solução mágica para se engajar em uma nova indústria – mas a Toptal é quase isso. Você pode não saber nada sobre uma área de negócios específica, mas poste seu projeto na Toptal e eles recomendarão especialistas com os quais trabalhar. Vamos dizer que você queira desenvolver um aplicativo para ajudar salões de beleza agendar seus clientes de forma mais eficiente. Você pode postar exatamente esta frase na Toptal e eles vão ajudá-lo a encontrar desenvolvedores *freelance*. É simples assim.

Se você não tem absolutamente experiência nenhuma, terá que investir mais tempo e energia para encontrar um *freelancer* da Toptal, pois precisará aprender com ele. Mas a beleza de fazer isso é que a pessoa que você contrata acaba ensinando você cada vez mais sobre a matéria, uma matéria sobre a qual você não sabia nada. Portanto, da próxima vez que trabalhar em um projeto, vai fazer isso com mais eficiência. Seu trabalho ficará mais fácil quanto mais você o fizer e seus retornos aumentarão com o tempo.

5

O ARSENAL DOS NOVOS RICOS

O medo é livre para criar, o que o torna tão lucrativo.

– Nathan Latka

M eu conselho neste livro resume-se a uma coisa básica: preparar você para ter uma vantagem injusta em comparação aos outros.

É o que vai fazer você se tornar membro dos Novos Ricos. Por "injusto", não quero dizer desonesto. Você simplesmente terá uma vantagem tão importante em comparação aos seus colegas e concorrentes que dificilmente eles conseguirão alcançá-lo. Será como se tentassem lutar com alguém duas categorias de peso acima deles. Sem chance de vitória.

Mas você não consegue essa vantagem de um dia para o outro. Além de adotar as estratégias dos capítulos adjacentes, você precisa dominar algumas habilidades para subir à categoria dos pesos-pesados.

Não se preocupe – não vou aborrecê-lo com as bobagens do Business 101. Você já sabe a maior parte dessas coisas e, se não sabe, há muitos livros que podem ensiná-lo. As principais táticas que impulsionam os Novos Ricos envolvem habilidades de negócios universais, mas eles utilizam de maneiras muito específicas para conseguir o que desejam.

Tudo começa com persuasão magistral. A maioria das pessoas usa suas habilidades de persuasão, ou suas forças, da maneira errada todos os dias. Elas tentam convencer as pessoas a fazer burrices, como conseguir que o chefe lhes dê um escritório melhor ou que amigos do Facebook curtam um *post*.

O truque é usar sua força de persuasão para atividades que estejam diretamente relacionadas à liberação de seu tempo. Pense nisso: liberdade é o que a maioria de nós deseja. Queremos controle sobre a nossa vida. A maneira mais rápida e fácil de obter essa liberdade é convencer outras pessoas a fazerem coisas que liberem seu tempo.

Depois de atingir o ponto ideal de ter outras pessoas fazendo as coisas que consomem tempo, você pode se concentrar em gerar mais fluxo de caixa para si mesmo. Você vai precisar da arte da negociação.

É aí que as coisas ficam realmente divertidas e lucrativas. Agenda livre, grandes negócios, você vai começar a valorizar mais o seu tempo porque ele é todo seu. É aí que a produtividade entra em ação. Depois de calcular um valor maior para o seu tempo, você vai perceber que vale X por hora, ou Y por semana. Vai saber quanto dinheiro o faz sair da cama. Essa clareza o ajudará a ver em que você deve se concentrar hoje, por que e em que deve investir seu tempo.

VOCÊ DEVE USAR O MEDO PARA VENDER?

Este não é um curso intensivo sobre persuasão. Mas vou revelar as técnicas de persuasão específicas que usei para acumular uma riqueza incrível desde muito jovem. Eu tenho uma coisa como alvo: medo.

Faço isso porque nossas emoções impulsionam a maioria de nossas compras, e o medo é a mais forte das emoções. Quando tememos algo, fazemos de tudo para resolver essa preocupação. Os vendedores mais eficientes sabem disso e usam o nosso medo para vender o remédio. Pense nisso: o motivo pelo qual você pagou por seguro de locação, do automóvel e até mesmo para seu laptop é porque tem medo do que pode, em teoria, dar errado.

Muitas pessoas ainda tentam persuadir usando a razão, e isso as coloca em grande desvantagem. Considere o caso de Hillary Clinton. Ela tentou usar fatos racionais – fatos reais – para ganhar uma eleição, e perdeu para alguém que usou e disse o que mexia com as emoções das pessoas. Você precisa ir para onde vão as emoções.

Pode parecer insidioso, mas não precisa ser. As pessoas hoje estão menos racionais e mais emocionais do que nunca, mas a decisão de usar essa oportunidade para o bem ou para o mal é sua. Se vender um ótimo produto, você pode lucrar com o medo sem o dilema moral.

O segredo é contar uma história que se explore o medo – uma que diga: "Isso pode acontecer com você". Depois venda a vitamina a empresas ou aos consumidores.

Todos nós mordemos essa isca todos os dias. Compramos suplementos de óleo de peixe para o caso de algum dia termos um câncer, um auxiliar de partida no caso de nosso carro quebrar, o AppleCare no caso de quebrarmos nosso iPhone, extintores de incêndio no caso de haver um incêndio. Olhe ao seu redor agora mesmo. Provavelmente você vai identificar pelo menos um artigo que comprou e não tocou no ano passado porque alguém o fez pensar: "Eu vou precisar disso no caso de XYZ."

Eu descobri sete princípios do medo que estão mais diretamente ligados à promoção de vendas e fluxo de caixa. Esta não é uma lista definitiva de táticas de persuasão. Há muitas outras coisas que você pode fazer para, digamos, convencer seu parceiro ou parceira a ficar com você ou seu filho a fazer o dever de casa. O foco aqui é levar as pessoas comprarem de você, ou que façam o que você pretende no que se refere a dinheiro que entra e sai do seu bolso.

Ao pensar sobre como o seu negócio se relaciona com isso, não se trata de como usar descaradamente um desses medos para vender seu produto. Mas se você entender com qual medo está lidando, pode garantir que sua mensagem reflita isso. Portanto, se estivesse vendendo com base no Medo do Desconhecido, usaria palavras e frases como "oculto", "inteligente", "nunca visto antes"; em comparação a vender o Medo de Perder com palavras como "tarde demais", "restam poucos", "se arrepender mais tarde" etc.

Medo de perder: já mencionei antes que a maneira mais rápida de liberar sua agenda é fazer com que outras pessoas façam as atividades que consomem tempo para você. Quando estou recrutando alguém para a minha equipe, uso sutilmente a persuasão baseada no medo – neste caso, o medo de perder – para convencê-los a trabalhar comigo. O tom é mais ou menos assim: "Olha, a empresa está crescendo muito rápido.

Começamos três meses atrás, mas já estamos faturando US$ 100 mil e vamos faturar US$ 1 milhão até o final do ano. Eu gostaria que você começasse com a gente, só que nosso orçamento ainda é pequeno. Você pode fazer isso um pouco mais barato? Pode ficar com essa parte do meu sistema e cuidar disso para eu não precisar mais pensar no assunto (por exemplo, edição de *podcast* ou inserção de dados no GetLatka.com)?" A mensagem é: "Não perca a oportunidade de participar da grande empresa que estou construindo. Seja um dos primeiros."

É o mesmo conceito que você usa na persuasão baseada no medo para impulsionar as vendas. Você vê isso numa tonelada de organizadores de conferências que dizem: "Restam apenas dez ingressos, compre hoje, antes que acabem... Compre hoje, antes que os preços subam." Muitos produtos digitais usam a técnica de "carrinho aberto", dizendo: "Atenção, nosso carrinho está aberto, mas fecha na sexta-feira. Garanta sua comprar antes do carrinho fechar. Não sabemos se vai abrir novamente." Você pode usar essa tática em qualquer coisa que não existirá para sempre – um evento, um curso on-line acontecendo em dias específicos ou serviços que você pode oferecer por um tempo limitado.

Medo do desconhecido: há um grande potencial de ganhos quando você explora nas pessoas o medo do desconhecido, desde seguros a curativos. Vamos até ignorar o seguro-saúde por enquanto. Indústrias de bilhões de dólares foram construídas em torno da venda de seguros para coisas como seu carro, sua casa e o seu telefone. As empresas pagam por seguro de responsabilidade geral, seguro de compensação para a diretoria, seguro de indenização de funcionários. As lojas oferecem seguros complementares para tudo, de brinquedos a geladeiras. Seguro à parte, também compramos lanternas e pilhas para o caso de apagão. Temos kits de primeiros socorros nos nossos banheiros e nos porta-luvas.

Gastamos um monte de dinheiro motivados por pensamentos hipotéticos. E as empresas adoram intensificar esses cenários hipotéticos, esses medos. Os melhores anunciantes são mestres em plantar perguntas do tipo "e se" que nunca teríamos pensado na nossa cabeça. Assim que ouvimos sua mensagem, parece ser algo urgente. Um anúncio do Tylenol pode dizer: "Vai sair de férias na praia? Não se esqueça de levar

Tylenol no bolso para garantir que as dores de cabeça não estraguem a sua viagem."

Acontecimentos atuais também são alimento para novos temores hipotéticos. Pense nos *softwares* de segurança. Vladimir Putin e a Rússia têm sido o principal motivo pelo qual a KnowBe4.com aumentou suas receitas com seu *software* de prevenção contra *hackers*. Antes de os *hackers* russos ocuparem o centro do palco no ciclo eleitoral de 2016, a KnowBe4 faturava US$ 20 milhões em vendas. Eles chegaram a US$ 60 milhões em 2017, e constataram uma correlação direta entre o crescimento de sua receita a fraudes generalizadas, como aproveitar as vulnerabilidades dos cartões de crédito da Target, invasões do leitor de chip Chipotle ou russos *hackeando* o governo dos Estados Unidos.

Medo pela sua vida: pense em todas as apólices de seguro de vida já vendidas. Em todos os advogados oferecendo serviços em redação de testamentos. As empresas também estão ficando mais criativas para lidar com esse medo. A Forever Labs vende a possibilidade de armazenar suas células-tronco por US$ 2 mil iniciais e US$ 250 por mês. Eles tinham acabado de fundar a empresa quando os entrevistei e já tinham faturado US$ 400 mil em vendas. Estão aliviando o medo dos clientes por suas vidas, dizendo: "Veja, se você tiver um câncer, nós podemos usar suas células-tronco armazenadas para cultivar células novas e saudáveis fora do seu corpo e usá-las para ajudar na sua cura."

Toneladas de produtos também exploram o medo pela nossa vida: dispositivos de rastreamento que esquiadores e praticantes de *snowboard* usam para serem resgatados numa situação de risco de morte; escadas dobráveis para janelas em caso de incêndio; paraquedas extras em mochilas de paraquedismo; máscaras de oxigênio nos aviões.

Qual é a primeira coisa que você faz quando encontra uma mancha na pele e pensa: "Meu Deus, será um câncer"? Você vai no Google e encontra sites como WebMD.com. Eles estão nadando em dinheiro ao se alimentar da preocupação das pessoas de que algo esteja errado com seu corpo. E também se sobrepõem ao medo seguinte...

Medo pela sua saúde: muitas ideias sobre o tema medo pela sua vida também se relacionam com o medo pela sua saúde. O seguro-saúde fala por si. Por que estou pagando US$ 800 por mês por um plano que cobre apenas eventos catastróficos, só pode deduzir US$ 1.500 do meu IR com uma franquia de US$ 5 mil? Porque: "E se eu tiver um câncer? E se eu sofrer um acidente de carro que pode me deixar inválido?" Milhões de nós pagamos para aliviar esse medo do "e se". É por isso que a saúde é uma indústria de trilhões de dólares.

Vitaminas e suplementos, inscrições em academias, *personal trainers* e barras de proteína – tudo isso explora o medo pela nossa saúde e pela nossa vida.

Provavelmente você vai considerar esses três últimos medos mais relevantes para o seu trabalho:

Medo de perder a liberdade: todo o mercado de ferramentas de produtividade se alimenta desse medo. Best-sellers como *Trabalhe 4 horas por semana* de Tim Ferriss e *A arte de fazer acontecer* de David Allen também abordam esse tópico. Temos medo de que outra pessoa nos controle – que controle o nosso tempo, que nos faça trabalhar oitenta horas por semana, que limite o nosso potencial de ganhos. Queremos o nosso tempo e a nossa liberdade de volta. É por isso que você está lendo este livro.

Medo da solidão: foi por isso que as redes sociais decolaram. Elas se aproveitam do seu medo de ficar sozinho, fazendo você se sentir importante com aquelas pequenas notificações em vermelho. Fazem você sentir que outras pessoas estão pensando em você, e tem sido amplamente argumentado que essas pequenas doses de dopamina não ajudam em nada.

Vender com base no medo da solidão vai além da mídia social. Pense em todos os aplicativos de namoro. Todos exploram o nosso medo quando pensamos "Eu nunca vou encontrar um amigo", "Eu nunca vou encontrar um parceiro" ou "Eu nunca vou arranjar outro encontro". É aí que ativamos nossos aplicativos, na esperança de encontrar alguém.

Considerando para os produtos físicos, pode-se até argumentar que as empresas de cosméticos se aproveitam do medo da solidão. A maioria das pessoas usa maquiagem para ter uma aparência melhor e se sentir confiante. E se você sair de casa sem se sentir assim? Você se preocuparia com que as pessoas não fossem tão atraídas por você ou pela sua energia? As empresas de maquiagem contam com esse medo quando fazem suas campanhas de marketing.

A Pfizer aposta todas as fichas no medo da solidão dos homens ao vender Viagra. O mesmo vale para qualquer produto que prometa ajudar a nos conectarmos fisicamente com outras pessoas, ou nos sentirmos confiantes ou criar energia sexual – colônias e perfumes, produtos para o cabelo, lingerie, kits de clareamento dental...

Medo de fracassar: esse é um sentimento tão universal que tudo, desde *software* a sapatos, pode ter relação com o nosso medo de fracassar. Digamos que você decida fazer um triatlo com seus amigos. Você quer ter certeza de estar usando o calçado certo para não ficar com bolhas ou torcer o tornozelo ao correr 30 quilômetros. Então, o que você faz? Compra os melhores sapatos que existem no mercado. Se você estiver lançando um negócio, pode gastar um dinheirão para aliviar seu medo do fracasso: serviços de *coaching*, cursos on-line sobre como ser um investidor, advogados de renome.

Suas chances de sucesso aumentam se o seu produto explorar vários medos: as pessoas pagam para se inscrever em academias por medo pela saúde, medo de fracassar e medo da solidão, se estiverem preocupadas com que nunca vão encontrar alguém a menos que estejam em forma. Vão pagar caro para assistir a uma palestra sobre negócios por medo de perder uma oportunidade, medo de perder a liberdade e medo de fracassar, se acreditarem que a palestra vai ajudar a estabelecer conexões e dar o próximo passo nos seus negócios.

O medo tem um poder de persuasão muito forte. Obviamente, não é a única ferramenta de persuasão que existe, mas é o motivador mais forte que você pode usar para impulsionar o fluxo de caixa, mesmo em relação aos pontos de venda "faça do mundo um lugar melhor". É um dos motivos pelos quais as instituições de caridade que desejam mudar o mundo, podem achar difícil arrecadar dinheiro de contribuintes regulares; mas as empresas que vendem remédios para dor de cabeça, seguros de vida, armazenamento de células-tronco ou calçados podem faturar alto, mesmo que não estejam mudando o mundo ou curando o câncer.

Por falar em medo, uma das razões de você perder uma negociação é por ter medo de perder o negócio. É por isso que é melhor iniciar negociações quando não existe esse medo. Em outras palavras, negocie quando você não precisa.

NEGOCIE QUANDO VOCÊ NÃO PRECISA

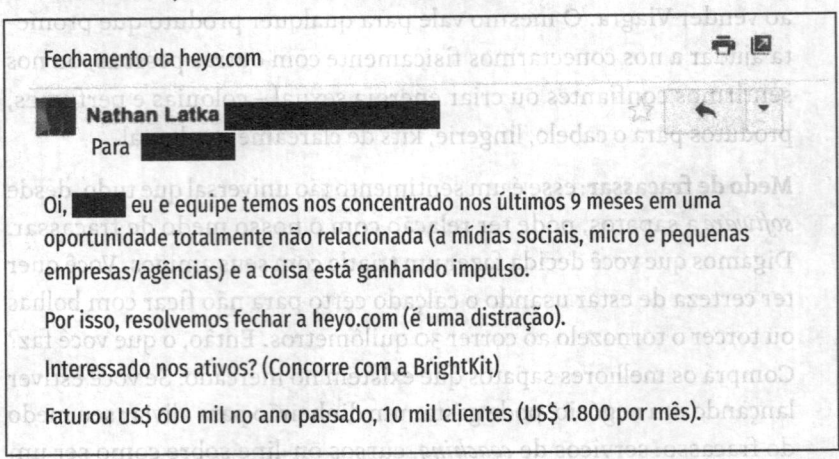

Fechamento da heyo.com

Nathan Latka
Para

Oi, ▇ eu e equipe temos nos concentrado nos últimos 9 meses em uma oportunidade totalmente não relacionada (a mídias sociais, micro e pequenas empresas/agências) e a coisa está ganhando impulso.

Por isso, resolvemos fechar a heyo.com (é uma distração).

Interessado nos ativos? (Concorre com a BrightKit)

Faturou US$ 600 mil no ano passado, 10 mil clientes (US$ 1.800 por mês).

Para Nathan

Oi, Nathan.

Fizemos alguns cálculos no verso de um guardanapo e estimamos que podemos pagar algo em torno de US$ 500 mil quando examinarmos o atual banco de dados de clientes e cruzarmos vendas com alguns de nossos outros produtos, com um adiantamento de US$ 50 mil em dinheiro. Sem problema assinar contrato de confidencialidade etc. em relação aos termos do acordo, e podemos ajudar a tornar isso um bom ganho em RP.

Não vemos muito valor na tecnologia e também podemos deixar a equipe com você. Informe se estiver interessado em saber mais, e posso discutir uns modelos com você.

Você vai negociar acordos o tempo todo ao se aventurar no território dos Novos Ricos. Vou entrar em táticas para lidar com esses cenários mais adiante (o Capítulo 13 mostra imagens de como vendi minha primeira empresa). Como você está começando, quero ajudá-lo a usar a negociação para criar ganhos de fluxo de caixa instantâneos. Quanto mais dinheiro você tiver, mais liberdade terá para cultivar aquelas galinhas dos ovos de ouro.

A maneira mais imediata de liberar dinheiro é reduzir suas maiores despesas. Imagino que seus maiores custos sejam aluguel ou hipoteca, pagamento do carro e/ou empréstimo estudantil. A maioria das pessoas se sente obrigada a pagar essas contas, mas elas são mais flexíveis do que você pensa. Não estou falando de mudar para um lugar mais barato, comprar um calhambeque ou congelar seus empréstimos. Tudo isso é óbvio. Supondo que você já esteja vivendo de suas posses, pode manter sua configuração atual e ainda negociar a maior parte das suas contas (se você trabalha na Starbucks e está pagando um BMW, seus problemas são maiores e eu posso ajudá-lo):

Digamos que você tenha dinheiro suficiente no banco para cobrir dois ou três meses de aluguel. Não está sob grande pressão financeira, mas mesmo assim prefere pagar menos do que o valor total. Isso cria uma vantagem para você. E o melhor momento para usar uma vantagem é quando não se precisa dela. Então, se você está lendo isso agora, recomendo que negocie quando não for necessário. Envie um e-mail ao seu senhorio dizendo simplesmente o seguinte:

Assunto: Problemas financeiros

Vou ter problemas para acertar o pagamento do aluguel este mês. Há alguma coisa que você possa fazer para me ajudar?

...

Só isso. Clique em enviar.

O que você está fazendo aqui é forçar o outro lado a pensar sobre a relação custo/benefício. Está criando uma dúvida. E assim como o medo, a dúvida é livre para criar, e por isso é usada de forma tão lucrativa.

Nesse caso, a relação custo/benefício do seu senhorio é uma grande dúvida. Despejá-lo será estressante e demorado. O apartamento pode ficar vazio alguns meses até encontrar um novo inquilino e ele vai ficar sem receber o valor total do aluguel nesse período. Também terá de gastar dinheiro pintando as paredes e limpando o lugar para o novo inquilino.

Analisando para esses custos de rotatividade, seu senhorio não vai querer que você pare de pagar aluguel e nem que se mude. Ele entende o valor de manter você como inquilino. Então, quando receber seu e-mail, provavelmente ele vai dar um desconto no aluguel para evitar os grandes custos de rotatividade. Se não reduzir o aluguel, você poderá conseguir uma prorrogação do pagamento ou um desconto em troca de reembolsá--lo no mês seguinte. Qualquer um desses resultados é uma vitória! Você ganha mais tempo para pagar ou paga menos. Só de criar essa dúvida, você já pode obter alguma vantagem e economizar dinheiro.

O e-mail apresentado também pode funcionar se você for proprietário de sua casa e tiver uma hipoteca de um credor de pequeno porte. Deixar de pagar seu empréstimo é um grande problema para o seu corretor. Há processos e procedimentos. É estressante. Ele vai ter que falar sobre o problema com o chefe e não quer ficar mal na fotografia. Você não vai ter muita influência se sua hipoteca for de uma megacorporação, mas se tiver um contato pessoal com o credor, provavelmente ele vai se esforçar para reduzir os seus pagamentos. Tudo o que estou dizendo também se aplica à sua mensalidade do automóvel ou para empréstimos estudantis.

Outra opção é fazer algo semelhante na renovação do seu aluguel. O seu senhorio inevitavelmente vai querer aumentar o seu aluguel no novo contrato (eu sempre faço isso). Quando ele tentar, negocie como o diabo. Tenho seis inquilinos morando em uma de minhas propriedades e cada um paga US$ 375/mês. Quando os contratos estavam prestes a ser renovados, tentei aumentar o aluguel de todos em US$ 40/mês, o que é um aumento percentual grande. Eles negociaram para aumentar apenas US$ 10/mês. Eu aceitei porque não queria lidar com o problema de encontrar seis novos locatários. Você sempre terá essa vantagem sobre o proprietário. Use-a.

O detalhe essencial aqui é fazer essas coisas quando você não precisa. Não espere até sua conta bancária zerar para dizer ao seu senhorio que você não vai pagar o aluguel naquele mês. Isso dá a ele toda a vantagem. Faça isso quando não precisar de ajuda. Então, se você realmente não conseguir um desconto, vai poder pagar normalmente. Isso fortalecerá o seu relacionamento com o seu senhorio, pois você prometeu pouco e está entregado a mais. Não se trata de mentir. Trata-se de criar uma percepção que você pode usar a seu favor.

Negociar quando você não precisa também oferece opções. Criar opções vai além de pechinchar nas contas, mas conforme você pratica começará a adotar essa mentalidade para tudo o que fizer. Vai procurar maneiras de criar novas opções de como gastar seu tempo e dinheiro. Estará mais inclinado a fazer escolhas não convencionais para chegar mais perto de alcançar o que deseja.

Eu levei esse conceito tão longe que quando alguém me pergunta hoje o que eu faço, minha resposta é: "Realmente, eu não saberia dizer." Isso é uma coisa boa, porque se eles não sabem o que eu faço, não podem me atacar. É a diferença entre ser uma bola redonda sem arestas *versus* um quadrado. As pessoas sabem como acertar um quadrado. Conhecem suas arestas. Sabem o que você está fazendo. Um círculo não tem cantos. Não é definido. Pode rolar para qualquer lugar. É melhor ser assim. Imprevisível. Isso lhe dá uma vantagem incrível, porque você pode se tornar o centro de interesse de seus concorrentes. Eles vão querer saber para onde você está indo, o que está fazendo. Vão se preocupar se você vai competir com eles. É bom ter essa vantagem e isso se faz criando opções. Você precisa estar apto a tomar qualquer direção, ou tomar todas as direções que puder, dada a quantidade de coisas que podem acontecer com seus negócios e com sua vida.

Eu brinco de criar opções para meu *podcast* o tempo todo. Quando os CEOs me procuram perguntando sobre oportunidades de patrocínio (acontece toda semana), geralmente não tenho uma vaga para eles. Os patrocinadores são reservados com meses de antecedência, então é fácil dizer que não tenho vagas. Mas por que eu faria isso? O mesmo se aplica a qualquer um que trabalhe numa agência de consultoria e recebe propostas de novos clientes ou qualquer empresa em busca de novas oportunidades. Mesmo que você não tenha espaço para o cliente ou patrocinador, ou não os queira por qualquer motivo, deixe a conversa acontecer e veja onde vai dar.

Minha resposta a qualquer pessoa que me pergunte sobre patrocínio é: "Sim, diga-me o que está pensando." A partir daí eu faço uma sondagem sobre alguns termos do quanto eles estariam dispostos a pagar por episódio, quantos episódios querem e qual retorno desejam por esse custo. E como não preciso do patrocínio deles, posso ser implacável com os meus preços.

Depois de levar a conversa até a linha de chegada e saber minhas opções, posso decidir se quero abrir espaço para esse CEO como patrocinador. É uma situação muito melhor do que se eu os recusasse de cara.

Esse é um grande ponto cego para as pessoas. Elas fecham oportunidades nas quais não estão interessados, em vez de deixar a conversa se desenrolar. Mas, lembre-se, sua melhor análise é feita quando você tem as melhores ofertas finais em mãos, sejam funcionários que você deseja recrutar, CEOs para quem você está tentando vender sua empresa ou clientes para os quais está tentando vender um produto. É melhor estar o mais próximo possível da linha de chegada antes de decidir sobre qualquer coisa, para ter os dados melhores e mais precisos possíveis. Faça isso mesmo se não quiser fechar o acordo. Lembre-se: sua melhor posição em uma negociação é quando você não precisa que funcione. Se tiver as cartas mais altas na mão, pode fazer com que os termos sejam tão bons que façam você mudar de ideia.

COMO OS NOVOS RICOS USAM O TEMPO DE FORMA DIFERENTE

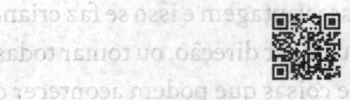

Você terá muito mais tempo disponível quando começar a dominar os conceitos deste livro. É hora de sonhar com sua galinha dos ovos de ouro, ficar obcecado com os sistemas que vão mantê-la produzindo e depois criar outra. Cada galinha de ovos de ouro que puser em movimento abrirá mais opções para você.

A maioria das pessoas, porém, não vai realizar nada. Vão se sobrecarregar com o potencial de um projeto, ficar obcecadas com suas listas de tarefas pendentes e se sentir paralisadas pela enormidade de tudo isso. Ou, na melhor das hipóteses, vão realizar 10% do que precisa ser feito antes de desistirem.

Listas de tarefas nos arruínam. Tentamos e não conseguimos ticar as coisas já feitas e pensamos: Se não conseguimos cumprir as tarefas de um dia, como podemos realizar essa gigantesca mudança de vida em apenas alguns meses? É porque superestimamos o que podemos fazer em um dia, e subestimamos o que podemos fazer em um ano.

Se você não organizar o seu pensamento, seu cérebro entra em curto-circuito diante de um grande projeto. Você precisa classificar suas ideias e agrupá-las em períodos de um ano. Em seguida, execute-as semanalmente e não deixe de viver o dia a dia para não desperdiçar sua vida. Então, o que você deve fazer é:

Sonhar em décadas ⟶ Pensar em anos ⟶
Trabalhar em semanas ⟶ Viver em dias

Sonhar em décadas

É aqui que você deixa sua mente vagar. Encontre um espaço tranquilo e deixe as ideias se desenvolverem enquanto você sonha com todas as galinhas de ovos de ouro – e nos ovos de ouro – que deseja na vida. Pense muito e de forma concreta: imagine em que lugar você deseja estar em dez anos, como serão os seus negócios, a sua vida e a sua casa.

Faça o que for preciso para realmente sentir esse sucesso. No capítulo anterior, alertei sobre os perigos de deixar as recompensas motivá-lo, mas se você tiver que se concentrar nos ovos de ouro para sentir essa felicidade nessa fase do seu sonho, faça isso. Só não se deixe de manter a meta dos ambicionados ovos de ouro que estão distantes no seu futuro.

Eu gosto de vencer; é o que me motiva, por isso vinculo meus grandes objetivos a minicompetições com outras pessoas da minha idade. Algumas das minhas minicompetições particulares no momento são:

▶ Quero que meu primeiro livro venda mais exemplares que o primeiro livro de Ryan Holiday (mais de 200 mil).

▶ Quero construir uma empresa de *software* maior do que a Front, de Mathilde Collin (US$ 900 mil/mês).

▶ Quero construir um negócio imobiliário maior do que a World Class Holdings, de Nate Paul (há 30 anos em Austin e US$ 1 bilhão em ativos imobiliários).

Pensar em anos

Lembra quando eu disse no Capítulo 3 para pegar seus grandes e audaciosos objetivos e dividi-los em sistemas? Isso é pensar em anos. Você está usando seus ovos de ouro para planejar seu bolo de camadas para 12 meses. Podem ser novos sistemas que você vai construir ou sistemas atuais que vai aperfeiçoar. Veja também quais sistemas você pode sobrepor uns aos outros para obter o máximo proveito. Construir esse tecido conectivo entre vários sistemas é como você faz 1 + 1 = 5.

Estou fazendo isso neste momento, enquanto traço planos para lançar uma nova empresa de *software*. Pretendo construí-la por meio de fusões e aquisições, e estou descobrindo os sistemas que preciso configurar para fazer a empresa decolar. Descobri que eu preciso de:

▶ Um sistema de captação de recursos para atrair investidores. Vou contribuir com uma quantia significativa de dinheiro próprio, mas outros vão querer entrar também. Quando eu e meus sócios estávamos levantando capital para a Heyo, em 2011, nosso sistema de arrecadação de fundos envolvia a criação de uma só planilha com uma visão geral das finanças e do mercado da empresa (você pode ver o documento em NathanLatka.com/surprise). Depois fizemos uma lista em Excel de trinta ou quarenta investidores em potencial e enviamos o documento por e-mail para cada pessoa dessa lista com uma data definitiva de fechamento. Quando um ou dois deles se comprometeram, procurei os outros na lista e disse: "Se você está curioso sobre como é trabalhar comigo, posso apresentá-lo a duas ou três pessoas que já se comprometeram em investir. Você gostaria de conhecê-los?" Uns convenceram os outros e acabamos ficando com mais investidores do que precisávamos. Queríamos levantar US$ 500 mil e obtivemos US$ 550 mil.

▶ Um sistema para prospectar e encontrar empresas para comprar. Aqui está uma captura de tela do arquivo Excel que uso para rastrear todos os meus negócios. Você pode ver que eu os classifico pela probabilidade de aquisição, tipo de empresa, se é uma empresa que devo comprar ou vender, sua base de usuários, a última relação que tomei com elas, as próximas etapas e qual seria o preço da aquisição. Este é o sistema básico que uso para encontrar empresas para comprar.

Liklay to acquire?	Li	Notes/Type	Type	Link	users	Action		Next Step	Acq. Price	F
3		B2B Leads	Buy	https://gainful.io/		Emailed 1/27/2017			$22,000	0
10	In	Dhruv chatting w	Buy			Emailed 10/28/2017		Dhruv chatting w	$100k	S
Done Deal		Direct	Buy		35,094	Emailed 6/20/16			$1,000	
Done Deal		Direct	Buy	https://chrome.go	7000	Emailed 10/28/2018			$100	
Done Deal		Direct	Buy	https://chrome.go	39493	Emailed 7/5/2018			-$15k	F
7		chum seas reduc								
	1	Direct	Buy			Called 1/9/2018				
		B2B leads								
8		Direct	5/5/2016	https://chrome.go	378,000 users 1/	Emailed 10/29/2017		com	1.4 cents per ma	$
8		Direct	5/5/2016	https://chrome.go	11954	Emailed 8/7/2017			$1,200,000	
7		Direct		https://chrome.go	1700	Emailed 1/27/2017			$10,000	
7	S	Direct	sold scripted to S			Emailed 8/7/2017		He's holding on t	$200k	
7		Direct	Buy	https://chrome.go	2337	Emailed 1/27/2017		Asked Trever Fa	like nothing	
7		Direct				Emailed 8/7/2017			$250k total rever	
7		Direct		https://chrome.go		Emailed 8/7/2017		One of them goir		
6		Direct		https://chrome.go	15,000	Called 1/27/2017		He's thinking for		
5		Direct	Buy	https://chrome.go	98000	Emailed 11/10/2016				
4		Direct	not sure							
4		Direct		https://chrome.go	26109					
4		Direct		https://chrome.go	3430	Meet in SF, 212-729-7551				
4		Direct	5/5/2016	https://chrome.go	1107530 users					1
1		Direct	5/5/2016	https://chrome.go	54300					

▶ Padronizar contrato com cláusulas repetitivas para fazer vários negócios rapidamente.

▶ Uma estrutura de execução que sistematize o crescimento de uma empresa que acabei de adquirir.

Cada um desses itens é uma parte do meu bolo de camadas, e posso movimentar no decorrer do ano. Assim que isso acontecer, posso começar a entender o sabor do bolo quando estiver assado. Para minha empresa de *software*, esse bolo já assado tem gosto de um novo fluxo de receita da ordem de US$ 1 milhão por ano. E os sistemas que injetam esse fluxo de caixa me permitirão investir mais na empresa e continuar a transformar esse bolo em um ativo que crescerá pelo resto da minha vida.

Trabalhar em semanas

É aqui que os grandes sonhos se misturam à realidade. Você sabe o que quer fazer em uma década, em um ano. Conhece os sistemas que precisa pôr em movimento para que isso aconteça. Agora, concentre-se no dia a dia de cada sistema. É quando você fica obcecado com os detalhes. Se estiver no estágio de desenvolvimento de um projeto, o que precisa fazer a cada semana para fazê-lo decolar? Se seus sistemas já estão funcionando, o que precisa acontecer todas as semanas para manter o projeto funcionando e crescendo?

Eu faço anotações sobre todos os meus sistemas, que incluem os detalhes e o tempo necessário para cada etapa. Quando um sistema começa a ocupar muito do meu tempo, ou acho que precisamos alterar o sistema para torná-lo mais eficaz, uso essas anotações para descobrir como automatizá-lo e adicioná-lo ao bolo de camadas. Isso envolve encontrar um *software* para me ajudar a executar ou contratar alguém para assumir o meu lugar.

Meu sistema para agendar convidados do *podcast* costumava tomar de quatro a cinco horas da minha semana. Durante o tempo em que estava fazendo o trabalho, eu escrevia notas de processo hiperdetalhadas, que depois passei a Aaron, a pessoa que contratei para assumir a tarefa. Ele tem a motivação de receber US$ 12 por episódio agendado.

Quando Aaron começou, mostrei meu sistema e pedi que tentasse torná-lo melhor. Ele registrou suas melhorias para que a próxima pessoa possa usar esse processo, caso Aaron venha nos deixar. Agora não perco tempo em conseguir convidados para as entrevistas. Simplesmente acontece. Um belo sistema acrescentado ao bolo em camadas. A melhor parte: quanto mais entrevistas forem agendadas, mais minha carteira e a carteira de Aaron engordam.

Viver em dias

É aqui que o trabalho prospera ou morre por causa de nossas listas disfuncionais de tarefas pendentes. A maioria das coisas em nossa lista nunca é cumprida. Nós aumentamos a lista e deixamos as tarefas para o dia seguinte, e o ciclo nunca termina. Eu costumava fazer minha lista de tarefas no Apple Notes. Era um arquivo que ficava cada vez maior com o passar das semanas.

O grande motivo para isso acontecer é por não criarmos uma estrutura mental para remover itens de tarefas pendentes da nossa lista. Não estou falando sobre riscar uma tarefa quando ela é concluída – estou falando de eliminar os itens que continuam na nossa lista dia após dia, semana após semana.

Agora avalio minha lista de tarefas da mesma forma que faço com meu *closet*: a regra dos trinta dias. Se eu não usei uma roupa nos últimos trinta dias e não pretendo usá-la nos próximos trinta, acabou. O mesmo vale para minha lista. Se eu não fiz isso em trinta dias, acabou, e não me vejo fazendo, acabou. É uma decisão em preto e branco. É preciso muita energia para decidir o que fazer com esses itens remanescentes se você não tiver uma regra para lidar com eles. Você precisa pegar uma faca quente e cortar aquele pedaço de manteiga sem hesitar.

Quando você vive em dias, está se concentrando em duas ou três coisas que pode fazer em um dia, que o ajudarão a alcançar o que deseja realizar em semanas. Esse trabalho vai alimentar os sistemas que você está construindo ao longo de um ano. É isso aí. Se algo na sua lista de tarefas não for realizável hoje e não atingir suas metas semanais e anuais, corte-o antes que a regra dos trinta dias se aplique.

Garantir que seu trabalho diário seja inserido em seus sistemas também evitará aquela falsa sensação de embalo que tantas pessoas desenvolvem quando fazem um monte de tarefas fáceis o dia todo. Elas sentem a emoção de riscar essas coisas de sua lista, mas no final do dia estão exaustas e nunca chegam às coisas grandes e difíceis.

A regra rápida que sigo é sempre lidar com as coisas grandes primeiro, logo de manhã. Quando seu tanque de decisões para o dia está cheio, você tem bastante energia e foco total no quadro maior – o que você deseja realizar nesta semana, neste ano, nesta década.

Conheço alguém que está trabalhando no lançamento de uma carreira como locutor. Seu plano é o seguinte:

▸ Na próxima década, ele terá uma base de clientes completa e uma alta renda anual de seis dígitos com seu trabalho com locução.

▸ Este ano, ele planeja conquistar dez clientes fixos e arranjar um agente. Para cumprir a meta do ano, está colocando cinco sistemas em movimento:

  ■ Sistema 1: gravar/produzir demos no gênero que ele planeja para trabalhar com: audiolivros, comerciais de rádio/TV, vídeos corporativos.

  ■ Sistema 2: criar um site com seu portfólio para mostrar seus demos.

  ■ Sistema 3: fazer testes para trinta trabalhos por semana em sites como Voices.com e Voices123.com.

- ■ Sistema 4: conseguir dez agentes por semana.

- ■ Sistema 5: entrar em contato com cinco editores de audiolivros por semana.

▸ Cada dia da semana ele se concentrará na construção de um desses sistemas. Se um sistema for lançado antes que ele possa iniciar outro (demos antes do site, site antes dos testes e arranjar agente/editor), ele vai dedicar sua semana para construir cada camada do bolo que acabará por resultar ano após ano de sucesso como narrador.

Enquanto você se esforça o ano todo para atingir essas grandes metas, eventualmente vai querer dar um passo atrás para ver como está se saindo. Mas é piegas pensar em abrir a sua agenda preta pouco antes da véspera de Ano Novo para "analisar" o que você realizou. Ninguém realmente faz isso. Não importa quantos livros de produtividade mais vendidos você já tenha lido.

Então aqui vai o segredo para reconhecer o que você conquistou no ano passado sem ter que medir tudo. Você só precisa medir uma coisa: o dinheiro no banco. Se esse número aumentou em um ano, verifique mais uma vez se você está vivendo a vida que deseja fazendo uma pergunta a si mesmo: Eu estou me sentindo bem?

Se você responder sim a ambas, bem-vindo à turma dos Novos Ricos.

COMO OS NOVOS RICOS FAZEM MAIS EM MENOS TEMPO

Portanto, sua estratégia de galinha dos ovos ouro está definida. Você sabe o que está fazendo hoje, esta semana, este ano, esta década. São nove horas da manhã. Você envia seu e-mail no primeiro dia do seu plano de ação Novo Rico para começar sua primeira tarefa – uma solicitação de orçamento personalizado de um fabricante de roupas na China para as camisetas que quer vender.

Você está prestes a começar quando percebe que recebeu novos e-mails. Você decide lidar com eles rapidamente: apague dez. Abra três, leia, marque como não lidos para reler mais tarde. Mande uma resposta rápida a um fornecedor dizendo que você vai fazer o pagamento da sua fatura hoje.

Muito rápido: pule no Venmo, pague o fornecedor conforme prometido. Mas, primeiro, responda às três mensagens de texto recebidas desde a última vez que você consultou o celular. Verifique o Twitter muito rapidamente, pois essas notificações continuam soando. Responda às duas pessoas que te enviaram um tuíte. OK, de volta ao Venmo. Vendedor pago.

Isso o faz lembrar de dois clientes que não lhe pagaram. Que chato!!! – É porque você não mandou a fatura. Reúna suas faturas, envie, lembre-se de que o pagamento de outro cliente está atrasado.

Você está prestes a enviar um e-mail para o cliente inadimplente quando vê que horas são: 10h30. Seu e-mail para a China ainda é um rascunho vazio no canto inferior da tela – e agora você nem consegue lembrar mais o que ia escrever. Onde foram parar aqueles noventa minutos?

Você sabe que este cenário parece muito familiar. E essa é apenas a sua manhã. Ainda há os telefonemas, bate-papos e reuniões improvisadas que vão tirar o seu foco. Isso não para. Nem vai parar enquanto você não fizer tudo.

Cada vez que você troca de tarefa, demora de cinco a dez minutos para se engajar novamente com o que estava fazendo antes. Se você trocar de tarefas dez vezes durante o dia, serão cem minutos, ou quase duas horas de produtividade perdidos todos os dias.

É por isso que as pessoas mais eficientes do mundo loteiam o tempo. E isso por si só dá aos Novos Ricos uma enorme vantagem sobre os que se deixam dominar pelas distrações. Enquanto todo mundo está salteando por mil tarefas menores por dia – e não fazendo nada de significativo –, eles não se dispõem a isso. Não adianta contratar assistentes para fazer as pequenas coisas por eles. Você ainda vai chegar lá, mas vai demorar muito se não se apossar de seu tempo para se dedicar ao grande trabalho.

O conceito de lotear o tempo é simples: dedique blocos de tempo (pelo menos três horas) a uma tarefa ou projeto. Sem fazer nada de pequenas coisas no meio. Se você tiver vários grandes projetos em andamento, ajuda lotear o tempo em dias do que em horas. É assim que Jack Dorsey administra a Square e o Twitter. Em uma entrevista à *Techonomy*, ele explicou como administra as duas empresas simultaneamente:

A única maneira de fazer isso é ser muito disciplinado e ter muita prática. A maneira que descobri que funciona para mim é tematizar os meus dias. Segunda-feira, nas duas empresas, eu foco na gestão e funcionamento da empresa. Temos nossa reunião diretiva na Square e nossa reunião de comando operacional no Twitter. Terça-feira é focada no produto. Quarta-feira é focada em marketing, comunicação e crescimento. Quinta-feira é focada em desenvolvedores e parcerias. Sexta-feira é focada na empresa e na cultura e recrutamento. Sábado eu tiro folga, faço caminhadas. Domingo é reflexão, *feedback*, estratégia e preparação para o resto da semana. Isso dá uma boa cadência para o resto da empresa de forma a estarmos sempre entregando, sempre mostrando em que ponto estávamos na semana passada e em qual estaremos na semana seguinte.

Ao lotear o seu tempo, Dorsey está vivendo em dias e trabalhando em semanas, sempre de olho no panorama geral das duas empresas.

Eu uso uma ferramenta chamada Acuity Scheduling para lotear o meu tempo (você pode vê-la em NathanLatka.com/schedule). Ela permite que outras pessoas vejam sua disponibilidade para escolher um horário para uma reunião. Eu defino blocos de três horas para entrevistas do *podcast*, cada uma de vinte minutos. Os convidados recebem um link para minha agenda e escolhem um horário na janela disponível. Quando minha programação está definida, tenho três reuniões três reuniões consecutivas de 20 minutos cada. Sem perda de tempo. Hipereficiente.

Lotear o tempo parece simples, mas é difícil começar do zero. Nosso cérebro foi programado para reagir constantemente a distrações. Portanto, para começar, escolha um dia da próxima semana para se concentrar em uma tarefa ou tema e se force a ignorar as interrupções momentâneas. Você também precisa se salvar de si mesmo. Sabe que mesmo quando ninguém o interrompe, você se sabota verificando e-mail, redes sociais, mensagens de texto, o que for. Coloque o telefone em outra sala ou no fundo da pasta. Use uma ferramenta de bloqueio de internet como Freedom.to para não poder verificar o que seu cérebro jura que é tão urgente. Você vai se sentir muito melhor no final do dia. Terá mais energia por não ter perdido tanto tempo começando e interrompendo coisas. E ainda terá feito muito mais coisas.

CAIXA DE FERRAMENTAS DOS NOVOS RICOS

- Usar o medo para vender.
- Negociar quando você não precisa.
- Esvaziar listas de tarefas e desenvolver seus sistemas.
- Lotear o seu tempo.

PARTE 2

DINHEIRO: GANHE, GUARDE, AUMENTE

6

SEU DINHEIRO OCULTO

Os ricos ficam mais ricos com as despesas dos mais pobres.

– Atribuído a Pradeepa Pandiyan

A paz financeira não é a aquisição de coisas. É aprender
a viver com menos do que ganha, para poder devolver
dinheiro e ter dinheiro para investir. Você não consegue
vencer enquanto não fizer isso.

– Dave Ramsey

É preciso muito trabalho para chegar ao ponto de ter uma agenda vazia. Nada entra no piloto automático até você ficar obcecado com cada detalhe do seu projeto, construir seus sistemas e aperfeiçoar a operação para fazer o fluxo de caixa.

Mas você pode tornar as coisas mais fáceis. A melhor maneira de começar um novo negócio – ou qualquer empreendimento – é manter suas despesas realmente baixas. Eu sei, é uma questão de bom-senso, mas não é uma prática comum. Obviamente, gastar menos é uma atitude inteligente, mas a maioria das pessoas ignora completamente o outro lado dessa equação: transformar seus passivos em ativos.

Não me diga que você não tem ativos. Se realmente acredita nisso, ou você anda tomando suco vencido ou simplesmente não está vendo o potencial de ganho nas coisas que tem. Isso vale especialmente para os itens mencionados por autores de livros de negócios clássicos como Robert Kiyosaki (*Pai Rico, Pai Pobre*). Você só tem passivos porque seu dinheiro é sugado todos os meses pela sua casa, pelo seu carro, pelo barco etc. Mas

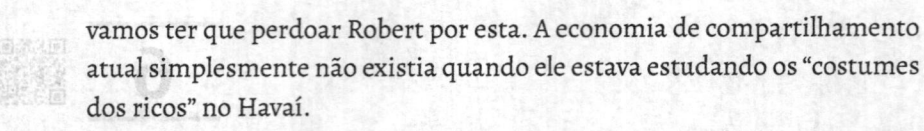

vamos ter que perdoar Robert por esta. A economia de compartilhamento atual simplesmente não existia quando ele estava estudando os "costumes dos ricos" no Havaí.

Essa é a nossa bala de prata: a economia compartilhada. Por causa disso, temos o poder de transformar quase tudo que possuímos ou alugamos em um caixa eletrônico. Robert e seus pares se esforçaram ao máximo para fazer negócios em uma época em que era possível fazer aqueles velhos "passivos" que nos ensinaram para ganhar dinheiro. Se realmente elaborarmos o sistema, podemos usar a economia compartilhada para eliminar totalmente as nossas despesas.

Sei que muitos dos que estão lendo isso acham que a minha fala não se aplica a vocês. Só conseguem ver as próprias dívidas, o aluguel, o único carro. Mas continue comigo. Não subestime o que pode ser transformado em um ativo e não pule esta etapa. Ela desempenha um papel importante no crescimento de seus empreendimentos. Conseguir esse dinheiro extra evita que você tenha de fazer coisas que odeia, como aceitar clientes que sabe que serão um pesadelo ou correr atrás de dinheiro de uma maneira que não quer, só para pagar as contas. Esse dinheiro extra também desenvolve a paciência. Você pode usar mais tempo criando um ótimo produto por não contar com ele para cobrir suas despesas. Os próprios itens pelos quais você deve dinheiro estão se pagando, e em alguns casos provendo um dinheiro extra.

Minha parte favorita: isso é muito fácil. Só é preciso saber como se conectar com pessoas que desejam usar seus produtos. Você já conhece as principais ferramentas, como o Airbnb, mas mesmo assim vou mostrar alguns truques para fazer o site trabalhar a seu favor. Também vou dar dica de mercados menos conhecidos para obter renda de todos os seus passivos, desde seu carro e espaço do escritório até seu conteúdo on-line. Acredite em mim, você tem muito mais dinheiro escondido do que pensa.

Para ser claro, este capítulo não pretende ser um recurso exaustivo sobre maneiras de ganhar dinheiro ou de ser frugal. Esse seria um outro livro. Muitos outros livros. Mantive o foco nas coisas que faço e sei que funciona, com o mínimo de esforço.

AIRBNB: ESTRATÉGIAS QUE VOCÊ NUNCA PENSOU

Se você esteve consciente nos últimos dez anos, já ouviu falar do Airbnb. Sabe que é um site que permite que você ponha sua casa para alugar a pessoas que viajam por sua área. Eu raramente estou em casa, então na maior parte do mês eu alugo minha casa para viajantes do Airbnb. Enquanto escrevo isto, acabei de comprar uma casa em Austin, e estou pagando totalmente minha hipoteca, além de ganhar US$ 500 a US$ 600 extras no aluguel. Aqui está a matemática:

▸ A casa custou US$ 425 mil e fiz um pagamento inicial de 3%.

▸ Minha hipoteca mensal + pagamento de impostos é de US$ 2.700.

▸ Eu fico fora cerca de vinte dias no mês e coloco a casa à disposição dos locatários nesses dias. Em média, ganho de US$ 3.300 a US$ 3.500 por mês com o Airbnb. Portanto, estou vivendo de graça e ganhando um dinheiro extra dos locatários.

Eu sei que isso não é para todos. Ou, na melhor das hipóteses, nem todos ganharão o suficiente no Airbnb para cobrir todas as despesas de uma casa. É mais fácil atrair locatários quando você mora em uma cidade ou qualquer tipo de área de lazer (praia, montanhas para esquiar, cidade universitária etc.). Mas não se precipite em descartar o potencial de ganho de sua casa se você mora em um lugar remoto. Tem gente que visita a família, mas quer seu próprio espaço. Empresários viajam para ver clientes. Ou não se preocupe com os viajantes: os moradores podem precisar de um lugar para dormir enquanto sua casa está sendo reformada, ou os encanamentos rompem, ou a visita da sogra está deixando todo mundo louco.

Se houver um hotel funcionando num raio de 30 quilômetros da sua casa, você já tem chance de ganhar dinheiro no Airbnb. E se não? Talvez sua casa seja tão distante que as pessoas querem alugá-la como um espaço de retiro. Pense em escritores, artistas, iogues. Vale a pena tentar, desde que você esteja disposto a compartilhar seu espaço.

Se estiver, aqui estão alguns truques que aprendi para aumentar o potencial de ganho do seu anúncio:

Diminua sua taxa por noite, mas aumente sua taxa de limpeza. O Airbnb faz recomendações com base no melhor valor. As listagens com os preços mais baixos, o maior número de quartos e as melhores avaliações estão no alto da lista de pesquisa. Mas as taxas de limpeza não são levadas em consideração. Portanto, você terá uma classificação mais elevada se diminuir o preço de, digamos, US$ 200/noite para US$ 100/noite e aumentar a taxa de limpeza de US$ 25/noite para US$ 125/noite. Você vai ganhar a mesma quantia ou mais, porém parece mais barato por noite para quem está pensando em alugar. Ganhei US$ 15 mil nos primeiros três meses de aluguel da casa e ela ficou ocupada apenas 20% do tempo. Dos US$ 15 mil, US$ 2 mil foram provenientes das taxas de limpeza.

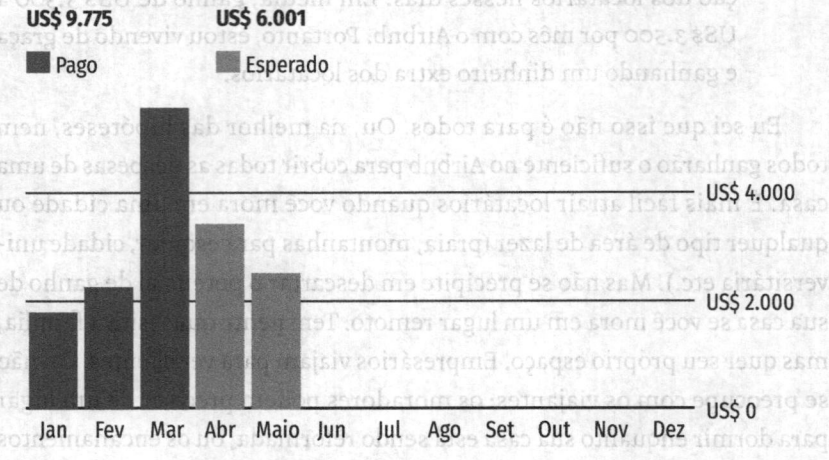

US$ 15.776

Rendimentos de reservas para 2018

US$ 9.775   **US$ 6.001**

■ Pago   ■ Esperado

Jan Fev Mar Abr Maio Jun Jul Ago Set Out Nov Dez

US$ 4.000

US$ 2.000

US$ 0

Economize na limpeza. Eu cobro dos meus locatários do Airbnb US$ 150/noite pela limpeza, mas a conta da minha faxineira é de apenas US$ 50/visita – US$ 100 a mais para mim. Se você se tornar um usuário regular do Airbnb, negocie um desconto na limpeza em grupo. Diga à sua faxineira: "Eu não posso pagar US$ 75 por limpeza, mas posso pagar US$ 50 e garantir cinco limpezas por mês." Provavelmente ela vai concordar com o pagamento mais baixo, sabendo que terá US$ 250/mês fixos vindo de você. Sandy é ótima – eu só deposito os US$ 50 dólares na conta dela após cada limpeza.

Fotos são tudo. Invista em ótimas fotos. A maneira mais barata de contratar um fotógrafo, se você não tem amigos talentosos para fazer um acordo, é pelo Snappr.co, uma rede de fotógrafos *freelance* em todo o mundo. Você também pode usar o Thumbtack.com para encontrar fotógrafos locais. Faça o que fizer, use as melhores fotos possíveis para a seu anúncio.

TRÊS SITES QUE PAGAM PELO SEU CARRO ENQUANTO VOCÊ NÃO ESTÁ DIRIGINDO

Se você vai para o trabalho de carro, o uso do seu veículo deve ser mais ou menos assim:

Chegar no trabalho por volta das 9h.

Estacionar o seu carro.

O carro fica parado no estacionamento até por volta das 17h.

Ou alguma variação... se você pega um trem para ir ao trabalho, e talvez seu carro fique na estação o dia todo. Resumindo, seu carro não é usado durante seu horário de trabalho. E quando você está de férias, ele simplesmente fica parado.

Então, por que não alugar seu veículo durante as horas em que não estiver usando? Turo.com é uma das melhores ferramentas para fazer isso. HyreCar.com e GetAround.com também são plataformas confiáveis para compartilhamento de carros. Você publica um anúncio de aluguel e as pessoas em sua área pagam uma taxa por hora ou diária para usar seu carro. As locadoras geralmente cobrem seguros. Se você estiver disposto a compartilhar seu veículo, pode gerar algumas centenas de dólares por mês com o que de outra forma é visto como um passivo.

Também existem mercados on-line confiáveis para barcos (GetMyBoat. com, BoatSetter.com), motocicletas (Riders-Share.com, TwistedRoad.com, Bike Bandit.com) e bicicletas (Spinlister.com). Você pode até alugar seu espaço de estacionamento (Parklee.com). Não saberia relacionar todos os mercados de compartilhamento mais recentes que vêm surgindo.

Se você tem ou aluga algo que outra pessoa possa valorizar, é provável que você possa alugá-lo. Pesquise no Google.

COMO GANHEI DINHEIRO COM AS MINHAS CAMISETAS PRETAS

Minhas roupas não são exatamente uma casa da moeda, mas minha abordagem minimalista para me vestir economiza dinheiro. Eu visto a mesma coisa todos os dias: uma camiseta preta e uma calça justa preta, ambas da Banana Republic; jaqueta preta Patagônia se estiver frio. Só tenho muitas cópias desses mesmos itens.

Eu na "salinha" do QG do Facebook usando meu guarda-roupa preto favorito

Um dos motivos pelos quais faço isso é que, quando você leva roupas usadas com cuidado para a Banana Republic, a loja dá um desconto de 30% na sua próxima compra. Eles doam as roupas para você. É normal liquidarem o estoque da loja com 50%de desconto, e é quando faço um estoque dos meus dois itens favoritos. Então, eu compro minhas camisetas, que custam US$ 35, por cerca de US$ 12 cada.

Não é a única maneira de reaver dinheiro com roupas, com certeza, mas é o que eu uso.

Outra abordagem fácil é doar roupas para uma organização sem fins lucrativos, como o Exército de Salvação, e descontar a doação no seu Imposto de Renda. É pequeno, mas já é alguma coisa. O truque é fazer isso em massa. Ponha um balde no canto do seu *closet* e vá guardando lá as roupas que você não quer mais. Depois doe seu conteúdo uma vez por ano, ou a cada seis meses, e guarde seu recibo para reembolso do imposto.

Se você está disposto a investir tempo e quer vender suas roupas, pode abrir uma conta em consignação numa loja de local e ganhar uma porcentagem das vendas de seus itens. Basta lembrar, novamente, que o objetivo aqui é uma entrada mínima. Você pode transformar a venda de roupas usadas em um trabalho em tempo integral e, talvez, essa seja sua atividade paralela. Mas isso é outra coisa. Se você só está procurando maneiras passivas de fazer suas roupas trabalharem para você, descontos e doações são as maneiras mais fáceis de fazer isso.

ESPAÇO DE ESCRITÓRIO

Quem aluga ou possui um escritório também pode transformar isso em um bem. Muitas pequenas empresas têm espaços que ainda não ocupam totalmente ou que simplesmente não usam todos os dias. O Breather.com permite que você anuncie o seu espaço diariamente ou de hora em hora. Você pode anunciar qualquer coisa, desde uma única mesa até um grande escritório com salas de conferência. É uma ótima opção se você não quer alugar o espaço em tempo integral, mas odeia constatar que fica sem uso na maioria dos dias. Faça funcionar para você.

O Breather.com também é ótimo, claro, para quem é locatário. Você pode atender clientes, organizar reuniões do conselho ou o que for necessário sem o compromisso de ter um escritório, se ainda não estiver pronto para isso.

E não se confunda: isso não é como um espaço de *coworking*, que é um local dedicado para as pessoas alugarem mesas e escritórios. É um conceito semelhante, só que o Breather.com permite que você use escritórios particulares. É como a diferença entre o Airbnb e um hotel. Você pode alugar escritórios em todos os cantos do mundo sem ter que se preocupar com o aspecto comunitário de um espaço de *coworking*, ou se existe um deles no lugar para onde planeja viajar.

QUARTOS DE HOTEL

A maioria dos que estão lendo este livro provavelmente não tem um hotel, mas talvez alguns tenham. Se for o seu caso, você deve conhecer o Recharge.co. É um site que permite que você alugue períodos por hora quando os quartos do seu hotel não estiverem sendo usados. Então, digamos que um hóspede faça o *checkout* de um quarto no aeroporto Hilton em San Francisco às 11h. O próximo hóspede só vai chegar às 18h. Você tem de reservar um tempo para a limpeza, mas mesmo assim o quarto vai ficar ocioso por cinco horas contínuas. Enquanto isso, alguém pode estar na cidade só por um dia e querer tirar uma soneca rápida e tomar um banho antes de uma reunião. Ele acessa o Recharge.co e aluga o quarto das 13h até as 16h. Ainda sobra tempo para preparar o quarto para o hóspede das 18 h. Você está tirando o máximo de dinheiro possível desse quarto.

Eu uso Recharge.co quando estou viajando e não preciso ficar uma noite inteira em um hotel. É tão comum ficar só um dia numa cidade para uma reunião. Você pode se livrar da sujeira do avião e recarregar a bateria por algumas horas com muito menos dinheiro do que custaria uma noite.

RENDA AUTOMÁTICA: PATREON E OUTRAS FORMAS DE VENDER SEU PRODUTO DIGITAL

Já mencionei o Patreon.com em capítulos anteriores, mas ele merece outra rodada de atenção aqui. Se criar qualquer conteúdo digital em um blog, *podcast* ou alguma outra plataforma digital, é fundamental você ter uma página no Patreon para seus fãs fazerem contribuições mensais para o seu projeto. Recentemente eu fiz um teste postando uma página do meu *podcast* (você pode vê-la em NathanLatka.com/patreon). Depois de dois dias, tínhamos treze clientes se comprometendo a pagar US$ 593 por mês. Dois meses depois, eu tinha 29 clientes doando US$ 2.300 ou mais por mês.

O modelo do Patreon incentiva patrocinadores por meio de um sistema de recompensa. Quanto mais as pessoas se comprometem, maiores as recompensas que recebem. A chave para atrair clientes é criar urgência com suas recompensas. Meu perfil mostra apenas dez ou mais recompensas disponíveis para cada nível. A mensagem é: "Se ganhar essa recompensa antes que ela acabe, você receberá um valioso XYZ." Também oferece exclusividade – acesso a conteúdo, pessoas ou oportunidades que não estão disponíveis ao público. Minha melhor recompensa é proporcionar a chance de ser entrevistado no meu *podcast* por uma doação de US$ 500/mês. Disponibilizei somente duas e esgotaram nos primeiros dois dias.

Lembre-se de que o objetivo deste capítulo é ajudá-lo a monetizar seus ativos atuais. Portanto, aproveitar o Patreon faz sentido aqui apenas se você já investe seu tempo na criação de conteúdo digital. Você pode usá-lo para criar fluxo de caixa em algum novo projeto, mas isso é outra coisa. Por enquanto, estou conversando com alguém que já esteja operando. Não se esqueça de ir buscar o seu dinheiro.

7

VIVER COMO UM REI SEM TER NADA

Os homens adquirem uma característica particular agindo constantemente de certa maneira.

—Aristóteles

S e você quer ser rico, deve se agir como um rico. "Mas como posso agir como um rico se eu não tenho dinheiro, Nathan?" É aqui que você deve adotar o "fingir até conseguir". A única coisa que vou ensinar a você neste capítulo é como obter exatamente o que deseja sem pagar por isso. Vai ficar surpreso em saber como ganhei meu Rolls-Royce Ghost branco de US$ 350 mil de graça. Vou explicar nas próximas páginas. Você deve fazer isso de maneira inteligente. Pessoas burras fingem esse estilo de vida rico e vão à falência depois de gastar todo o dinheiro que têm. Você ficaria surpreso com quantas pessoas se ferram fazendo isso. Não vai ser o seu caso.

Você vai fingir que recebe de graça todas as coisas luxuosas que os Novos Ricos adoram. E quando estiver ganhando dinheiro, vai continuar recebendo tudo de graça ou por muito pouco. Esse é outro dos segredos dos Novos Ricos: eles não são ricos porque ganham (e gastam) muito dinheiro. Eles são ricos porque ganham muito dinheiro, mantêm e descobrem como conseguir o que querem sem gastar muito.

Também vou mostrar como ganhar dinheiro com pouquíssimo esforço. Portanto, quando você não conseguir o que deseja de graça, pelo menos saberá como conseguir dinheiro fácil para expandir seu empreendimento ou financiar seu estilo de vida.

Quero que você comece a viver o estilo de vida dos Novos Ricos antes de poder pagar por ele por duas razões. Primeiro, bem, porque você pode, mesmo se achar que não pode. Mas a razão mais importante é que, quanto mais você transmitir a impressão de ser bem-sucedido, mais o sucesso virá ao seu encontro. É assim que o universo funciona.

A maioria das estratégias aqui envolve apenas saber quais ferramentas aproveitar para obter o que deseja. Outras, como conseguir uma mansão do Airbnb de graça, implicarão em mais coisas, mas você só precisa de audácia e agilidade. Você receberá tanto quanto deseja pedir.

DINHEIRO FÁCIL

Há muito dinheiro fácil por aí. Você só precisa saber onde conseguir. Essas táticas por si só não levarão você a entrar para os Novos Ricos, mas dinheiro é dinheiro. Ganhe-o, guarde-o e faça-o funcionar para você à medida que constrói seu império.

Ganhe US$ 400 na próxima vez que você voar usando esse truque

Viajo o ano todo e uso duas ótimas ferramentas quando as coisas dão errado: o ClaimCompass.eu e o AirHelp.com. Em ambos os sites, basta enviar seu cartão de embarque e preencher um pequeno formulário para mandar sua reclamação. Normalmente recebo algumas centenas de dólares de volta para cada reclamação (a média parece ser de US$ 400). Você é pago por voos atrasados, mesmo que tenha conseguido embarcar no voo.

Funciona porque as companhias aéreas devem legalmente dinheiro a milhões de consumidores por bagagens perdidas e atrasos em voos. Mas você teria de contratar uma equipe jurídica e mergulhar fundo nos termos de serviço das companhias aéreas e nos contratos de licença do usuário final para obter o que é devido. Nenhuma pessoa razoável faria isso. Portanto, essas empresas têm uma equipe de advogados que faz isso por nós. Eles processam as companhias aéreas por meio de ações coletivas. Em seguida, pagam esse dinheiro às pessoas que enviam uma reclamação ao seu site. É muito rápido de fazer e uma maneira fácil de ganhar US$ 400, o que é bem legal se seu voo custou só US$ 300.

Lance uma Campanha Kickstarter garantida para conseguir US$ 1 mil em financiamento

Se você gosta de *crowdfunding*, o FundedToday.com pode aumentar suas contribuições várias vezes. Você paga ao FundedToday uma porcentagem do dinheiro que eles ajudam a arrecadar, mas considerando que conseguiria apenas uma fração disso sem eles, vale a pena. O CEO Zach Smith diz que sua taxa de sucesso está bem acima de 95%. Funciona porque eles têm listas de e-mails de milhões de pessoas que já doaram para campanhas do Kickstarter e do Indiegogo. O trabalho deles é comercializar o seu lançamento com essas listas e podem essencialmente garantir o financiamento.

Transforme US$ 100 em US$ 1 mil usando estratégias de negociação inteligentes do eBay

Isso é divertido e você pode ir tão longe quanto quiser. Acesse o eBay e procure um leilão ou uma primeira venda que esteja prestes a ser fechada. Em seguida, procure o mesmo item na Amazon. Se for mais caro no eBay do que na Amazon, compre um ou dois na Amazon e anuncie-os imediatamente no eBay.

Isso não é totalmente simples. O eBay fica com uma parte de seus ganhos e você precisa lidar com o envio do item. Também existe o risco do seu comprador querer devolver o artigo. Mas vale a pena revender itens caros, como eletrônicos. Você pode ganhar facilmente US$ 1 mil ou US$ 2 mil em um fim de semana se se concentrar apenas em vender itens caros.

COMO VIAJEI PELA ÁSIA POR 45 DIAS QUASE SEM DINHEIRO

Viajar barato, ou de graça, é a única maneira de fazer isso. Mas não significa passar apertos. Longe disso.

Recentemente eu saí de Austin, Texas, a caminho de Bangkok para uma viagem de 45 dias. Viajei de primeira classe e gostei muito do estilo do leito em que dormi, do cardápio e dos programas de TV a que assisti. Pessoas normais, que não descobriram os hábitos dos Novos Ricos, pagariam US$ 9 mil por essa passagem de primeira classe. Eu consegui de graça. Como?

Para começar, pago todas as minhas despesas comerciais com o cartão Chase Sapphire Reserve para acumular o máximo de pontos possível. Isso inclui anúncios no Facebook, o pagamento do meu provedor de e-mail marketing, literalmente todas as despesas. Sei o que você está pensando: "Que grande dica, Nathan! Comprei esse maldito livro e sua recomendação é usar um cartão que dá pontos?" Espere um pouco...

Em seguida, não tente usar os pontos você mesmo. Acesse Flightfox. com e faça com que seus especialistas descubram a maneira mais eficiente e luxuosa de você voar ao redor do mundo. Paguei US$ 50 pelo serviço e eles acabaram me entregando basicamente um cheque de US$ 4.800.

A melhor oferta que encontrei por conta própria foi uma passagem em classe executiva por US$ 3 mil. Sem leito. Refeições limitadas. Sem *selfies* incríveis deitado e recebendo meu pijama da minha aeromoça. Meu desembolso para isso teria sido de US$ 1 mil. Os pontos cobririam os outros US$ 2 mil.

A Flightfox.com usou o mesmo número de pontos para abater US$ 8.880 no preço de uma passagem, então eu só tive que pagar US$ 120. Quando tentei caçar um negócio sozinho, usei os mesmos pontos, mas economizei somente US$ 2 mil (de um bilhete de menos de US$ 3 mil).

Eu uso o Flightfox sempre que viajo. Basta informar quantos pontos acumulou em viagens frequentes e para onde deseja ir; a partir disso especialistas em viagens encontrarão para você as tarifas aéreas mais baixas. Você também pode manter a solicitação em aberto para obter as melhores ofertas, dizendo algo como: "Ei, Flightfox, em qual momento nos próximos seis meses eu vou poder voar para a China, Japão ou Sydney por menos de US$ 500 usando meus pontos e escolhendo as datas mais baratas." Eles vão descobrir para você.

Foram esses dados que dei a eles para organizarem essa viagem de 45 dias por três países:

Descrição
Preciso pousar em Bali em 10 de fevereiro. Saindo de Austin, Texas. Voltando para Austin podendo ser qualquer dia, no final de fevereiro.
Reservei estes hotéis para suas respectivas datas:
Bali:
http://www.samabe.com (10 e 11 de fevereiro) http://jamahal.net (12 e 13 de fevereiro) http://www.alilahotels.com/manggis (14, 15 e 16 de fevereiro)
Adoraria tentar e descobrir como também conseguir:
Austrália 3-4 dias
Bangkok, Tailândia 3-4 dias
Japão 2-3 dias
A ordem dos países não faz diferença desde que Bali seja o primeiro.
Vocês podem me ajudar?

NEGOCIE SEU CAMINHO PARA ESSA NOVA VIDA DE RICO

Este capítulo começa fácil. Qualquer pessoa pode gerar ou economizar dinheiro usando os recursos que mencionei. Requer pouco ou nenhum esforço.

Você pode parar aí e ser feliz. Mas se estiver disposto a fazer algo inteligente, pode conseguir "qualquer" coisa de luxo – mansões, carros, roupas, férias – por pouco ou nenhum dinheiro.

Tenho vontade de vomitar toda vez que vejo um "influenciador" do Instagram ou do Facebook posando na frente do seu novo carro ou mansão, ou postando *selfies* de suas férias exóticas. Você sabe muito bem que eles não possuem – e nem podem pagar – por essas coisas, mas agem como se pudessem. (A maioria deles está falida.) Se fossem sinceros, você aprenderia uma nova maneira de viver como a realeza sem gastar o dinheiro que a realeza tem. Eles nunca iriam admitir nada disso, mas estou aqui para revelar os seus segredos.

Por mais irritantes que sejam, esses influenciadores também são muito espertos. Descobriram como maximizar a única mercadoria que possuem e que as empresas estão desesperadas para explorar: influência.

As empresas precisam chamar a atenção para seus produtos. Isso não é novidade. E a publicidade costumava ser a forma mais eficaz de se comunicar com as massas. Foi assim que Ted Turner construiu seu império de TV nos anos 1970 e 1980. Você sabe que não é mais o caso. Quando foi a última vez que você comprou algo baseado em um anúncio? É mais provável que sua decisão de compra tenha sido influenciada por uma análise on-line ou uma recomendação de alguém que tenha bom gosto. A Target pode gastar milhões em anúncios que promovem sua nova linha de decoração para casa. Mas terá mais tração enviando produtos grátis para pessoas com muitos seguidores no Instagram em troca de uma postagem com a tag #targetstyle. Melhor parte: os consumidores verão o *plug* do produto como uma recomendação orgânica de um amigo (mesmo que esse "amigo" seja alguém que eles nunca conheceram). Promoção gratuita para a Target. Material grátis para o influenciador. Todos saem ganhando.

Qualquer pessoa com um grande número de seguidores aproveita sua influência para obter coisas grátis. Se dizem que não, elas estão mentindo. Foi assim que fiquei quinze noites em luxuosas vilas cinco estrelas em Bali sem pagar nada.

Você pode ter influência mesmo se não for um bom ator nas redes sociais. A chave é criar um inventário das coisas que pode negociar e que a outra pessoa deseja. Geralmente isso ocorre pela exposição: tenho meu *podcast*, onde posso convidar pessoas ao meu programa em troca de algo; minha lista de e-mails; minha conta do Instagram. São coisas para trocar.

Mesmo que você não tenha esse tipo de alcance, pode aproveitar a qualidade de suas conexões.

Não tem conexões de qualidade? Saia e faça algumas. Pense no tipo de pessoa que uma empresa, ou quem quer que seja o dono dos produtos que você quer mostrar. O proprietário de um hotel pode dar valor a um comentário em um blog de viagens específico, como o TripAdvisor. Então, diga que você publicará um artigo sobre eles nesse site se tiverem espaço para você experimentar o hotel por algumas noites. (Dica profissional:

pergunte pela "taxa de mídia". Cada hotel tem uma, e geralmente equivale a 30% de desconto.) Ao mesmo tempo, mande o artigo para esse blog. O blogueiro vai adorar o conteúdo gratuito e de qualidade e você fará um novo amigo. Ganha-ganha-ganha.

Você pode aplicar esse pensamento a quase tudo. Apresente-se aos CEOs, influenciadores do Instagram ou ao líder de qualquer grande comunidade que uma empresa gostaria de ter contato. Diga à empresa que você vai compartilhar suas fotos, artigos ou tudo o que puder criar com essa comunidade. Você está essencialmente trocando seus serviços de marketing pelo que deseja de graça. Nas próximas páginas você terá mais mais informações sobre como intermediar negócios como este.

Se você não acredita que isso funcione, talvez minha experiência na vila cinco estrelas o faça mudar de ideia...

Hotéis

O Bisma Eight em Ubud, em Bali, informa em seu site que seu preço por uma noite é de US$ 325. Situado em uma rua lateral movimentada, na qual as estradas são feitas de calçadão de concreto de 60 × 60 com grama crescendo no meio, a piscina do resort localiza-se a dez metros acima da floresta, na parte de trás da vila onde me hospedei. Fiquei lá por um total de três noites, o que custaria US$ 900 ou mais. Em vez disso, troquei três fotos postadas no Instagram, uma por noite, para me hospedar de graça.

VOCÊ PRECISA LER ESTE E-MAIL

Se quiser me copiar, abaixo está o modelo de e-mail exato que meu gerente de parceria (Zach) enviou ao gerente do hotel Bisma Eight para negociar a estadia gratuita.

Assunto: "Colaboração"

Olá, meu nome é xxxx,

Eu adoraria tirar algumas fotos e compartilhar esta experiência na minha conta, que é acessada por celebridades e amigos empreendedores de sucesso, em troca de noites gratuitas e tudo mais que você gostaria de oferecer (transporte para o aeroporto, alimentação, experiência de spa etc.), para 2 pessoas no melhor quarto do seu hotel entre 22 a 27 de janeiro de 2017.

Podemos fazer o seguinte:

1. Criar uma (1) postagem positiva no Instagram por noite gratuita (mínimo de 2 noites).
2. Criar uma (1) avaliação positiva (5 estrelas) no Trip Advisor e no Facebook.

Nossos canais de mídia social são @nathanlatka, @mygoodtravel com 2 milhões de seguidores no Instagram e uma concentração especial de influenciadores em Hollywood. Sendo: 70% mulheres com idade entre 18 e 40 anos nos Estados Unidos (85% de seguidores nos Estados Unidos e 15% de seguidores europeus).

Nossos *posts* chegarão aos melhores posts de todo o Instagram. Então, quando as pessoas pesquisarem #balihotels #bali, #balispa etc., verão minha postagem primeiro. Vão clicar na minha foto, ver a legenda, clicar na sua página do Instagram ou site, o que criará mais *leads* e vendas para você. Trabalhei com todos, do Four Seasons & Sheraton a hotéis boutique, vilas e resorts como o Hotel Villa Carlton em Salzburg, o Hotel Muse em Bangkok, Mandala Spa e Villas em Boracay e muitos outros.

Por favor, informe se você precisar de alguma referência etc. Muito obrigado!

****

Zach recebeu a seguinte resposta:

Robbie Woodward 📎   January 18, 2017 at 4:32 AM
                                                    Inbox - Google 📁   RW
Para: Zach Benson
Re: Visita pessoal

📄 New contact info found in this email: Robbie Woodward ▓▓▓▓▓▓▓   add... ⊗

Oi, Zack.

Você está falando de Ohana? Ou Bisma Eight? Nos dois casos seria incrível.

E por favor, veja este e-mail como uma confirmação formal da estadia de Nathan Latka.

Permuta de influenciador de:

3 noites de hospedagem na suíte Canopy

17-20 de fevereiro de 2017

Incluindo café da manhã diário

1 x jantar à noite

Em troca de:

1 x postagem diária em IG durante estadia - @mygoodtravel

1 x postagem em IG depois da estadia (no máximo 2 semanas depois) #thwrowback - @mygoodtravel

1 x Resenha TripAdvisor para Bisma Eight

2 x Snapshots

2 x Histórias IG

Pode confirmar se Nathan gostaria de ir adiante com isso?

Saudações.

***

Robbie Woodward
Diretor administrativo

T: +44 (0) 121 408 7496 • M: +44 (0) 773 444 1716
▓▓▓▓▓▓▓▓▓

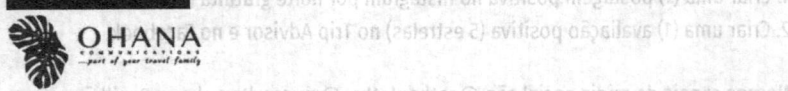

Connect with us on: Instagram | Facebook | Twitter

Use as outras dicas de negociação sobre as quais escrevo no capítulo Para viver experiências de luxo gratuitas antes do final da próxima semana.

Fizemos o mesmo negócio com o *resort* Alila em Bali: postei e publiquei a foto e também fiz uma avaliação no TripAdvisor. O preço da hospedagem é de mais de US$ 400/noite. Você pode ver como isso começa a aumentar. Quem estiver vendo esta imagem pode pensar: "Como ele consegue pagar por tudo isso?!"

A resposta é: eu não pago. Pago a hospedagem com ativos gratuitos.

DICA SOBRE INFLUÊNCIA: NÃO TEM PÚBLICO? COMPRE UM

Não estou falando de comprar seguidores falsos nas redes sociais. É mais eficaz comprar microempresas que têm uma grande conta na mídia social e aproveitar para fazer as negociações sobre as quais falo neste capítulo.

Quando procuro comprar uma empresa, sempre verifico se ela tem contas anexadas na mídia social. Fiz isso com My Good Travel. Comprei essa empresa por US$ 3 mil e ela veio com uma conta no Instagram com mais de 100 mil seguidores. Quando a empresa se tornou minha, comecei a vender postagens patrocinadas no Instagram por algumas centenas de dólares a unidade. Recuperei meu investimento de US$ 3 mil depois de vender dez postagens. Foi assim que ganhei três noites grátis no Bisma Eight em Bali.

Compara-se uma conta no Instagram com um catálogo ilimitado. Você pode vender ou negociar quantos posts patrocinados desejar. É um recurso infinito.

Muitas pessoas que tentam ganhar dinheiro com sites como Instagram ou Pinterest cometem um grande erro: tentam construir seus próprios seguidores em vez de comprar uma empresa muito barata que já tenha um público integrado.

A logística é supersimples:

- Encontre uma pequena empresa com um Instagram com 100 mil seguidores ou mais. Muitas vezes, o anúncio dirá: "Mande mensagem para mais informações", ou seu perfil tem um link para enviar um e-mail.

- Entre em contato com o assunto "Potencial para aquisição da sua empresa". No texto do seu e-mail, diga algo como "Ei, descobri sua conta do IG. Gostei do seu negócio e adoraria comprá-lo." Como os aspectos legais de compra e venda de contas de mídia social são obscuras, sua melhor aposta é comprar a empresa inteira – muitas vezes isso não é muito mais do que o valor da sua mídia social.

- Envie esse e-mail para algumas pessoas. Quando fiz isso, recebi uma resposta dizendo: "Não estou vendendo minha empresa, mas conheço quem esteja. " Então ele se ofereceu para me adicionar a um chat do GroupMe com várias pessoas que estavam vendendo suas microempresas com grandes contas no IG. Foi nesse bate-papo que comprei a empresa My Good Travel por US$ 3 mil.

Vou dar instruções completas sobre como comprar e vender empresas no capítulo 9, mas pode considerar que é fácil e simples assim. Entre em contato com microempresas e pergunte. Um "não" pode facilmente levar a um "sim" depois de algumas apresentações.

Obtenha descontos nas coberturas do Airbnb

Muito bem, então você não tem um grande número de seguidores on-line e não está a fim de comprar uma empresa para ter um público já formado de um dia para o outro. Não se preocupe. Você ainda pode viver uma vida de luxo, especialmente no Airbnb, aproveitando suas conexões de qualidade. Mesmo se não as tiver. É sério. É a chamada Caça ao Elefante – em outras palavras, usar uma coisa para conseguir a outra.

Entre no Airbnb e encontre o imóvel dos seus sonhos. Selecione pela faixa de preço do mais caro ao menos caro. Em seguida, envie um e-mail ao proprietário e diga que deseja usar o espaço para realizar uma reunião particular com pessoas de alto nível na cidade. Pode ser qualquer grupo de alto perfil – CEOs, artistas ou quem você acha que o proprietário daquele imóvel gostaria de conhecer. Diga que está convidando essas pessoas e cite alguns, mesmo que não as conheça. Basta dizer que você pretende convidá-las. Depois de conseguir o lugar com um grande desconto, use as belas fotos da casa para convidar os talentos que você talvez nem conheça. Eles vão se comunicar uns com os outros. Ao fazer isso, você basicamente se torna um corretor entre o anfitrião do Airbnb e os convidados que está trazendo. Qualquer um pode aproveitar essa estratégia. Basta ter peito e coragem para se dispor a fazer a negociação.

Aqui está uma troca feita entre mim e um proprietário de imóvel disponibilizado no Airbnb que mostra exatamente como fiz isso para conseguir uma cobertura em São Francisco por menos da metade do preço anunciado, de US$ 799/noite:

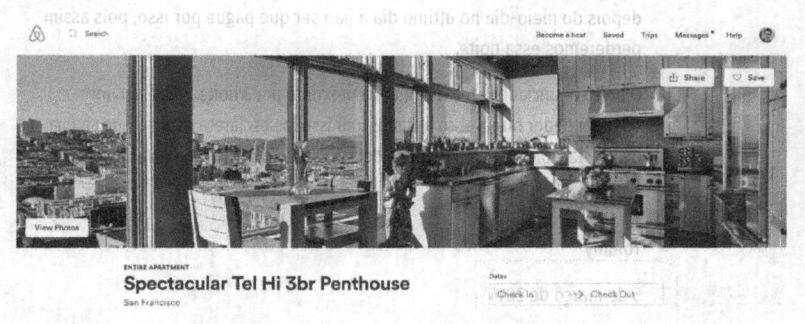

O contato direto e a negociação:

Oi, Tommy,

Estou procurando um lugar onde possa ficar em SF e receber de 10 a 15 intelectuais (um jantar numa noite).

Mas seu preço está acima do meu orçamento. Você poderia ser mais flexível? Qual o melhor preço que poderia fazer pelas noites de 24, 25 e 26 (*checkout* no último dia às 9 da noite)?

Obrigado.

Nathan

5 de março de 2014

Nathan:

O que você está pedindo são 3 noites. Não podemos deixar você até depois do meio-dia no último dia a não ser que pague por isso, pois assim perderemos essa noite.

O preço anunciado já tem um grande desconto por 3 noites. Mas sou um empreendedor razoável com custos, por isso me esclareça sobre o que chama de "destacadas" para eu ter uma ideia do seu uso no período do aluguel.

Saudações.

Tommy

5 de março de 2014

Oi, Tommy

Minha intenção é receber 10 intelectuais nas noites de 23, 24 e 25.

Noite de 24: vou convidar CEO da Creative Agencies sediado em San Francisco, com jantar servido via http://www.kitchit.com/bay-area.

Noite de 25: vou convidar CEO da Tech Companies sediado em SF, com jantar servido via Kitchit.

Noite de 26: vou convidar influenciadores de pensamento e palestrantes com quem vou dividir o palco no encontro da eMA, jantar servido pela Kitchit.

Não quero absolutamente tirar vantagem da linda casa que você tem. Mas US$ 799 estaria dentro do meu orçamento.

Você tem interesse e participar com esses intelectuais (são todas figuras influentes, por exemplo, Rick Rudman, CEO da Vocus, com um capital de mercado de US$ 200 milhões compareceu à última que organizei – esse é o perfil dos convidados que estarão lá) em troca de uma taxa de desconto?

Todos os meus convidados são também futuros usuários potenciais de sua cobertura – uma grande oportunidade de marketing.

Mande sua resposta. Vou entender se você não tiver essa flexibilidade.

Obrigado.

Nathan

5 de março de 2014

Nathan:

Parece um bom negócio. Vamos fazer US$ 1.500 por todas as noites e eu posso participar. Na verdade, estou gerenciando algo chamado Miinsu, que é uma camada de hospedagem e hospitalidade sobreposta a serviços como o da Airbnb para apartamentos como este, e uma rede de relacionamentos é tanto uma necessidade como uma atividade desprezada :)

Diga se isso funciona. O custo inclui a limpeza, que normalmente é de US$ 180 além do aluguel.

Tommy

5 de março de 2014

Oi, Tommy

Meu orçamento total para 3 noites e 3 intelectuais é de US $ 2.200. Abaixo sou eu pesando na matemática.

10 pratos × US$ 50 = US$ 500/noite em comida (três intelectuais)
Sua proposta (muito obrigado) = US$ 500/noite (três noites)
Custo total: US$ 3.000

Eu poderia fazer:
10 pratos x US$ 50 = US$ 500/noite em comida (dois intelectuais)
US$ 500/noite por duas noites
Custo total: US$ 2.000

Mas eu detestaria perder o terceiro intelectual. Você estaria disposto a fazer o seguinte?

10 pratos × US$ 50 = US$ 500/noite em comida (três intelectuais)
3 noites por US$ 1.000 para você
Custo total: US$ 2.500
Você estaria presente todas as noites, ganharia exposição ao pessoal com quem trabalho para convidar, expor o Miinsu e quem sabe conseguir alguns futuros locadores!

Se isso funcionar para você, posso dar um jeito de esticar meu orçamento em US$ 500 e já me comprometer amanhã.

Agradeceria muito a flexibilidade. Espero que possamos criar 3 noites de experiências muito agradáveis no seu apartamento!

5 de março de 2014

Nathan:

Sim, por que não? Parece interessante.
   Por favor, veja se consegue pagar o custo da limpeza de US$ 180, pois esse valor passo diretamente às minhas faxineiras. Sobre a expectativa do aluguel eu administro com meu sócio.

Saudações.

Tommy

5 de março de 2014

Resumindo, consegui um lugar por US$ 1 mil (US$ 333/noite) que estava anunciado por US$ 2.400 (US$ 800/noite). É mais de 60% de desconto!

Tente fazer isso, mesmo que pareça absurdo para você. Qualquer um pode fazer um contato direto com outra pessoa. A maioria, inclusive os CEOs, está disposta a conhecê-lo se você pedir. Eles podem até ir à sua festa numa incrível cobertura do Airbnb. Entre em contato, dê a eles um bom motivo para aparecer (como a chance de conhecer outros CEOs com ideias semelhantes) e veja o que acontece. Não importa os locais mais modestos que você poderá alugar no processo. Provavelmente fará conexões de longo prazo com pessoas que se tornam parceiros de negócios, clientes ou mentores em sua jornada para se tornar um Novo Rico.

Jaqueta Balmain de Paris por US$ 4.500

Minha *selfie* favorita foi tirada no banheiro com a jaqueta de motoqueiro Balmain de US$ 4.500 que eu consegui usar de graça. Cabelo penteado, *selfie* postada, saí pelas ruas de Austin em meu Rolls-Royce Ghost – um carro de US$ 350 mil que eu estava dirigindo, você sabe como... de graça.

Consegui essas duas coisas com tanta facilidade me sinto constrangido. Eu nem pedi a jaqueta. Alguém me fez aceitá-la.

Claro que precisei devolver os dois itens alguns dias depois. Mas e daí? Nenhum dos meus seguidores do Instagram sabia que a jaqueta não era minha, especialmente porque a estou usando no banheiro. Parece que pendurada meu armário, ao lado do meu terno Tom Ford.

Eu não preciso fingir ser rico – já cheguei lá –, mas se você ainda está trabalhando nisso, pode facilmente aparentar um estilo de vida de rico com suas roupas. Você vê isso o tempo todo nas redes sociais, mesmo que não saiba. Certamente já se perguntou como alguém compra roupas tão absurdamente caras, a resposta é que eles não compram. As roupas nem são deles. E se podem comprá-los, provavelmente ainda não as têm. Por que comprar quando você pode pegar emprestado de graça? Prefiro investir US$ 4.500 no meu próximo empreendimento.

A próxima vez que você precisar comprar um belo terno ou vestido, use um estilista. É a maneira mais fácil de obter acesso a roupas transadas. Depois de comprar alguma coisa deles, vão querer que você compre cada vez mais, consequentemente trarão roupas novas a cada mês.. Se vir algo de que goste, diga a eles que você quer pensar a respeito. Em geral eles dizem para você levar a roupa para casa e experimentar por alguns dias.

Foi exatamente o que aconteceu com a jaqueta Balmain. Eu tinha comprado recentemente um terno com meu estilista quando ele me falou sobre a jaqueta que acabara de comprar. Eu disse que não queria pagar tanto e provavelmente não compraria. Sua resposta: "Não, não, leve para o fim de semana para experimentar" Bum! Uma *selfie* no banheiro.

É assim que você vive como um rei e se sente podre de rico sem gastar um centavo. Isso se chama vantagem, e se você já comprou um terno ou vestido, já tem essa vantagem. Você pode maximizá-la.

Seu estilista vai acabar sabendo se você tentar explorar demais essa vantagem. Mas é uma maneira confiável de conseguir roupas superca-ras ocasionalmente. Mesmo se você quiser exibir roupas de grife com mais frequência, mesmo assim não precisa comprá-las. Também nesse caso a economia compartilhada está a sua disposição. Você provavelmen-te já conhece o Rent the Runway. Se não conhece, é um site (e loja em algumas das principais cidades) que aluga roupas de grife. Você tam-bém pode usar lojas de aluguel e compartilhamento de roupas como s StyleLend.com, DesignerShare.com, LeTote.com, TheMrCollection.com e TheMsCollection.com. Você precisa pagar para usar as roupas, mas com a vantagem de poder mudar de traje o tempo todo. Você não compra no varejo. Mas ninguém vai saber que as roupas não são suas.

O E-MAIL QUE ME CONSEGUIU UM ROLLS-ROYCE GHOST BRANCO DE US$ 350 MIL POR US$ 0

Enquanto isso, aquele Rolls-Royce de US$ 350 mil... Meu segredo para conseguir isso é tão revolucionário que posso estar na fila para o próximo Prêmio Nobel. Você está preparado para isso?

Eu simplesmente pedi.

Sim.

Veja como foi:

De: Tobe Nguyen ▉▉▉▉
Data: 12 de janeiro de 2017 às 2hs23min GMT+9
Para: ▉▉▉▉
Assunto: Rolls Royce

Oi, Zach
Meu nome é Tobe, sou o principal contato de marketing da Exotic Rental. Obrigado por ter entrado em contato. Realmente nós podemos trabalhar com você. Nós temos o Rolls Royce Ghost. Você tem em mente alguma data específica? Assim eu posso verificar a disponibilidade para você. Por favor, sinta-se à vontade para entrar em contato a qualquer momento. Espero sua resposta em breve.

Saudações,
Tobe

Você está vendo nessa captura de tela o e-mail do Tobe, que trabalha na Auto Exotic Rental em Austin, respondendo um e-mail de Zach, meu gerente. Zach se apresentou a Tobe e disse: "Olha, eu trabalho com um influenciador, ele tem 15 mil seguidores no Instagram. Se ele postar uma foto dentro de um de seus carros exóticos, você estaria disposto deixar o carro de graça com ele por um dia? "

Tobe concordou com prazer.

Alugar aquele carro pelo preço da diária custaria cerca de US$ 2 mil. Portanto, não importa o preço de US$ 350 mil do carro. Eu não paguei nem o aluguel. É como se eu tivesse recebido US$ 2 mil por uma postagem no Instagram.

Rolls Royce Ghost White
Category: Store » Luxury Cars

Tudo isso está relacionado a encontrar coisas para comercializar que outra pessoa ou empresa desejam. Se você não tem muitos seguidores on--line, consegue se conectar com alguém que tenha? Ou pode organizar um encontro com indivíduos de alto patrimônio que a locadora deseja atrair como clientes? Você pode abordar quem quiser – só precisa pedir.

ISSO É BABOSEIRA! PESSOAS NORMAIS NÃO CONSEGUEM OBTER ESSAS COISAS DE GRAÇA

Sempre ouço esses argumentos de pessoas pessimistas: "Claro, deve ser ótimo ser capaz de exibir seus grandes números do Instagram ou ligar para seus amigos CEOs e conseguir o que deseja. Nem todo mundo tem essas vantagens!"

Caso ache que as estratégias deste capítulo não servem para "uma pessoa normal como você", precisa parar de se espelhar no normal. Se continuar na sua zona de conforto, você nunca vai entrar na turma dos Novos Ricos, não conseguirá as conexões e muito menos os seguidores que pretende ter.

Você não pode "viver como um rei sem ter nada" se não fizer um esforço inicial. (É por isso que este capítulo não se intitula "Viva como um rei sem fazer nada.") Mas as conexões que você faz, o público e as comunidades que você constrói, serão todos vinculados ao seu plano de ser um Novo Rico quando essas pessoas também se tornarem seus parceiros de negócios, clientes, consumidores, ouvintes, leitores e seguidores. O que leva a mais produtos grátis – siga o ciclo de *feedback* positivo.

8

COMO INVESTIR EM IMÓVEIS
(MESMO SEM DINHEIRO, SEM CONHECIMENTO E SEM TEMPO)

Noventa por cento de todos os milionários se tornam milionários por possuir bens imóveis. O lucro obtido com o mercado imobiliário foi maior do que em todos os investimentos industriais combinados. O jovem esperto ou assalariado de hoje investe seu dinheiro em imóveis.

– Andrew Carnegie

S e você encontrasse, nos fundos de um restaurante, um caixas eletrônicos com defeito que estivesse lançando US$ 20 a cada minuto, você contaria a alguém sobre isso?

Claro que não. O mesmo se aplica a investidores imobiliários. Eles não querem dizer quanto ganham com imóveis para você não se tornar um concorrente e ganhar o dinheiro deles.

Se você que estiver lendo isto for um estudante, está com sorte. Tenho 32 anos e fiz meu primeiro negócio no meu último ano na faculdade. Já tinha ouvido falar de gente ganhando dinheiro com imóveis, mas estava evitando porque achava que não tinha tempo para fazer isso. Ainda assim, não conseguia deixar de pensar em ter uma propriedade que rendesse dinheiro. Quando cheguei ao imóvel localizado na rua Otey, nº 209 (nas proximidades do Instituto Politécnico e Universidade Estadual da Virgínia) – bati na porta e fui atendido por uma estudante. Eu estava bem barbeado e usando minha camiseta da Virgínia Tech. Ninguém imaginaria que eu estava prestes a abandonar os estudos para construir meu império, que incluiria imóveis.

"Oi, estou querendo alugar por aqui uma casa para o semestre do outono. Você sabe de alguma?" Quando ela disse que não, perguntei se poderia me dar o contato do proprietário, pois queria saber sobre futuras possibilidades de locação. Peguei o número e fui embora. Meu plano entrou em andamento.

Levei o dono para tomar um café só para conhecê-lo. A casa dele não estava à venda, mas eu queria ser o primeiro de quem lembrasse quando pensasse em vender. Fiquei sabendo que dirigia uma instituição de caridade e tentando achar um jeito de como conseguir mais dinheiro para a organização. Melhor ainda – a casa era propriedade da instituição.

"Bem, se um dia você quiser vender", expliquei, "eu estaria disposto a pagar US$ 200 mil."

Nós nos encontramos não muito depois disso e fechamos um acordo. Agora a casa é minha e a instituição de caridade resolveu seu problema de caixa. Continue lendo e você vai ver que eu não gastei US$ 200 mil – nem perto disso.

Este cenário não é incomum. Os melhores negócios imobiliários são encontrados quando batemos de porta em porta, principalmente se estiver adquirindo suas primeiras propriedades. Vou mostrar exatamente como fazer seu primeiro negócio, mesmo se o imóvel não estiver no mercado; como financiar o imóvel, mesmo se não tiver dinheiro e como administrar sua propriedade, mesmo se não tiver tempo para isso.

O que adoro no mercado imobiliário é que se você fizer isso direito, seja um estudante universitário sem economias ou alguém com pouco dinheiro, pode viver de graça enquanto outros pagam o seu aluguel.

Minha maior preocupação antes de possuir uma propriedade era quanto tempo levaria para administrá-la. Naquela época eu não sabia que era possível terceirizar quase todo o trabalho e ainda assim ter uma renda passiva. O único tempo que gasto agora é de quinze minutos por mês para analisar os relatórios de receitas e despesas que meu administrador imobiliário me envia. Aqui estão meus relatórios de fevereiro de 2018 para duas de minhas propriedades.

RELATÓRIO DE RENDA DO MEU PRIMEIRO NEGÓCIO IMOBILIÁRIO

Relatório mensal do imóvel da rua Otey, nº 209 (fevereiro de 2018): US$ 661 em fluxo de caixa líquido:

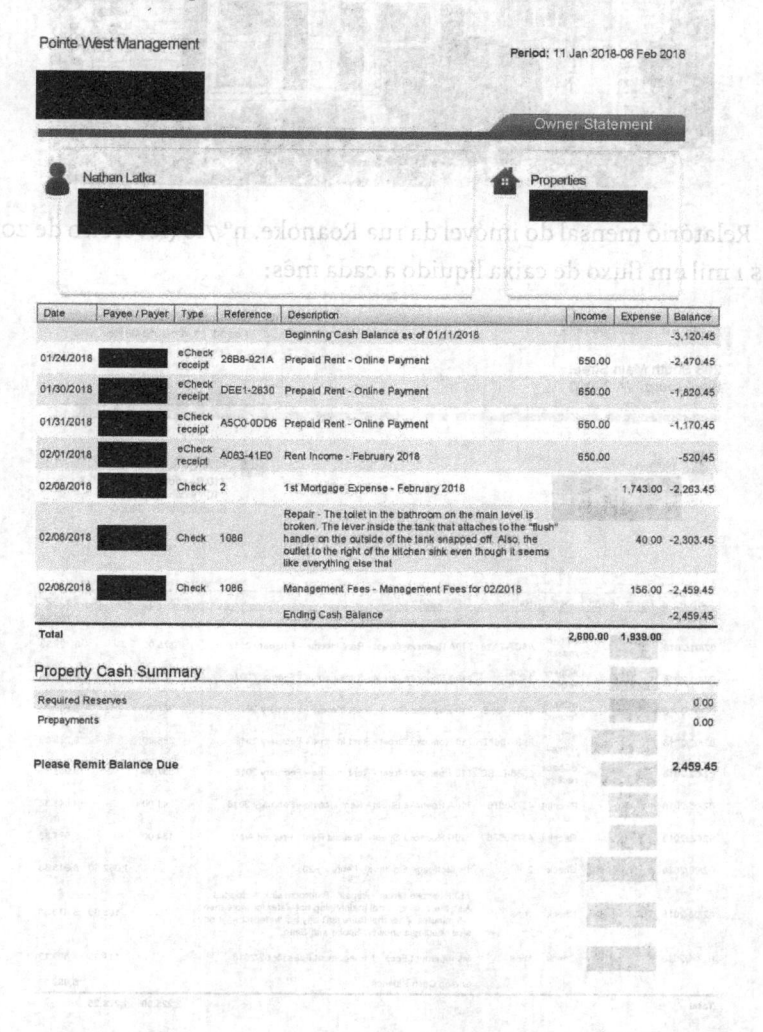

Pointe West Management

Period: 11 Jan 2018-08 Feb 2018

Owner Statement

Nathan Latka

Properties

Date	Payee / Payer	Type	Reference	Description	Income	Expense	Balance
				Beginning Cash Balance as of 01/11/2018			-3,120.45
01/24/2018		eCheck receipt	26B8-921A	Prepaid Rent - Online Payment	650.00		-2,470.45
01/30/2018		eCheck receipt	DEE1-2630	Prepaid Rent - Online Payment	650.00		-1,820.45
01/31/2018		eCheck receipt	A5C0-0DD6	Prepaid Rent - Online Payment	650.00		-1,170.45
02/01/2018		eCheck receipt	A083-41E0	Rent Income - February 2018	650.00		-520.45
02/08/2018		Check	2	1st Mortgage Expense - February 2018		1,743.00	-2,263.45
02/08/2018		Check	1086	Repair - The toilet in the bathroom on the main level is broken. The lever inside the tank that attaches to the "flush" handle on the outside of the tank snapped off. Also, the outlet to the right of the kitchen sink even though it seems like everything else that		40.00	-2,303.45
02/08/2018		Check	1086	Management Fees - Management Fees for 02/2018		156.00	-2,459.45
				Ending Cash Balance			-2,459.45
Total					2,600.00	1,939.00	

Property Cash Summary

Required Reserves	0.00
Prepayments	0.00
Please Remit Balance Due	2,459.45

Esta é a minha linda vaca leiteira:

Relatório mensal do imóvel da rua Roanoke, nº 710 (fevereiro de 2018):
US$ 1 mil em fluxo de caixa líquido a cada mês:

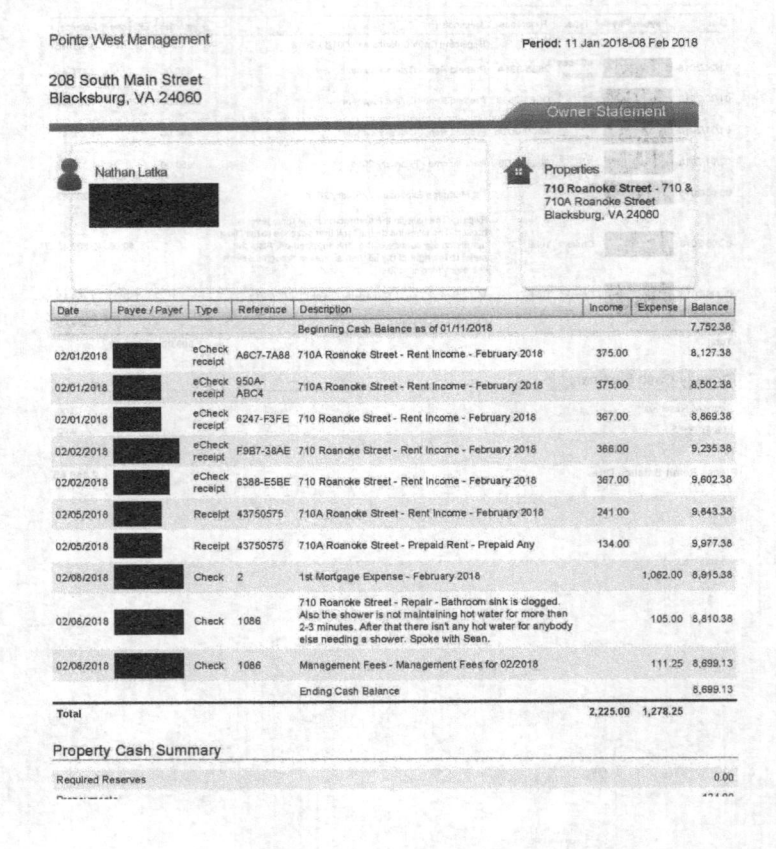

Pointe West Management   Period: 11 Jan 2018-08 Feb 2018

208 South Main Street
Blacksburg, VA 24060

                                                             Owner Statement

Nathan Latka   Properties
                                                     710 Roanoke Street - 710 &
                                                     710A Roanoke Street
                                                     Blacksburg, VA 24060

Date	Payee / Payer	Type	Reference	Description	Income	Expense	Balance
				Beginning Cash Balance as of 01/11/2018			7,752.38
02/01/2018		eCheck receipt	A6C7-7A88	710A Roanoke Street - Rent Income - February 2018	375.00		8,127.38
02/01/2018		eCheck receipt	950A-ABC4	710A Roanoke Street - Rent Income - February 2018	375.00		8,502.38
02/01/2018		eCheck receipt	6247-F3FE	710 Roanoke Street - Rent Income - February 2018	367.00		8,869.38
02/02/2018		eCheck receipt	F9B7-38AE	710 Roanoke Street - Rent Income - February 2018	366.00		9,235.38
02/02/2018		eCheck receipt	6388-E5BE	710 Roanoke Street - Rent Income - February 2018	367.00		9,602.38
02/05/2018		Receipt	43750575	710A Roanoke Street - Rent Income - February 2018	241.00		9,843.38
02/05/2018		Receipt	43750575	710A Roanoke Street - Prepaid Rent - Prepaid Amy	134.00		9,977.38
02/08/2018		Check	2	1st Mortgage Expense - February 2018		1,062.00	8,915.38
02/08/2018		Check	1086	710 Roanoke Street - Repair - Bathroom sink is clogged. Also the shower is not maintaining hot water for more then 2-3 minutes. After that there isn't any hot water for anybody else needing a shower. Spoke with Sean.		105.00	8,810.38
02/08/2018		Check	1086	Management Fees - Management Fees for 02/2018		111.25	8,699.13
				Ending Cash Balance			8,699.13
Total					2,225.00	1,278.25	

Property Cash Summary

Required Reserves   0.00

Beleza nº 2:

Minha única outra tarefa demorada são os dez minutos que levo para encaminhar essas declarações ao meu contador no final de cada ano para ele fazer minha declaração de Imposto de Renda. Ao todo, são dez ou quinze minutos do meu tempo por cerca de US$ 1.600 em fluxo de caixa líquido por mês. E isso é só o componente financeiro. Sem contar o aumento de capital que estou ganhando. Eu não disse que é uma coisa linda?

Esses relatórios me ajudam a prever fluxos de caixa históricos *versus* retornos futuros. Aqui está o detalhamento do relatório do imóvel da rua Otey, nº 209:

Cash Upfront	$30.000
Annual Appreciation	2%
Loan amount YE	295.200.00
Annual rent increase	5.00%
NOI relative to rent	30.00%

Time	Year	Start of Year Market Value	Annual Price Appreciation	Year End Appreciated Market Value	Annual Principal Debt Pay Down	Year End Accumulated Equity	Monthly Rent	Fixed Monthly Exp	Prop Man. Fee	Annual Cash Flow	Return on Investment	Return on Equity	Equity Position	Total Annual Return
1	2014													
2	2015													
3	2016	$328.000	$6.560	$334.560	$3.241.41	$32.800	$2.400	$2.390	$144	$672	34.51%	31.93%	10.00%	$10.473
4	2017	$334.560	$6.691	$341.251	$5,258.54	$44.617	$2.500	$1.830	$156	$7.368	63.65%	43.00%	13.34%	$19.185
5	2018	$341.251	$6.825	$348.076	$5,050.50	$56.862	$2.730	$1.830	$164	$8.634	70.90%	37.46%	18.61%	$21.239
6	2019	$348.076	$6.962	$355.038	$6,579.76	$69.233	$2.987	$1.830	$172	$10.374	76.38%	33.10%	18.98%	$22.919
7	2020	$355.038	$7.101	$362.139	$5,758.51	$82.123	$3.010	$1.830	$181	$11.991	62.93%	30.30%	23.13%	$24.880
8	2021	$362.139	$7.243	$369.381	6,072.44	$95.438	$3.160	$1.830	$190	$13.688	90.01%	28.29%	26.35%	$27.004
9	2022	$369.381	$7.388	$376.769	6,072.44	$108.806	$3.316	$1.830	$165	$15.471	96.44%	26.57%	29.48%	$28.031

E rua Roanoke, nº 710:

Cash Upfront	$50.000
Annual Appreciation	2%
Remaining Loan BOY2016	97.418.67
Annual rent increase	5.00%
NOI relative to rent	30.00%

Time	Year	Start of Year Market Value	Annual Price Appreciation	Year End Appreciated Market Value	Annual Principal Debt Pay Down	Year End Accumulated Equity	Monthly Rent	Fixed Monthly Exp	Prop Man. Fee	Annual Cash Flow	Return on Investment	Return on Equity	Equity Position	Total Annual Return
1	2014	$218.000	$4.300	$222.300		$52.000	$1.900	$1.291	$80	$6.900	20.72%	19.92%	23.85%	$10.300
2	2015	$222.300	$4.447	$226.807	30000	$81.983	$1.900	$1.261	$80	$5.500	60.89%	37.19%	36.93%	$30.447
3	2016	$226.807	$4.536	$231.343		$86.438	$1.800	$1.261	$109	$6.177	19.45%	11.24%	38.11%	$10.713
4	2017	$231.343	$4.627	$235.970	2883	$93.313	$2.336	$1.261	$134	$9.571	34.20%	18.93%	40.08%	$17.481
5	2018	$235.970	$4.719	$240.690	2,991.99	$101.626	$2.336	$1.261	$160	$11.226	37.00%	18.93%	43.06%	$18.927
6	2019	$240.690	$4.814	$245.503	3,115.67	$109.548	$2.463	$1.261	$147	$12.544	40.95%	18.69%	45.51%	$20.478
7	2020	$245.503	$4.910	$250.413	3,115.67	$117.575	$2.463	$1.261	$155	$13.937	43.91%	18.87%	47.90%	$21.955
8	2021	$250.413	$5.008	$255.422	3,115.67	$125.688	$2.708	$1.261	$163	$16.380	47.01%	18.76%	50.30%	$23.524
9	2022	$255.422	$5.108	$260.530	3,115.67	$133.924	$2.840	$1.261	$170	$16.905	50.25%	18.76%	52.43%	$25.150

Você também pode fazer isso, mas antes quero mostrar alguns mitos comuns sobre imóveis que assustam a maioria das pessoas:

1. Você precisa saber muito sobre investimentos imobiliários para ser um investidor imobiliário.

2. Você precisa de dinheiro para fazer seu primeiro negócio.

3. Você tem de ser um faz-tudo para saber consertar qualquer coisa que quebrar. (Latka não toca em vasos sanitários!)

4. Administrar investimentos imobiliários toma muito tempo.

5. Agora não é um bom momento.

Continue lendo – vou acabar com todos esses mitos de maneira espetacular. O segredo é encontrar algo que você possa comprar que gere renda suficiente, mesmo depois de pagar suas despesas mensais. Isso significa conseguir o negócio certo com o financiamento certo e a gestão certa.

COMO ENCONTRAR UM IMÓVEL QUE PODE SER UM BOM INVESTIMENTO

Todos os negócios imobiliários que fiz começaram batendo de porta em porta. Enquanto a maioria das pessoas vasculha seus aplicativos Zillow e Trulia em busca de ofertas, eu encontro os proprietários para comprar seu imóvel antes mesmo de ser anunciado.

Bater na porta me proporciona melhores preços, mas também revela detalhes que os anúncios on-line não registram e que os proprietários e corretores de imóveis fazem de tudo para esconder. Você aprende a conhecer um bairro (quando o anúncio diz "histórico", é um eufemismo para "degradado" ou será que as casas estão em perfeito estado?). Você pode ver que tipo de locatários ocupa uma propriedade (estudantes de graduação tranquilos, famílias ou garotos indisciplinados de clubes estudantis?); se esses locatários cuidam do lugar (uma horda de animais de estimação corre aos seus pés quando atendem à porta? Tem uma fileira de latas de cerveja na grade da varanda?); ou se é um ponto quente para locatários (que resposta você recebe quando pergunta se há algum imóvel para alugar na vizinhança?).

No que diz respeito à localização, eu só compro até quinze quilômetros de uma faculdade (atualmente tenho um em Austin perto da Universidade do Texas e outro em Blacksburg perto da Virgínia Tech), pois os estudantes mantêm esses mercados de aluguel quase à prova de recessão. Uma maneira rápida de confirmar isso é pesquisando no Google se as taxas de aluguel de uma cidade e os valores dos imóveis caíram em determinado ano.

Se você não tem dinheiro para comprar perto de cidades universitárias mais movimentadas, tente em cidades universitárias mais para o interior. Os preços dos imóveis devem ser mais baixos, mas a demanda para alugar continua alta. Você desenvolverá seus próprios padrões à medida que fizer mais negócios e encontrar locais que funcionam para você. Só sei que cidades universitárias funcionam melhor para mim.

Família e amigos também podem ser sua fonte de pesquisa em todo o país. Se eles residirem em bairros nos quais o mercado de locação é forte, você pode pedir informações sobre os locais de seu interesse e, ainda, solicitar ajuda em emergências, caso necessite.

Comece sua busca em uma área que você possa fazer um bom negócio batendo de porta em porta. Conheça os proprietários, marque os melhores e comece a analisar os números. Nos próximos capítulos vou mostrar meu roteiro para bater de porta em porta. Primeiro, vamos discutir como encontrar um negócio que você possa comprar.

COMO SABER SE A PROPRIEDADE PODE RENDER DINHEIRO PARA VOCÊ

Como acontece com qualquer investimento, você precisa descobrir quanto dinheiro potencial ganharia com algo antes de decidir quanto dinheiro gastaria com isso. A receita de aluguéis é como você ganha dinheiro com imóveis, mas muitas vezes pode ser difícil saber quanto as pessoas estão pagando pelo aluguel de uma determinada unidade.

Descobri quanto dinheiro poderia ganhar: pedi a corretores imobiliários locais acesso direto ao MLS

Os corretores imobiliários têm acesso às ofertas por meio de seu Serviço de Listagem Múltipla (MLS). Como os corretores querem representá-lo quando você é um comprador, o objetivo deles é ajudá-lo a fazer um negócio. Portanto, pergunte ao seu corretor: "Você pode adicionar meu e-mail à sua MLS para quaisquer negócios que surgirem no mercado em qualquer parte do município?"

Quando as listagens chegarem, você verá automaticamente os dados, que incluirão informações de aluguel, como este:

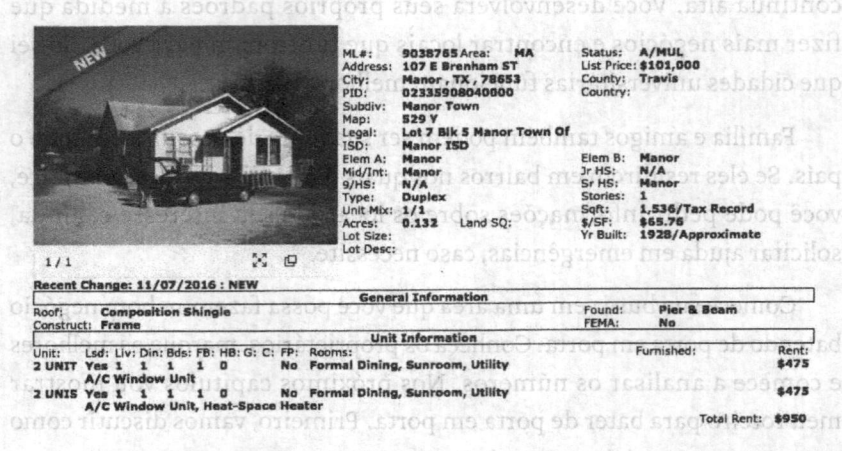

As MLS fornecem dados e pesquisa de mercado, mas não conte só com isso para encontrar um ótimo negócio. Qualquer boa propriedade listada na MLS é fruto de uma guerra de lances que irão aumentar o preço. Portanto, além de bater de porta em porta, procure corretores imobiliários locais que, com certeza, eles terão uma listagem de imóveis que não constam nas MLS. Isso significa uma economia na taxa cobrada pelas corretoras.

Estabeleça relações com todos os corretores imobiliários locais para garantir que eles pensem em você primeiro quando tiverem algum imóvel em vista. Dessa forma, quando um amigo ou cliente disserem que estão pensando em vender, eles ligarão para você e tentarão fechar um negócio, talvez antes mesmo de colocá-lo na MLS. É uma boa vantagem.

Você não precisa descartar totalmente as listagens MLS – apenas saiba que não são lá que as ofertas se escondem. Mas é possível obter informações e aprender muito com os dados delas. Na lista da página anterior, veja que o aluguel total (US$ 950) é cerca de 1% do valor da lista total (US$ 101 mil), então vale a pena explorar mais adiante como fiz essa matemática. Quando os números parecem bons, uso o portal do imposto sobre imóveis para ver quando uma unidade foi comprada e vendida no passado e por quanto. Vamos esclarecer isso a seguir...

Descubra quanto vai custar para você comprar

O preço de venda de uma lista informa apenas o que o vendedor "espera" obter pela propriedade. Você pode ter uma noção mais realista do valor de uma unidade e se ela lhe renderá dinheiro após as despesas pesquisando os registros públicos. Todos os condados dos Estados Unidos publicam registros de propriedades em seu portal de impostos on-line. Os dados variam de condado para condado, mas geralmente você pode encontrar o portal de impostos de seu município fazendo uma pesquisa no Google por "Nome de seu município + seu estado + ID do lote". Meu primeiro negócio foi em Blacksburg, Virgínia (condado de Montgomery), então pesquisei "Montgomery County VA parcel ID".

Você encontrará uma página semelhante a esta:

O que você deve fazer a seguir:

- ▸ **PASSO 1: Abra o portal de impostos do seu município.** A página normalmente o levará a um mapa que permite aumentar e diminuir o zoom em lotes individuais, ou terrenos, para ver seu histórico de vendas.

- ▸ **PASSO 2: Amplie para obter dados de vendas sobre a propriedade do seu interesse e outras que estão por perto.** Propriedades seme-lhantes em uma área são vendidas por preços semelhantes, portanto os dados cruzados dirão se o preço de tabela de uma propriedade é baixo ou alto e se o preço que você deseja pagar está próximo do valor de mercado. Obviamente, você quer ter certeza de que está comprando na baixa, não na alta, para poder vender na alta mais tarde.

▸ **PASSO 3: Calcule o aluguel potencial.** Propriedades semelhantes em uma área também são alugadas por valores semelhantes. Portanto, observe o aluguel na lista da MLS e veja como ele se compara ao aluguel de propriedades semelhantes nas imediações. Uma rápida pesquisa no Craigslist lhe dará uma ideia de valor referente às unidades alugadas. Pesquise também as listas de aluguel fora do campus da universidade local. Se o aluguel na lista da CI for inferior ao da sua pesquisa, a propriedade pode ter aluguéis subvalorizados que você poderia aumentar com o tempo para explorar o fluxo de caixa.

Como encontrar o melhor negócio e o vendedor certo

Todo mundo que possui um imóvel é um vendedor, quer queira ou não. O truque é encontrar um vendedor que nem sabia que queria vender. Depois de fazer sua pesquisa em uma área específica e saber quais são os custos médios e as receitas dos aluguéis, você está bem equipado para tentar iniciar sua busca.

Quando encontrei uma área numa cidade universitária de que gostei, fiz a barba para usar minha cara de bebê em meu benefício, vesti algumas roupas da faculdade e saí pelas ruas para bater de porta em porta.

Eu dizia: "Oi, eu estou estudando aqui e procurando um bom lugar para alugar, tem algum quarto vago neste prédio?"

Se a pessoa responder sim, não é um bom sinal. Isso significa que há vagas e talvez não seja um mercado de locação forte. As vagas vão matar seu fluxo de caixa.

Se disserem não, pergunte se podem apresentá-lo ao proprietário do imóvel para alugar um quarto com ele quando surgir uma vaga. Você ganha uns pontos de bônus se você fizer uma pergunta como: "Vou precisar morar por aqui pelos próximos anos, você se incomoda se eu perguntar quanto paga de aluguel?"

Assim que tiver as informações de contato do proprietário, convide-o para um café e veja se ele gostaria de vender. Ofereça 100 vezes o que ele ganha com o aluguel por mês. Se a unidade dele gerar US$ 2 mil por mês, ofereça US$ 200 mil.

Como regra geral, para analisar rapidamente um negócio imobiliário, o valor do aluguel deve ser de 1% do custo total da unidade. Se o vendedor quiser US$ 100 mil, os aluguéis mensais devem ficar em torno de US$ 1 mil. Essa regra funciona porque se você não conseguir um aluguel de 1% do valor do negócio, é improvável que consiga fazer fluxo de caixa a cada mês depois de pagar seus financiadores (bancos, hipotecas ou outras despesas sobre as quais falaremos mais adiante).

Quando souber o preço, lembre-se de usar a regra mágica para descobrir se você deve ou não fazer uma oferta. Nunca ofereça mais de 100 vezes o aluguel mensal. Se o aluguel mensal for de US$ 2 mil, não ofereça mais que US$ 200 mil.

Vamos falar sobre por que essa regra faz sentido se você estiver procurando um negócio que gere renda passiva para você todos os meses.

Finanças: como fazer seu primeiro negócio mesmo sem dinheiro

As pessoas da velha escola dirão que você precisa de US$ 20 mil adiantados se quiser comprar um imóvel de US$ 100 mil, cerca de 20%. Isso definitivamente não é verdade. Você pode comprar um imóvel sem gastar muito ou quase nada. Para fazer isso, primeiro precisa analisar diversos parceiros de financiamento. Cada um deles requer diferentes quantias de dinheiro.

Se você tiver um membro da família que lhe empreste o valor da hipoteca, ele pode fazer com que você não gaste dinheiro nenhum, ao passo que um banco o obrigará a pagar no mínimo 5% e no máximo 25%.

Se você não pode recorrer à família e precisa trabalhar com um banco, pode reduzir seu pagamento inicial se estiver disposto a encontrar um prédio residencial (ou condomínio fechado) e morar em uma unidade enquanto aluga as outras. Ou se for uma residência unifamiliar, procure uma com quatro cômodos, more em um e alugue os outros três.

Morar na propriedade permite que o banco classifique o empréstimo como um empréstimo do "proprietário" *versus* um investimento. O benefício disso é que os bancos normalmente exigem 25% de redução nas propriedades de investimento, mas apenas 5% de redução se você estiver comprando algo em que planeja viver – às vezes menos.

Vou orientá-lo quanto às fontes de financiamento e, em seguida, dar exemplos de negócios sem nenhuma entrada, 5% ou menos, e um negócio recente que fiz onde preferi pagar 25% para maximizar o fluxo de caixa.

Parceria com um banco

Os principais termos de um empréstimo bancário são:

Porcentagem de entrada: a quantia que o banco exige que você pague no dia de fechamento. Em uma compra de US$ 100 mil, espere que os custos adicionais de fechamento sobre a porcentagem sejam cerca de US$ 4 mil e incluam coisas como honorários advocatícios. Esses são os custos reais de fechamento do meu último negócio. Comprei minha mais recente propriedade por US$ 425 mil e tive de pagar US$ 6.811,53 em custos de fechamento.

Closing Cost Details

Loan Costs			Borrower-Paid		Seller-Paid		Paid by
			At Closing	Before Closing	At Closing	Before Closing	Others
A. Origination Charges			$1,840.00				
01 0% of Loan Amount (Points)	to						
02 Application Fee	to	Everett Financial, Inc. dba Supreme Lending	$150.00				
03 Closing Fee	to	Everett Financial, Inc. dba Supreme Lending	$345.00				
04 Processing Fee	to	Everett Financial, Inc. dba Supreme Lending	$695.00				
05 Tax Service	to	Everett Financial, Inc. dba Supreme Lending	$89.00				
06 Underwriting Fee	to	Everett Financial, Inc. dba Supreme Lending	$561.00				
B. Services Borrower Did Not Shop For			$585.00				
01 Appraisal Fee	to	MYAMC, LLC			$425.00		
02 Appraisal Management Fee	to	MYAMC, LLC			$100.00		
03 Document Preparation	to	Black, Mann & Graham, L.L.P.	$60.00		$100.00		
C. Services Borrower Did Shop For			$3,076.40				
01 Title - Escrow Fee	to	Ishmael Law Firm, P.C.	$300.00		$300.00		
02 Title - Express Mail Fee	to	Ishmael Law Firm, P.C.	$30.00		$20.00		
03 Title - Lender's Title Insurance	to	Independence Title Co.	$2,735.90				
04 Title - State of Texas Policy GARC Fee	to	Texas Title Insurance Guaranty Association	$4.50				
05 Title - Tax Certificate	to	Texas Real Tax Services, Ltd.			$43.30		
06 Title - eRecording Fee	to	Independence Title Co.	$6.00		$3.00		
D. TOTAL LOAN COSTS (Borrower-Paid)			$5,501.40				
Loan Costs Subtotals (A + B + C)			$4,976.40	$525.00			

Other Costs					
E. Taxes and Other Government Fees				$124.00	
01 Recording Fees	Deed: $34.00 Mortgage: $90.00 to Independence Title Co.		$124.00		$30.00
02 Transfer Tax	to				
F. Prepaids				$1,988.98	
01 Homeowner's Insurance Premium (12 mo.)	to Nationwide		$633.93		
02 Mortgage Insurance Premium (mo.)	to				
03 Prepaid Interest ($48.3947 per day from 01/04/2018 to 02/01/2018)	to Everett Financial, Inc. dba Supreme Lending		$1,355.05		
04 Property Taxes (mo.)	to				
G. Initial Escrow Payment at Closing to Everett Financial, Inc. dba Supreme Lending				$2,086.56	
01 Homeowner's Insurance	$52.83 per month for 3 mo.		$158.49		
02 Mortgage Insurance	per month for mo.				
03 Property Taxes	$627.30 per month for 4 mo.		$2,509.20		
04 Property Taxes	per month for mo.				
05 City Property Taxes	per month for mo.				
06 County Property Taxes	per month for mo.				
07 School Taxes	per month for mo.				
08 MUD Taxes	per month for mo.				
09 HOA Taxes	per month for mo.				
10 Aggregate Adjustment			-$581.13		
H. Other				$223.50	
01 2017 Property Taxes	to Travis County Tax Collector				$3,874.48
02 Doc Prep Fee - Deed & Release	to Ishmael Law Firm, P.C.				$210.00
03 Home Warranty	to Landmark Home Warranty		$1.00		$499.00
04 Real Estate Commission - Buyer's Realtor	to Varela Properties, LLC				$12,750.00
05 Title - 70% of Title Premium	to Ishmael Law Firm, P.C.				
06 Title - Owner's Title Insurance (optional)	to Independence Title Co.		$218.00		
07 Title - State of Texas Policy GARC Fee	to Texas Title Insurance Guaranty Association		$4.50		
I. TOTAL OTHER COSTS (Borrower-Paid)				$4,423.04	

Taxa de juros: é assim que o banco ganha dinheiro. É o custo de pedir dinheiro emprestado. Em uma transação de US$ 100 mil em que o banco empresta US$ 80 mil, você vai pagar cerca de US$ 600 por mês, dos quais US$ 300 serão destinados para pagamento do seu empréstimo de US$ 80 mil (chamado principal) e os outros US$ 300 vão para o banco como pagamento de juros.

A taxa de juros do meu último negócio em Austin, Texas, foi de 4,375% em um empréstimo de US$ 403.750, então eu poderia comprar a casa por US$ 425 mil. Essa taxa de juros significava que eu desembolsaria US$ 2.015,86 por mês para pagar o empréstimo e cobrir os pagamentos de juros ao banco. Neste contexto, eu ganho cerca de US$ 5 mil/mês com esta unidade, resultando num fluxo de caixa positivo da ordem de US$ 1 mil a US$ 2 mil por mês.

Termos do contrato

Informações do contrato		Informações sobre a transação		Informações sobre o empréstimo	
Data de emissão:	2/1/2018	Tomador:	Nathan Latka	Prazo:	30 anos
Data do contrato:	3/1/2018			Propósito:	Compra
Data do pagamento:	4/1/2018			Produto:	Taxa fixa

Agência do acordo:	Empresa independente	Vendedor:	Pendleton Plus LLC	Tipo de empréstimo:	☒ Convencional ☐ FHA
Arquivo nº	1743565-ILF				☐ VA ☐ _____

Imóvel:	1005 Mansell Unit B Austin, TX 78702	Credor:	Everett Financial, Inc.	ID do empréstimo:	830170738861
Preço de venda:	425.000,00				

Termos do empréstimo		Este valor pode aumentar depois do fechamento do contrato?
Valor do empréstimo	$ 403.750	NÃO
Taxa de juros	4,375%	NÃO
Principal mensal & juros *Ver pagamentos projetados abaixo para sua estimativa total de pagamento mensal*	$ 2.015,86	NÃO
Penalização por pagamentos antecipados		Este empréstimo tem estes aspectos? NÃO
Carência		NÃO

Amortização: tempo que você tem para pagar o empréstimo. Quanto mais tempo você tiver para pagar o empréstimo, menores serão seus pagamentos mensais, aumentando assim seu fluxo de caixa mensal. A amortização de vinte anos de um empréstimo de US$ 100 mil com juros de 4% significa que seu pagamento mensal é maior do que o mesmo negócio em um cronograma de amortização de trinta anos.

Dinheiro no fechamento: eu precisei pagar US$18.230,89 para comprar esse imóvel, que me renderia US$ 2 mil/mês. Isso se pagaria em nove meses, e depois disso eu ganharia US$ 2 mil/mês indefinidamente, ou US$ 24 mil/ano para sempre, exceto alguma catástrofe, que o seguro cobriria. Bom negócio!

Se tivesse US$ 18 mil hoje, você os sacrificaria se pudesse recuperá-los em nove meses e ganhar US$ 24/ano para sempre?

Summaries of Transactions	Use this table to see a summar
BORROWER'S TRANSACTION	
K. Due from Borrower at Closing	**$431,286.53**
01 Sale Price of Property	$425,000.00
02 Sale Price of Any Personal Property Included in Sale	
03 Closing Costs Paid at Closing (J)	$6,286.53
04	
Adjustments	
05	
06	
07	
Adjustments for Items Paid by Seller in Advance	
08 Property Taxes	
09 City property taxes	
10 County property taxes	
11 School property taxes	
12 MUD Taxes	
13 HOA Dues	
14	
15	
L. Paid Already by or on Behalf of Borrower at Closing	**$413,055.64**
01 Deposit	$3,000.00
02 Loan Amount	$403,750
03 Existing Loan(s) Assumed or Taken Subject to	
04	
05	
Other Credits	
06	
07	
Adjustments	
08 Owners Title Policy Paid by Seller	$2,680.50
09 Seller Concession	$3,606.03
10	
11	
Adjustments for Items Unpaid by Seller	
12 Property Taxes 1/1/2018 thru 1/3/2018	$19.11
13 City property taxes	
14 County property taxes	
15 School property taxes	
16 MUD Taxes	
17 HOA Dues	
CALCULATION	
Total Due from Borrower at Closing (K)	$431,286.53
Total Paid Already by or on Behalf of Borrower at Closing (L)	-$413,055.64
Cash to Close ☒ From ☐ To Borrower	**$18,230.89**

Balão: o número de anos em que sua taxa de juros está fixada. Se algo acontecer daqui a dez anos e as taxas de juros subirem para 10%, o banco precisa aumentar sua taxa de juros, se ele cobrou algo como 4%

dez anos atrás. Balão é o período para o qual você bloqueia sua taxa de juros antes de redefinir essa taxa com o banco. Para minimizar o risco e ficar mais seguro, sempre tente negociar o período de carência mais longo possível. O melhor cenário é obter uma hipoteca com juros fixos, mas é muito difícil os bancos trabalharem com juros fixos.

MINHA NEGOCIAÇÃO COM O BANCO NA VIDA REAL

A seguir, minha primeira negociação aos 22 anos feita com um parceiro bancário em potencial

Isso vai lhe dar uma ideia de como todos esses termos funcionam juntos.

Nathan,

Aqui está o melhor acordo final que posso fazer por você. Leia e informe a mim e ao Aaron sobre a sua decisão para poder falar com o corretor do comprador ainda esta manhã. Isso dá a você dois anos adicionais de carência e a amortização em 25 anos que você prefere, mas exige que você financie 25% do preço de compra e aumenta sua taxa de 4,375% para 4,50%, já que a carência fica adiada por mais 2 anos. Não há alterações adicionais que eu possa fazer.

Mutuário: Nathan Latka

Valor do empréstimo: US$ 161.250 (75% do preço de compra, de US$ 215 mil)

Amortização: 25 anos

Prazo: balão de 7 anos

Taxa: 4,50%

Sem taxa de concessão bancária ou penalidades por pagamentos antecipados

Principal mensal aproximado e pagamento de juros: US$ 900 (isso não inclui os impostos e seguro que iremos custear mensalmente)

Obrigado,

Jonathan

...

Resolvi ir adiante com esse empréstimo porque minha meta era maximizar meu fluxo de caixa mensal, então acabei pagando os 25% de entrada.

Muitos de vocês estão lendo isto e pensando: "Mas você teve que pagar 25%! Eu não tenho US$ 55 mil para fazer um negócio!" Você teria negociado uma redução para 5% comprando um imóvel onde pudesse se mudar para um dos quartos, conforme discutido anteriormente. Isso afetaria seu fluxo de caixa mensal, mas permitiria que você fizesse seu primeiro negócio com uma quantia muito menor de dinheiro disponível. Vou dar um exemplo sem dinheiro de entrada.

Antes de dar exemplos de entrada zero *versus* 5% de entrada *versus* 25% de entrada, lembre-se de que quanto menos dinheiro você pagar no início, maior será o seu pagamento mensal e menor será o seu fluxo de caixa mensal.

Aqui estão as duas ofertas comparativas do meu documento Excel que uso para avaliar rapidamente qualquer oferta.

Comparando a porcentagem de entrada em um imóvel de US$ 215 mil com US$ 1.800 de renda mensal de aluguel:

Pagar 5% de entrada (cerca de US$ 10 mil) resulta em um pagamento mensal de US$ 1.135,29:

Preço de compra:	US$ 215.000,00		Preço avaliado estimado	US$ 215.000,00	
Empréstimo:	US $ 204.250	Taxa de juros: 4,500%	Prazo:	300	meses
Primeiro pagamento (P&I):	US$ 896,28				
Outro financiamento (P&I):					
Impostos sobre propriedade			Estimativa – depende do preço de venda		
Seguro contra riscos			Prêmio anual estimado	US$ 840,00	
PMI					
HOA:	0,00				
TOTAL:	US$ 1.135,29				

Pagar 25% de entrada (cerca de US$ 55 mil) resulta em um pagamento mensal de US$ 896,28:

Preço de compra: US$ 215.000,00		Preço avaliado estimado	US$ 215.000,00	
Empréstimo: US$ 161.250,00	Taxa de juros: 4,500%	Prazo:	300	meses
Primeiro pagamento (P&I): US$ 896,28				
Outro financiamento (P&I):				
Impostos sobre propriedade		Estimativa – depende do preço de venda		
Seguro contra riscos		Prêmio anual estimado	US$ 840,00	
PMI				
HOA: 0,00				
TOTAL: US$ 896,28				

Lembre-se de que quanto mais você puder investir agora, menores serão suas despesas mensais, o que aumentará seu fluxo de caixa mensal.

Neste negócio, optei por pagar 25% de entrada para maximizar o fluxo de caixa. Com US$ 1.800 em renda de aluguel, subtrair US$ 896,28 me deixa um grande e lindo cheque de US$ 900 todo mês, ou cerca de US$ 11 mil por ano sobre meu investimento de US$ 55 mil (20% em dinheiro sobre retorno em dinheiro!). Vou mostrar a você fotos desta unidade mais adiante, mas primeiro vou mostrar um exemplo sem dinheiro de entrada.

INVESTINDO US$ 0 (0%) PARA COMPRAR UMA CASA DE US$ 200 MIL

Agora vamos falar sobre o que você realmente quer saber se for um estudante universitário duro, ou simplesmente não tiver dinheiro extra.

Existem muitas estratégias para fechar um negócio sem desembolsar nenhum dinheiro adiantado. Precisamos descobrir uma forma de eliminar a exigência do adiantamento de 5% que o banco exige (cerca de US$ 10 mil e no caso de um prédio residencial ou condomínio fechado cerca de US$ 200 mil dólares).

1. **Faça parceria com um parente.** Caso algum de seus parentes tenha dinheiro parado em uma caderneta de poupança, verifique as taxas de juros atuais do banco para ver quanto ele está ganhando em cima do dinheiro guardado. Se ele tiver US$ 100 mil guardados e a taxa de juros for de apenas 1%, você pode ajudá-lo a ganhar mais dinheiro oferecendo 2%de juros sobre um empréstimo de US$ 5 mil feito a você, desde que isso faça sentido financeiro para o seu acordo imobiliário.

2. Talvez você se sinta culpado por pedir dinheiro para seu parente, na verdade ele está lucrando com os juros que você vai pagar. Com o banco provavelmente nem consiga um acordo favorável, mas parentes confiam em você, então use esse relacionamento a seu favor – um ajuda o outro. Mas seja responsável e pague sua dívida (senão o próximo encontro familiar não será tão divertido).

3. **Peça dinheiro emprestado ao vendedor depois de fechar acordo.** Use esse roteiro: "Vendedor, eu acabei de fechar o negócio e coloquei cerca de US$ 200 mil no seu bolso. Você estaria disposto a me emprestar US$10 mil desse montante? Vai me ajudar muito, porque foi difícil arranjar o dinheiro para o pagamento adiantado – mas eu consegui! Eu começaria a pagar com juros imediatamente."

4. **Peça o dinheiro emprestado ao proprietário da empresa de administração de imóveis que você vai utilizar depois de fechar negócio.** As empresas de administração de imóveis cuidam de coisas como banheiros quebrados nas unidades locadas, para que você não tenha que se preocupar com isso. Costumam cobrar 10% do valor do aluguel (US$180 por mês dos US$ 1.800 de aluguel, nesse caso). Em outras palavras, eles recebem mais, caso você use seus serviços – e isso é um forte incentivo para oferecerem um empréstimo. "Empresa de administração de imóveis, eu posso contratar vocês para administrar a propriedade que acabo de comprar, se puderem me fazer um empréstimo de US$ 10 mil, sobre o qual eu começaria a pagar juros imediatamente."

A tabela abaixo serve como uma referência aproximada de qual seria o seu pagamento mensal com um adiantamento de 0% e juros de 4,5% a serem pagos ao longo de trinta anos.

% adiantado	Dinheiro adiantado	Pagamento mensal	Aumento no fluxo de caixa mensal	Aumento no fluxo de caixa anual
0%	US$	US$ 1.013,37	US$ 0	US$ 0
5%	US$ 10.000,00	US$ 962,70	US$ 50,67	US$ 608
25%	US$ 50.000,00	US$ 760,03	US$ 253,34	US$ 3.040

Esta unidade rende um aluguel de US$ 1.800, então se você comprar com 0% de entrada ficará com cerca de US$ 800 por mês, após pagar a mensalidade, para cobrir custos com administração, reparos, seguro da hipoteca e outras despesas que cortam o seu fluxo de caixa, que discutiremos adiante.

Pagar US$ 10 mil (5%) de entrada para comprar uma casa de US$ 200 mil

Caso você faça o empréstimo com um banco e não possa usar nenhuma das estratégias citadas para financiar os 5% que o banco exige, um pagamento mensal de US$ 962,70 por mês tende a ser o cenário mais provável.

Se conseguir juntar um valor de US$ 10 mil hoje, no dia em que fechar o negócio você vai economizar cerca de US$ 608 por ano ao longo do empréstimo de trinta anos. Bastante dinheiro economizado. Se você tiver o capital, recomendo que o utilize dessa forma.

Pagar US$ 50 mil (25%) de entrada para comprar uma casa de US$ 200 mil

Se você for afortunado o bastante para ter US$ 50 mil em dinheiro agora para comprar uma casa de US$ 200 mil que renda US$ 1.800 ao mês de aluguel, vai conseguir uma recompensa maior a longo prazo. Eu recomendo que você invista tanto quanto possível no adiantamento, se não tiver outras maneiras de obter um retorno sobre os seus US$ 50 mil (por exemplo: outras oportunidades de negócios, investimentos etc.).

Durante os trinta anos do empréstimo, você terá US$ 3.040 a mais em fluxo de caixa por ano. Um benefício adicional ao adiantar mais de 20% para comprar um imóvel unidade é não precisa pagar o PMI (seguro de hipoteca particular).

O PMI é uma das muitas despesas mensais adicionais que você terá que considerar ao calcular o valor total de dinheiro no bolso que terá todos os meses por conta do investimento. Agora vamos analisar para as outras despesas administrativas.

Administração: como receber cheques mensais sem passar tempo com os locatários ou consertando banheiros

Existem diversas despesas que vão reduzir o seu fluxo de caixa em um investimento imobiliário. Já abordamos a primeira, que também é a maior – o pagamento das mensalidades. Mas você também terá de arcar com os seguintes gastos:

Taxas administrativas: valor pago à pessoa responsável pela renovação dos aluguéis, conserto de banheiros, atender aos telefonemas e as queixas dos locatários, jardinagem e outras. Costuma ser algo entre 5% e 10% do valor mensal do aluguel.

Impostos imobiliários: o valor pago ao governo por conta da propriedade. No caso de uma propriedade de US$ 200 mil, dependendo da localização, você vai pagar algo entre US$ 2 mil e US$ 4.600 por ano de imposto.

Seguro contra riscos: para proteger o proprietário do imóvel por danos causados por incêndios, tempestades, terremotos e outros eventos naturais. Esse gasto tende a ficar entre US$ 50 e US$ 80 por mês para uma casa de US$ 200.

Seguro de hipoteca particular (PMI): protege os credores contra perdas no caso de o empréstimo não ser pago. Pode ser evitado se você conseguir o empréstimo com algum parente. Se o empréstimo for feito por um banco e você pagar menos de 20% adiantado, provavelmente irá pagar o PMI. Esse valor varia entre US$ 90 e US$ 150 ao mês, dependendo da sua situação.

Taxas da associação de proprietários (HOA): se você comprar um imóvel em uma região que tenha uma associação de proprietários, terá de pagar taxas mensais. Isso é comum em conjuntos de apartamentos em que um conserto no telhado custando US$ 10 mil pode beneficiar todos os inquilinos.

Consertos: eu sempre calculo que vou precisar gastar 2% do valor mensal do aluguel em consertos. Isso pode ir desde algo pequeno como uma pia entupida ou vazando a algo grande como uma geladeira que precisa ser substituída. Minha experiência mostrou que uma média de 2% tende a cobrir com folga os gastos com consertos.

Vamos esmiuçar cada uma dessas despesas, começando pelas taxas administrativas: muita gente não investe em imóveis por achar que teriam que saber consertar fogões, ventiladores, portas e banheiros.

Lembre-se de que os Novos Ricos focam em cultivar fluxos de renda passiva. Consertar coisas exige tempo e energia, então precisamos encontrar alguém para fazer essas coisas. É para isso que servem as empresas de administração imobiliária. Elas vão cuidar das suas unidades em troca de uma porcentagem do aluguel. Também ganham dinheiro encontrando novos inquilinos, renovando contratos e cuidando dos consertos.

Para maximizar os seus fluxos de caixa mensais, é importante negociar o valor da taxa administrativa. Faça isso antes de fechar negócio com algum imóvel. Use essa vantagem para negociar taxas inferiores a 10%:

1. Eu me comprometo a deixar todas as futuras propriedades que for comprar sob a sua administração, se você oferecer um bom negócio e cuidar da administração por 5% do valor mensal de aluguel.

2. Infelizmente, eu não vou conseguir comprar esse imóvel se você não me ajudar com uma taxa administrativa de 5%. Pagar 10% significa que vou perder dinheiro.

Também é uma boa ideia usar a empresa de administração imobiliária para se informar sobre os aluguéis cobrados e potenciais aumentos no futuro.

O jeito mais rápido de ter certeza de que o seu imóvel será alugado é acertando com um administrador imobiliário antes de fechar o negócio. Ao fazer o administrador se comprometer logo de início, você cria uma influência psicológica que o faz se sentir pressionado para alugar a sua unidade por ter afirmado, antes de você fazer a compra, que alugaria o imóvel por determinado valor. Isso vai fazer com que ele trabalhe duro. Dito isso, é importante se planejar para o pior cenário possível. Eu costumo incluir no planejamento dois meses por ano sem conseguir alugar uma unidade.

É um valor com o qual eu não conto. Se você não puder sofrer esse tipo de baque no fluxo de caixa, não é um bom negócio.

Eu sempre crio um compromisso com os meus administradores imobiliários antes de fechar negócio formulando perguntas como:

Eu:

Está certo, eu concordo com qualquer uma dessas opções:

1. 4 locatários pagam US$ 600/mês (aluguel total US$ 2.400) e fico responsável pelas contas de serviços públicos.

2. 4 locatários pagam US$ 550/mês (aluguel total US$ 2.200) e eles pagam pelas contas de serviços públicos – esta seria minha preferência.

Estarei perto do meu telefone o dia todo amanhã. Vamos fazer um acordo com eles se você acha que seria mais caro alterar os termos do contrato.
...

Administrador imobiliário:

Eles querem a opção de US$ 2.400 com as contas inclusas. Quer que eu feche o contrato nessa base? Sei que você está perdendo dinheiro a curto prazo, mas se quiser mudar os termos e preparar a unidade para novos inquilinos nesta época do ano acho que vai acabar perdendo mais dinheiro. A minha sugestão seria: seguir adiante dessa forma e no próximo ano enviaremos novos contratos com taxas maiores e os preparar para renovar os contratos.

Obrigado!
...

Fazer com que o administrador imobiliário concorde ou discorde em relação ao que você acha que consegue pedir no aluguel ajuda a deixá-lo alinhado com sua meta.

O meu administrador imobiliário vai batalhar mais para conseguir futuros aumentos nos aluguéis porque gostaram da ideia de aumentar os valores do ano seguinte até o meu nível: "No próximo ano enviaremos as renovações dos contratos com taxas maiores."

Os administradores imobiliários são seus maiores aliados. Eles ajudam a manter as despesas baixas e a aumentar o valor dos aluguéis. Além disso, estão na linha de frente para fazer novos negócios. Trate-os bem. Mande um cartão quando eles fizerem aniversário.

Os **impostos sobre propriedade** são outra despesa que pode devorar seu fluxo de caixa. Você pagará impostos diferentes dependendo do estado da federação em que estiver fazendo negócio.

Segundo o site WalletHub (https://WalletHub.com/edu/states-withthe--highest-and-lowest-property-taxes/11585/), os estados com as menores taxas imobiliárias são:

Posição	Estado	Taxa efetiva de imposto imobiliário	Taxas anuais sobre uma propriedade de US$ 176 mil *
1	Havaí	0,28%	US$ 489
2	Alabama	0,43%	US$ 764
3	Louisiana	0,48%	US$ 841
4	Delaware	0,53%	US$ 929
5	Distrito de Colúmbia	0,57%	US$ 1.005

Os estados com as taxas imobiliárias mais altas são:

Posição	Estado	Taxa efetiva de imposto imobiliário	Taxas anuais sobre uma propriedade de US$ 176 mil*
46	Connecticut	1,91%	US$ 3.357
47	Texas	1,93%	US$ 3.392
48	Wisconsin	1,97%	US$ 3.459
49	New Hampshire	2,10%	US$ 3.698
50	Illinois	2,25%	US$ 3.959
51	Nova Jersey	2,29%	US$ 4.029

Leve isso em consideração ao calcular o seu fluxo de caixa mensal.

As outras despesas, como seguro contra riscos, PMI, taxas da HOA e consertos costumam ser fixos ou não têm parâmetros confiáveis. Portanto, para fazer esses cálculos, pesquise com antecedência os números reais antes de aceitar um acordo. Só assim não terá que aprender do jeito mais que as suas despesas serão maiores do que o previsto.

Agora que sabemos mais sobre despesas mensais médias, vamos rever como fica o fluxo de caixa mensal com 0%, 5% e 25% de adiantamento em um imóvel de US$ 200 mil.

A tabela seguinte supõe um **cenário ideal** de 5% pagos ao administrador imobiliário, 0,4% em taxas imobiliárias anuais reais, nenhuma taxa da HOA, seguro contra riscos mínimo e nenhuma necessidade de consertos:

% Pagamento adiantado	0%	5%	25%
Aluguel	US $1.800	US$ 1.800	US$ 1.800
Mensalidade	US$ (1.013,37)	US$ (962,70)	US$ (760,03)
PMI	US$ (100,00)	US$ (90,00)	US$
Administrador imobiliário	US$ (90,00)	$(90,00)	US$ (90,00)
Taxas imobiliárias 0,4%	US$ (66,67)	US$ (66,67)	US$ (66,67)
HOA	US$	US$	US$
Seguro contra riscos	US$ (70,00)	US$ (70,00)	US$ (70,00)
Sem consertos	US$	US$	US$
Despesas totais	US$ (1.340,04)	US$ (1.269,37)	US$ (986,70)
Fluxo de caixa mensal	US$ 459,96	US$ 530,63	US$ 813,30
Fluxo de caixa anual	US$ 5.519,56	US$ 6.367,60	US$ 9.759,64

No caso do **pior cenário**, pode haver 2% de gastos com consertos, 10% para pagar o administrador imobiliário e taxas imobiliárias de 2,3%:

% Pagamento adiantado	0%	5%	25%
Aluguel	US$ 1.800	US$ 1.800	US$ 1.800
Mensalidade	US$ (1.013,37)	US$ (962,70)	US$ (760,03)
PMI	US$ (100,00)	US$ (90,00)	US$
Administrador imobiliário	US$ (180,00)	US$ (180,00)	US$ (180,00)
Taxas imobiliárias 2,3%	US$ (383,33)	US$ (383,33)	US$ (383,33)
HOA	US$	US$	US$
Seguro contra riscos	US$ (70,00)	US$ (70,00)	US$ (70,00)
Consertos 2%	US$ (36,00)	US$ (36,00)	US$ (36,00)
Despesas totais	US$ (1.792,70)	US$ (1.712,03)	US$ (1.429,36)
Fluxo de caixa mensal	US$ 17,30	US$ 87,97	US$ 370,64
Fluxo de caixa anual	US$ 207,56	US$ 1.055,60	US$ 4.447,64

Os fluxos de caixa mensais são muito mais baixos no segundo cenário porque as taxas imobiliárias foram de US$ 66 ao mês para US$ 383 ao mês, e as taxas mensais de administração imobiliária passaram de 5% para 10%. Ao analisar qualquer negócio, é sempre bom considerar o melhor e o pior cenários possíveis.

Se o pior cenário não produzir fluxo de caixa (renda mensal maior que US$ 0), não feche o negócio. Isso é chamado de "teste de estresse" de um negócio.

Não se esqueça de que com qualquer negócio você tem duas formas de aumentar o fluxo de caixa: reduzindo os gastos ou aumentando a renda. Use o seu administrador imobiliário para aumentar os aluguéis todos os anos.

No pior cenário possível descrito cima, com 0% de entrada geramos apenas US$ 17,30 por mês (US$ 207,56 ao ano). Se aumentarmos o aluguel em US$ 200 no ano seguinte, passamos para US$ 217,30 por mês ou US$ 2.607,60 por ano – ainda é um bom negócio! Sim, é um aumento de 10%, mas já fiz isso no passado!

Três perguntas frequentes

Agora é o momento certo para comprar um imóvel?

Se você pensa em investir na compra de um imóvel – que será sempre seu – o melhor momento é antes de estar casado, com filhos e dois cachorros. Isso facilita na hora de mudar para uma de suas unidades, o que possibilita uma entrada de apenas 5%.

Como regra geral, sempre tenha o equivalente a seis meses de despesas de reserva em uma poupança. O resto? Invista!

E se eu tiver que gastar muito com consertos?

Um novo telhado pode custar de US$ 5 a US$ 10 mil. Minimize os riscos de ter que pagar por reparos fazendo uma inspeção do imóvel. Aliás, faça uma inspeção no imóvel de qualquer jeito. Você vai receber um longo relatório com todos os reparos em potencial ou violações dos códigos de construção, e pode pedir para o vendedor resolver isso antes de fazer a compra.

Como garantir que o imóvel permaneça alugado?

Só compre um imóvel quando tiver a certeza de que existe a possibilidade dele vir a ser alugado. Use um site como o Revestor.com para ver oportunidades de fluxo de caixa na sua região. Mesmo no melhor cenário, prefiro que o imóvel fique sem inquilino por dois meses a cada ano, para poder ajustar os valores da locação de acordo com o mercado do momento.

Comparando os meus dois primeiros negócios: uma grande vitória e um grande fracasso!

Eu tinha 24 anos quando fechei o meu primeiro negócio, no dia 8 de janeiro de 2014. Foi um sobrado de seis quartos e quatro banheiros por US$ 215 mil, que encontrei por intermédio do meu agente imobiliário:

Dados mensais:

Renda do aluguel: US$ 1.990

Pagamento da mensalidade: (US$ 1.060,57)

Taxas administrativas: (US$ 100)

Jardinagem: (US$ 45)

Consertos: (US$ 35)

Renda total: US$ 750

Essa unidade continua me rendendo US$ 750 em fluxo de caixa até hoje. Nos últimos três anos, a casa me rendeu quase US$ 27 mil (US$ 750 ao mês × 36 meses) em fluxo de caixa líquido sobre o meu investimento inicial de US$ 55 mil. Além disso, eu fiz pagamentos antecipados pela casa, o que praticamente equivale a dinheiro vivo. Lembre-se, os pagamentos mensais de US$ 1.060,57 cobrem tanto o pagamento do empréstimo como o pagamento dos juros sobre o empréstimo.

Se eu pago US$ 500 adiantados em determinado mês, isso significa que sou dono de US$ 500 a mais desse imóvel de US$ 215 mil e reduzo minha dívida. Após trinta anos, vou ser dono de todo o imóvel de US$ 215 mil, além do fluxo de caixa vindo do aluguel (US$ 750 ao mês × 30 anos, ou cerca de US$ 270 mil). Essa é uma estimativa conservadora.

Quando tiver uma máquina de fazer dinheiro como esta montada e funcionando para você, pode começar a pensar em onde investir a renda do aluguel para gerar ainda mais renda passiva.

Mas, antes, vamos falar sobre o meu negócio que não foi tão bom

Eu tinha 26 anos quando fechei o meu segundo negócio, em 14 de abril de 2016. Foi uma casa de cinco quartos com quatro banheiros por US$ 328 mil que encontrei batendo de porta em porta.

Dados mensais:

Renda do aluguel: US$ 2.400

Pagamento da mensalidade: (US$ 1.747,45)

Taxas administrativas: (US$ 144)

Gás: (US$ 29)

Água: (US$ 136,96)

Eletricidade: (US$ 398,48)

Jardinagem: (US$ 45)

Consertos: (US$ 35)

Renda total: (US$ 136)

Meu erro aqui foi ter suposto que haveria um acordo típico de contas de serviços públicos quando fechei o negócio (no qual os inquilinos assumem esse gasto). Quando percebi que essa despesa ficaria por minha conta, isso afetou bastante o meu fluxo de caixa.

A boa notícia é que, mesmo com essa redução do fluxo mensal, estou ganhando mais do que isso em patrimônio a cada pagamento da mensalidade.

Além disso, na próxima renovação do contrato eu vou aumentar o aluguel para cerca de US$ 3 mil ao mês e os inquilinos vão assumir o pagamento das contas de serviços públicos:

Renda do aluguel: US$ 3.000

Pagamento da mensalidade: (US$ 1.747,45)

Taxas administrativas: (US$ 200)

Jardinagem: (US$ 55)

Consertos: (US$ 60)

Renda líquida: (US$ 947,55)

Eu só paguei apensa 10% de entrada nessa compra, então esse tipo de retorno não é tão terrível. A negociação que conduzi com o banco nesse negócio valeu a pena. A conversa segue:

Banco:

Deixei de assistir ao jogo do campeonato para ler suas informações. Que tal falarmos às 11h55, eu saio para almoçar e você consegue a aprovação até as 15h30. Segue:

Tomador: Nathan Latka

Montante do empréstimo: US$ 295.200 mil (90% do valor de compra de US$ 328.500)

Termos do pagamento: Valor mensal principal e pagamento de juros baseados na amortização em 30 anos (P&I US$ 1.496), GNB irá caucionar taxas e seguro (aproximadamente US$ 248/mês), pagamentos mensais serão debitados automaticamente da sua conta todos os meses. Sem PMI (seguro de hipoteca particular).

Taxa de juros: 3/3 ARM –4,00%, 5/5 ARM – 4,50%, 10/10 ARM 5,25% (você pode escolher, aguardo sua resposta).

Taxa de originação: US$ 350 – Tomador responsável pelos custos habituais de fechamento. (Seguro de título, custos da escritura, avaliações, honorários legais)

Garantia: imóvel situado na Rua Otey nº 209 e imóvel situado à Rua E Roanoke St. Blacksburg VA, nº 710

Sujeito a avaliações em ambas as propriedades com o valor combinado mínimo igual ou superior a US$ 543.600.

Se você concordar com o prosseguimento, peço para o escritório jurídico solicitar as avaliações, o seguro de títulos e o fechamento do acordo. Deve ser possível fechar o negócio na primeira semana de abril, mas preciso da sua resposta logo.

Obrigado,

...

Eu:

Obrigado por responder com tanta presteza.

Para mim, seria muito fácil concordar com o seguinte:

7% de entrada (se você não ceder nos 10%, provavelmente vou ter que tirar do imóvel na Rua Roanoke – o que seria péssimo)

5 anos de taxa de juros fixa em 4%, com taxa máxima de 5,5% no decorrer de um plano de amortização de 30 anos.

Tudo bem você usar as minhas duas propriedades como garantia.

...

_____

Banco:

Não tenho muito espaço de manobra aqui, amigo, mas estou tentando facilitar.

Preciso do pagamento em dinheiro de 10% adiantado. Estamos basicamente usando o patrimônio da casa alugada como pagamento adiantado adicional, visto que pegamos ambas as propriedades. O valor que emprestaremos será 80% do total, o que faz com que seja viável para mim. Claro que se você tiver dinheiro na conta do aluguel também pode usá-lo.

Quanto à questão da taxa, vou negociar um pouco, mas insisto que já havia proposto um acordo adequado.

5/5 ARM em 4,25%, colocamos um limite no ajuste realizado a cada 5 anos, a cada renovação, não serão acrescidos mais de 2%, e não serão acrescidos mais do que 8% sobre a taxa inicial ao longo do período de trinta anos.

As atualizações na taxa a cada cinco anos são taxas fixas quinquenais iguais ao valor do primeiro ano + 3,72%, hoje equivalente a 4,25%.

Na verdade, é provável que este empréstimo não esteja mais conosco dentro de 5 anos, pois em algum momento a sua renda será simples e consistente e você vai refinanciar no mercado secundário, por isso as atualizações não são tão importantes.

Este é o máximo que posso oferecer, parceiro. Você sabe que vou conduzir o processo com tranquilidade e dentro do prazo para você, e que seu tempo é valioso demais para passar pelas dores de reunir documentos e responder a perguntas tolas de um monte de outros corretores com o risco de não levar a coisa adiante.

Aguardo sua resposta. Essa é a melhor oferta que posso propor, amigo.

...

_____

Eu:

Fechado :) 10% adiantado

5/5 4,25% com limite de 2% no aumento a cada renovação, com um máximo de 8% durante o período de 30 anos.

Qual é o próximo passo? Papelada?

...

Agora, você pode olhar para isso e ver apenas um mau negócio. No entanto, com o passar do tempo tornou-se um ótimo negócio quando o fluxo de caixa reverteu no início de 2018. Hoje recebo cerca de US$ 600/mês em fluxo de caixa líquido dessa unidade por duas razões:

1. Nós aumentamos os aluguéis.

2. Nós passamos a despesa com as contas de serviços públicos para encargo dos locatários.

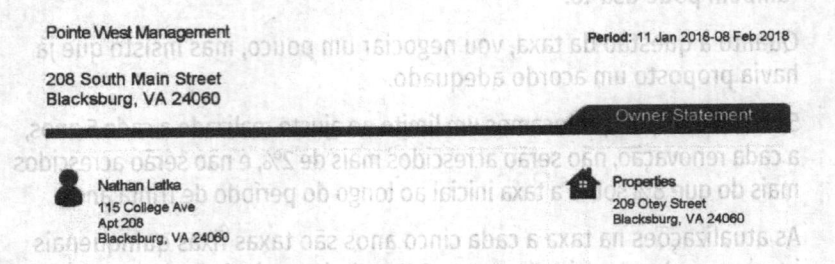

Date	Payee / Payer	Type	Reference	Description	Income	Expense	Balance
				Beginning Cash Balance as of 01/11/2018			-3,120.45
01/24/2018	Tyler C. Mead	eCheck receipt	26B8-921A	Prepaid Rent - Online Payment	650.00		-2,470.45
01/30/2018	Brittany L. Adams	eCheck receipt	DEE1-2630	Prepaid Rent - Online Payment	650.00		-1,820.45
01/31/2018	Brandon D. Shaw	eCheck receipt	A5C0-0DD6	Prepaid Rent - Online Payment	650.00		-1,170.45
02/01/2018	Rachel A. Oppenheim	eCheck receipt	A063-41E0	Rent Income - February 2018	650.00		-520.45
02/08/2018	Grayson National Bank	Check	2	1st Mortgage Expense - February 2018		1,743.00	-2,263.45
02/08/2018	Pointe West Management	Check	1086	Repair - The toilet in the bathroom on the main level is broken. The lever inside the tank that attaches to the "flush" handle on the outside of the tank snapped off. Also, the outlet to the right of the kitchen sink even though it seems like everything else that		40.00	-2,303.45
02/08/2018	Pointe West Management	Check	1086	Management Fees - Management Fees for 02/2018		156.00	-2,459.45
				Ending Cash Balance			-2,459.45
Total					2,600.00	1,939.00	

Property Cash Summary

Required Reserves	0.00
Prepayments	0.00
Please Remit Balance Due	2,459.45

Agora o aluguel mensal é de US$ 2.600, e as despesas são de cerca de US$ 1.939,00. Um cheque de US$ 661 vindo todos os meses, no piloto automático!

Ao pensar sobre investimento imobiliário, você sempre deve considerar como maximizar o fluxo de caixa. Na negociação acima você pode ver que eu fiz algumas coisas:

1. Fixei uma taxa de 4,25% (ou qualquer que seja a taxa atual) pelo maior tempo possível (cinco anos). Taxas menores significam menos gasto de capital, o que significa mais fluxo de caixa para mim.

2. Limitei o aumento potencial da taxa de juros a 8% (isso seria no pior cenário possível, mas é importante ter essa proteção).

3. Minimizei o adiantamento para 10%.

Aí estão. Dois dos meus negócios iniciais: um bom, e um não tão bom!

Agora vamos fechar o seu primeiro acordo e vamos fazer com que seja um dos bons. Siga esses passos.

Resumo

▸ **Passo 1:** Encontre um ótimo negócio. Procure uma corretora imobiliária na região desejada e peça para ter acesso ao serviço de listagens múltiplas (MLS). Eles vão incluir o seu e-mail no sistema, e sempre que uma nova oportunidade aparecer na região você vai receber um e-mail.

▸ **Passo 2:** Descubra quanto dinheiro vai conseguir ganhar. Consulte essas listagens de vez em quando e compare o preço de venda com a renda do aluguel. Nas listagens constará a renda do aluguel, se essa informação existir. Procure negócios em que o aluguel seja pelo menos 1% do valor total do preço. Se o preço de venda for US$ 200 mil, será um bom negócio quando o aluguel chegar a mais ou menos US$ 2 mil.

▸ **Passo 3:** Financie a compra sem pagamento adiantado. Minimize o dinheiro necessário. A maior parte do dinheiro que você gasta em um negócio imobiliário é o pagamento adiantado. Se tiver residência no local em que estiver comprando, pode esperar um pagamento adiantado de 5%. Se estiver alugando, deve chegar a 20%. O próximo passo detalha como não precisar pagar esse dinheiro adiantado.

▶ **Passo 4:** Administre o seu imóvel sem gastar tempo. Encontre uma companhia imobiliária para administrar sua unidade depois da compra. Esse serviço equivale a cerca de 10% da renda mensal do aluguel. Se você recebe US$ 2 mil por mês de aluguel, a empresa de administração imobiliária vai cobrar US$ 200 por mês, ou US$ 2.400 por ano. Se você pretende manter essa propriedade pelo resto da vida, digamos que isso sejam cinquenta anos, esse montante começa a acumular. Peça para a imobiliária fazer um cheque de US$ 4.800 (dois anos em taxas de administração imobiliária); caso contrário, explique que não vai fechar o negócio e que eles vão perder uma renda vitalícia de 10% sobre o seu aluguel.

▶ **Passo 5:** Feche o negócio. Recoste-se, relaxe e recolha seu pagamento mensal. No meu exemplo, são US$ 500 por mês.

9

IDENTIFICANDO EMPRESAS PARA COMPRAR POR MUITO POUCO DINHEIRO
(COMO ENCONTRÁ-LAS, NEGOCIAR UM ACORDO E DEIXÁ-LAS NO PILOTO AUTOMÁTICO QUANDO FOREM SUAS)

Invista em empresas que qualquer idiota possa administrar, pois algum dia isso vai acontecer.

– Peter Lynch

Eu sei que alguns de vocês pretendem pular este capítulo porque acham que não se aplica ao seu caso. Você tem certeza que comprar empresas é para "outras pessoas" – gente que tem renda sobrando; gente que vem fazendo negócios há décadas. É a armadilha mental clássica que vai roubar você de grandes fontes de renda. Os Novos Ricos sabem disso, e adoram a sua atitude. Mais oportunidades para eles brincarem e ficarem mais ricos.

A maioria dos Novos Ricos nunca diria isso, mas eu estou no seu time e vou dizer uma coisa: você pode fazer isso.

Assim, vamos nos livrar de noções incorretas para você começar a pensar grande.

- ▸ Pensamento ultrapassado: você precisa ter um monte de dinheiro para comprar uma empresa.

- ▸ Verdade do Novo Rico: é possível comprar uma empresa sem dinheiro nenhum.

- ▸ Ultrapassado: você precisa ter experiência em fazer e negociar acordos.

- ▸ Rico: você pode fazer uma oferta com um e-mail básico (vou fornecer um modelo) e negociar usando um número pequeno de estratégias (que vou revelar).

- ▸ Ultrapassado: você precisa saber como administrar uma empresa.

- ▸ Rico: as empresas que você vai comprar têm infraestruturas simples que são autossuficientes. Você não precisa estar envolvido em operações do dia a dia e nem de funcionários, pois não haverá nenhuma manutenção diária. Uma empresa que precisa de atenção diária não está entre as que você vai comprar.

- ▸ Ultrapassado: você precisa saber algo sobre a atividade em que está se envolvendo.

- ▸ Rico: tudo o que você precisa saber para comprar uma empresa são: sua situação financeira, sua infraestrutura e seu alcance. Não importa qual seja a atividade ou o quanto você sabe sobre essa atividade.

Eu serei o seu primeiro estudo de caso:

- ▸ Aos 28 anos eu já tinha comprado três empresas.

- ▸ Não paguei nada por uma dessas empresas, a The Top Inbox. Na verdade, os fundadores me pagaram US$ 15 mil para assumir. Comprei uma empresa idêntica naquele mesmo ano, a SndLatr, por US$ 1 mil.

- ▸ As três empresas funcionam no espaço virtual, mas eu não sei nada sobre programação.

▸ Cada uma das aquisições começou e terminou com um breve e-mail. Sem advogados, sem burocracia incômoda.

Foi assim que o acordo com a SndLatr começou. O primeiro contato foi por este e-mail, em junho de 2016:

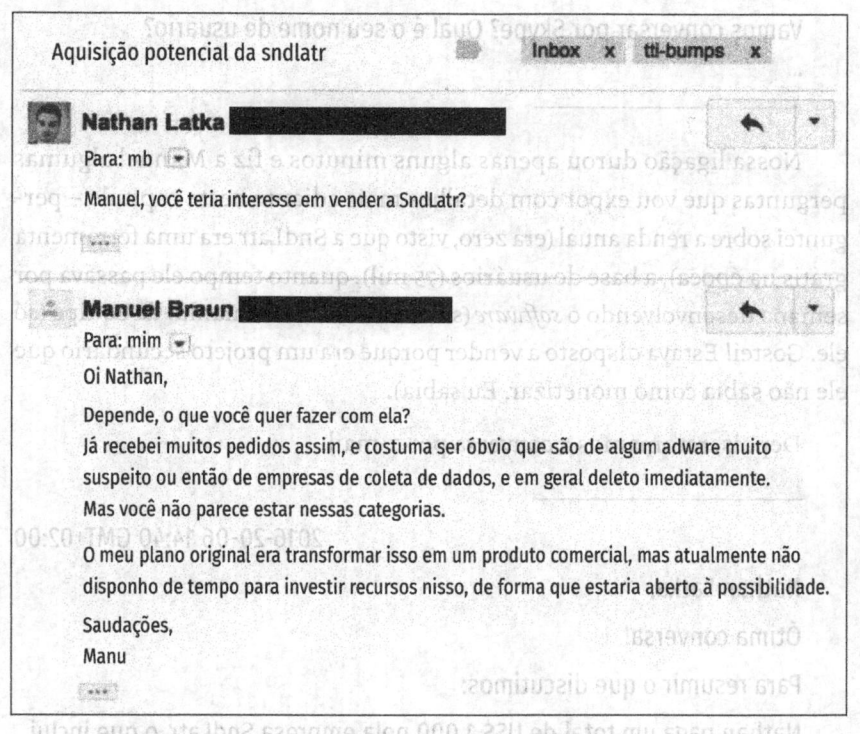

Aquisição potencial da sndlatr   Inbox x ttl-bumps x

Nathan Latka ▨▨▨▨▨▨▨▨▨▨▨▨
Para: mb ▾
Manuel, você teria interesse em vender a SndLatr?

Manuel Braun ▨▨▨▨▨▨▨▨▨▨▨▨
Para: mim ▾
Oi Nathan,

Depende, o que você quer fazer com ela?
Já recebei muitos pedidos assim, e costuma ser óbvio que são de algum adware muito suspeito ou então de empresas de coleta de dados, e em geral deleto imediatamente. Mas você não parece estar nessas categorias.

O meu plano original era transformar isso em um produto comercial, mas atualmente não disponho de tempo para investir recursos nisso, de forma que estaria aberto à possibilidade.

Saudações,
Manu

A maneira como compro empresas sem dinheiro e sem advogados

Quatro dias depois, nós fechamos um acordo. Sem advogados, sem contadores. Apenas um acordo por e-mail e uma transferência de US$ 1 mil via PayPal. Foi um arranjo incrível, pois os US$ 1 mil incluíram uma extensão funcional do Chrome e uma lista com 75 mil e-mails pessoais. Muitos profissionais de marketing pagariam de US$ 20 mil a US$ 30 mil ou mais apenas para elaborar uma lista de e-mails daquele tamanho. Eu consegui como um produto adicional de graça. Segue a conversa inteira:

2016-17-06 15:51 GMT +02:00

Nathan Latka, ▓▓▓▓▓▓▓▓

O meu interesse seria comprar a empresa e investir mais tempo, energia e dinheiro para comercializar.

Vamos conversar por Skype? Qual é o seu nome de usuário?

...

Nossa ligação durou apenas alguns minutos e fiz a Manuel algumas perguntas que vou expor com detalhes mais adiante neste capítulo – perguntei sobre a renda anual (era zero, visto que a SndLatr era uma ferramenta grátis na época), a base de usuários (75 mil), quanto tempo ele passava por semana desenvolvendo o *software* (só duas horas), o tamanho da equipe (só ele. Gostei! Estava disposto a vender porque era um projeto secundário que ele não sabia como monetizar. Eu sabia).

Depois, retomamos a conversa por e-mail:

2016-20-06 14:40 GMT+02:00

Nathan Latka,

Ótima conversa!

Para resumir o que discutimos:

Nathan paga um total de US$ 1.000 pela empresa SndLatr, o que inclui, mas não está limitado a:

1. Manuel torna Nathan administrador da extensão do Chrome.

2. Manuel envia a Nathan um arquivo de Excel com os cerca de 75 mil usuários.

3. Manuel envia a Nathan o código fonte da maneira como está hoje (Manuel não terá a responsabilidade de atualizar/alterar o código)

Será feito um pagamento de US$ 500 quando este documento for assinado (quando Manuel responder "concordo"), e o pagamento será feito para a conta de PayPal de Manuel. Quando as transições descritas nos itens 1-3 forem concluídas, a segunda metade de US$ 500 será depositada na conta PayPal de Manuel.

Manuel, se você aceitar essa proposta, assine respondendo com "concordo" e podemos seguir em frente.

Abraços,

Nathan

...

Ele respondeu com uma pequena questão técnica, que não vi como um problema porque não afetava a minha disponibilidade de usar e comercializar o *software* (que era meu objetivo com a compra).

Segunda-feira, 20 de junho de 2016, às 8:10

Manuel Braun escreveu:

Oi, Nathan,

Há uma questão que esqueci de mencionar. A SndLatr usa alguns códigos fonte comuns que também utilizo em outros projetos. Então seria necessário garantir que eu possa continuar a usar. Ficaria bom para você um acordo no qual o código fonte seja licenciado sob uma licença permissiva de código aberto (APACHE2), em vez de ser totalmente vendido?

Abraços,

Manu

...

2016-20-06 15:16 GMT+02:00

Nathan Latka,

Sim, concordo que o código fonte seja licenciado sob uma licença permissiva de código aberto.

...

Voltamos ao Skype para conversar sobre os detalhes, e depois dei seguimento com o e-mail:

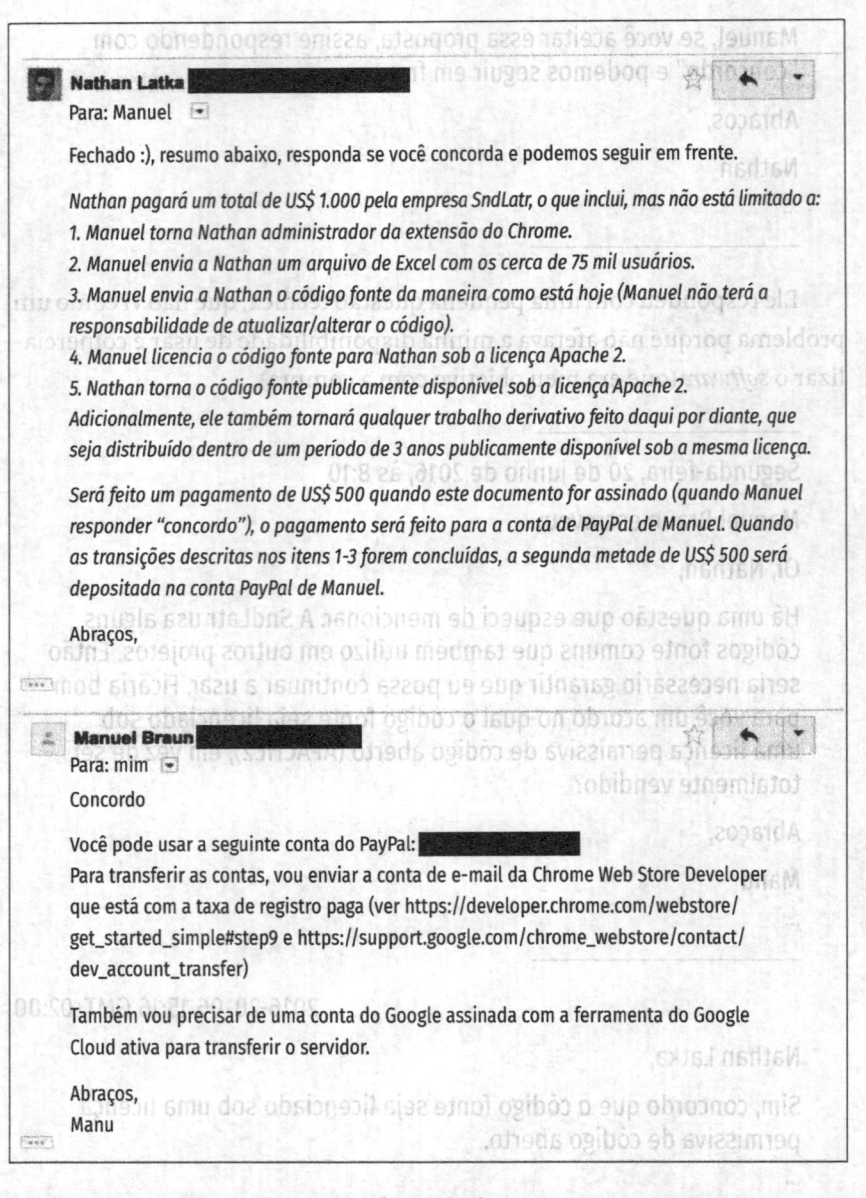

Nathan Latka
Para: Manuel

Fechado :), resumo abaixo, responda se você concorda e podemos seguir em frente.

Nathan pagará um total de US$ 1.000 pela empresa SndLatr, o que inclui, mas não está limitado a:
1. Manuel torna Nathan administrador da extensão do Chrome.
2. Manuel envia a Nathan um arquivo de Excel com os cerca de 75 mil usuários.
3. Manuel envia a Nathan o código fonte da maneira como está hoje (Manuel não terá a responsabilidade de atualizar/alterar o código).
4. Manuel licencia o código fonte para Nathan sob a licença Apache 2.
5. Nathan torna o código fonte publicamente disponível sob a licença Apache 2.
Adicionalmente, ele também tornará qualquer trabalho derivativo feito daqui por diante, que seja distribuído dentro de um período de 3 anos publicamente disponível sob a mesma licença.
Será feito um pagamento de US$ 500 quando este documento for assinado (quando Manuel responder "concordo"), o pagamento será feito para a conta de PayPal de Manuel. Quando as transições descritas nos itens 1-3 forem concluídas, a segunda metade de US$ 500 será depositada na conta PayPal de Manuel.

Abraços,

Manuel Braun
Para: mim

Concordo

Você pode usar a seguinte conta do PayPal:
Para transferir as contas, vou enviar a conta de e-mail da Chrome Web Store Developer que está com a taxa de registro paga (ver https://developer.chrome.com/webstore/get_started_simple#step9 e https://support.google.com/chrome_webstore/contact/dev_account_transfer)

Também vou precisar de uma conta do Google assinada com a ferramenta do Google Cloud ativa para transferir o servidor.

Abraços,
Manu

Feito. A SndLatr começou a fazer dinheiro para mim poucas semanas depois (mais detalhes nas páginas a seguir).

Vou explicar tudo que você precisa saber sobre comprar empresas, encontrá-las a negociar o acordo. Fique comigo, mesmo se achar que isso está acima das suas possibilidades. Não está. Gostaria de acreditar na minha mãe quando ela diz que sou brilhante e especial. É por isso que eu tenho sucesso nisso enquanto você não tem, certo? Talvez...

Ou, para ser mais exato: simplesmente tive coragem para fazer ofertas a essas empresas e ver o que aconteceria. Nem sempre funciona – como na vez em que tentei comprar a revista *Success* por US$ 5 milhões –, mas mesmo quando não dá certo eu aprendo algo com a experiência. A única coisa que me separa de você (caso você ainda esteja incerto) é a minha disposição para tentar.

VAMOS FALAR DE DINHEIRO

Se vamos falar sobre comprar empresas, precisamos falar sobre dinheiro. Aqui temos boas e más notícias.

As boas: As pessoas tendem a ficar empacadas na noção de que "você precisa ter dinheiro para ganhar dinheiro". Isso é verdade, mas não tanto assim. Você não precisa de US$ 1 milhão para comprar uma empresa que vale US$ 1 milhão. Na verdade, não precisa de nenhum dinheiro para comprar uma empresa. Vou mostrar como isso funciona neste capítulo.

As (potencialmente) más (para alguns): você não precisa de dinheiro para comprar uma empresa, mas precisa de dinheiro para fazer os preparativos. A ideia não é comprar uma empresa que tenha de ser reconstruída do zero, então não estou falando de centenas, nem mesmo de dezenas de milhares de dólares. Mas você vai ter que gastar, digamos, US$ 65 por hora por semana para pagar um programador da Toptal para aprimorar o aplicativo que você comprou, ou então um time de *freelancers* contratados pela Fiverr, talvez para melhorar o site da empresa. Estes são os custos iniciais, mas eles serão infinitamente menores que qualquer custo inicial necessário para lançar uma empresa do zero.

O problema é que a maioria das pessoas não tem disciplina para juntar nem mesmo US$ 500 na poupança. Não existe uma cura mágica para isso. Você precisa fazer sacrifícios hoje para poder arcar com esses pequenos investimentos que terão um retorno imenso. Quando receber seu salário, separe imediatamente o que puder – qualquer coisa entre 5% e 50% do holerite. Eu ainda faço isso com todas as minhas fontes de renda, e reinvisto esse valor nos meus negócios. A boa notícia é que, com apenas US$ 500 guardados, você pode alavancar essa quantia para comprar a sua primeira empresa.

É aqui que costuma entrar o lamento das vítimas: "Mas Nathan, eu tenho dois filhos, uma hipoteca, parcelas do carro, empréstimos estudantis, blábláblá. Deve ser bom ter a liberdade de fazer o que quiser com o seu dinheiro!"

As pessoas que dizem essas coisas me deixam maluco.

Os seus filhos foram uma escolha que você fez. Você escolheu a sua casa, então a hipoteca também foi sua escolha. O seu carro foi uma escolha. Os seus empréstimos estudantis foram uma escolha. As pessoas adoram ver a si mesmas como vítimas da própria situação financeira, mas quase todas as contas que elas têm são resultado de suas próprias decisões. Sim, existem exceções, como despesas médicas inesperadas, mas estou falando sobre gastos voluntários.

Eu escolhi não ter filhos até chegar na casa dos 35 anos, então não tenho essas despesas. A primeira casa que comprei não foi para mim; foi o imóvel na rua Roanoke, nº 710, uma propriedade para alugar que hoje me rende mais de US$ 1 mil por mês em dinheiro. Paguei em dinheiro pelo meu Prius quando tinha 18 anos, usando a minha reserva (conquistada, principalmente, trabalhando como juiz de partidas de futebol, cobrando US$ 40 por jogo), de forma a não ter de pagar prestações do carro.

Deu para entender a ideia. A sua situação financeira atual é resultado das suas escolhas. Mas o mesmo vale para o seu futuro.

Você decide: use a sua realidade atual como um monte de desculpas que prendem você no mundo dos pobres, ou aceite essa realidade e foque a sua energia em trabalhar nela.

Algumas coisas você pode mudar, outras não. Eu escolho ter uma mentalidade de abundância e focar naquilo que posso mudar.

Seu *status* como pai ou mãe não vai mudar, então você precisa contornar essa realidade. Nada mais pode ser feito quanto a isso.

Mas você pode mudar coisas como a frequência com que come fora, o(s) carro(s) que dirige ou o custo do plano de dados ilimitado que você usa para assistir *Procura-se uma noiva* no seu celular.

Não estou aqui para orientar o seu orçamento. O ponto é: se você realmente quer se juntar aos Novos Ricos, mas não tem US$ 500 guardados para investir em uma iniciativa capaz de render um valor de seis dígitos, precisa revisar as suas prioridades de gastos para começar a construir um patrimônio.

O QUE COMPRAR

Comprar empresas é muito simples. Na verdade, esse é o princípio mais importante. Mantenha a coisa simples. Se o acordo ou a empresa parecerem muito complicados, não valem a sua energia. Eventualmente, sua riqueza vai estar bem diversificada com dez, vinte ou mesmo trinta fluxos de renda passiva (eu tenho cerca de trinta). Empresas podem compor uma parte bem grande do seu portfólio, mas não se você assumir projetos complexos.

Portanto, minha regra inegociável ao comprar é: só procure empresas que disponham de uma vantagem natural. É um caminho direto para encontrar bens simples capazes de encher o caixa. As empresas que eu compro têm as seguintes vantagens inatas sobre as empresas comuns:

▶ **Digital e não de tijolos e argamassa.** Empresas digitais proporcionam uma vantagem imensa nos negócios físicos em relação aos gastos gerais. Você não precisa pagar aluguel, contas mensais e seguros para o espaço comercial. Não precisa lidar com inventário. Não está amarrado ao horário regular de funcionamento. Também é muito mais fácil conseguir movimento on-line do que conseguir consumidores dentro da sua loja.

▶ **Sem funcionários.** Funcionários costumam compor a maior despesa da empresa, por isso evito modelos de negócio que dependam deles. Produtos digitais são perfeitos para isso, pois você pode ter acesso à imensa feira de talentos nos sites Toptal.com, Freelancer.com, Fiverr.com etc., para realizar o trabalho que você precisar na forma de projetos. Quando o trabalho estiver concluído, você coloca o produto no piloto automático e deixa o dinheiro entrar até a hora de fazer outro *update* (aí você modifica, testa, e volta para o piloto automático).

▶ **Base de usuários já estabelecida.** Você não quer perder tempo criando um público a partir do zero, ou aprender da maneira difícil que não existe um público para o seu produto.

▶ **Monopólio sobre um canal de distribuição.** Eu procuro empresas que tenham um monopólio sobre um canal de distribuição gratuito, assim não preciso pagar por anúncios no Facebook ou no Google para conseguir movimento. Para conteúdo digital, existem mercados como o Google Play, a Apple App Store, a Chrome Web Store, ou a Salesforce AppExchange. Existem milhões de empresas espreitando nesses canais de distribuição gratuita, aguardando para serem compradas. Você só precisa saber como procurar. Mais sobre isso nas próximas páginas.

Aplicativos grátis e extensões da internet são compras perfeitas para iniciantes. Preenchem todos esses critérios e podem ser obtidos com pouco dinheiro, pois em geral os donos não estão ganhando muito com eles. (Olá, The Top Inbox e SndLatr). Outro bônus: os donos costumam ser indivíduos ou pequenas empresas que construíram o *software* como um projeto paralelo. Como o produto não é o seu foco principal, eles são mais propensos a abrir mão dele.

Portanto, esta é a minha estratégia básica, passo a passo:

1. Comprar empresas digitais grátis com uma grande base de usuários.

2. Contratar um programador da Toptal para criar uma solicitação de pagamento depois de alguém usar o produto um determinado número de vezes.

3. Reinvestir a renda na empresa conforme necessário. Eu também uso essa renda para comprar outras empresas (e para encher meus bolsos!).

Parece simples demais? Mas é mesmo. A única razão pela qual todo mundo não faz é porque ainda não pensou nisso, ou então acha que é mais complicado do que realmente é. Continue lendo – vou desempacotar minha abordagem em maiores detalhes e mostrar o que fiz com a The Top Inbox.

UMA OLHADELA NOS MEUS FLUXOS DE RENDA MENSAIS

Quero que você veja as maneiras com as quais ganho dinheiro para que possa ter uma compreensão clara de como estou diversificado. As minhas fontes de renda vão de *food trucks* a pousadas e empresas de *software*. Mas a estratégia consiste em uma palavra-chave: momento. Não se perca em meio às minhas fontes de renda tentando copiar todas logo de cara. Concentre-se em fazer uma coisa começar a andar, depois use o impulso disso para diversificar. Assim você não terá que usar o seu próprio dinheiro, e sim o dinheiro que obtive a partir de coisas nas quais fez um investimento inicial de US$ 500. Seguem algumas das coisas em que investi muito pouco para iniciar e que hoje rendem muito dinheiro:

Imóveis: US$ 1.600 /mês

Banco de dados Get.Latka.com: mais de US$ 50 mil/mês.

eTools: US$ 10 mil/mês

TopInbox/SndLatr: US$ 6 mil/mês

Airbnb: US$ 2 mil/mês

Ajudar amigos a comprar/vender empresas de *software* em troca de comissão: mais de US$ 50 mil/mês

Dividendos com pousadas: US$ 800/mês

Royalties de *food trucks*: US$ 800/mês

Patrocínio de *podcasts*: mais de US$ 50 mil/mês

Reality Show no Facebook: mais de US$ 20 mil/mês

PROCURE NESSES TRÊS LUGARES PARA ENCONTRAR UMA EMPRESA

Em seu livro *De Zero a Um*, Peter Thiel fala sobre como é importante lançar uma empresa que tenha um monopólio. Ele quer dizer que você precisa de um Google – uma empresa tão boa no que faz que ninguém consegue competir com ela. O Google domina o mercado. Todos adoraríamos isso, mas empresas assim são difíceis de encontrar e difíceis de comprar. Mas algo que não está longe disso e é muito mais fácil de adquirir é uma empresa que tenha monopólio sobre um canal de distribuição. Esse é o elemento número um que busco ao considerar a aquisição de uma empresa.

A The Top Inbox (originalmente chamada de Mail2Cloud) e a SndLatr são exemplos perfeitos disso. Ambas são extensões do Google Chrome que ajudam as pessoas a usar o Gmail com mais eficiência. Ambas fazem a mesma coisa, mas começaram como duas empresas separadas que comprei de maneira independente. Isso foi estratégico. Ao comprar duas ferramentas para fazer a mesma coisa, eu posso administrar ambas com os mesmos códigos base e poupar metade dos custos com programação. Também derrubei boa parte da concorrência ao comprar duas empresas que dominam o mesmo canal de distribuição.

Quando descobri a Mail2Cloud, ela já estava na Chrome Web Store há cinco anos. Era uma das mais recomendadas na categoria de Produtividade, com mais de 2 mil avaliações com cinco estrelas.

Não era nenhum Google, mas a Mail2Cloud claramente tinha uma posição sólida em um canal de distribuição específico – a esquina de Produtividade da Chrome Web Store. Os dados de usuários da Mail2Cloud no ChromeBeat.com também mostravam que a empresa vinha acrescentando cem usuários todos os dias pelos últimos quatro anos. Foi informação suficiente para me dar vontade de explorar mais.

Existem muitas formas diferentes de monopolizar um canal. A empresa pode ser um dos apps mais populares na Apple App Store para assinatura de documentos. Talvez seja o número um em sua categoria no G2 Crowd ou em outro site de avaliações.

Se a empresa tem um monopólio natural sobre um canal de distribuição, isso sinaliza autossuficiência, ou no mínimo sinaliza que não se trata de um desastre total. As pessoas não fariam downloads constantes de um app, postando avaliações fortes, se ele não estivesse funcionando bem. Isso tem muito peso. Você não quer uma empresa que exija muita inteligência ou trabalho árduo. Você quer o tipo que dá para colocar no piloto automático com apenas alguns ajustes feitos por *freelancers*.

Melhor ainda é encontrar uma empresa que não tenha monetizado a posição no topo de seu canal de distribuição. Foi isso que aconteceu com a Mail2Cloud e a SndLatr. Ambas tinham donos que não estavam cobrando dos usuários, imediatamente contratei programadores para inserir uma página de pagamento de US$ 5 por mês que aparece depois de cinquenta usos. O dinheiro começou a entrar na mesma hora. Agora, menos de dois anos depois da aquisição, a The Top Inbox e a SndLatr já produziram mais de US$ 130 mil em receita. Isso é muito fácil de fazer. Você pode contratar programadores *freelance* pelo link NathanLatka.com/total (site que eu uso, e do qual recebo comissão) para construir uma página de pagamento por algumas centenas de dólares.

Essa foi a única mudança que fiz na SndLatr e na The Top Inbox para ir de zero venda, quando as adquiri, para US$ 130 mil em vendas no decorrer dos dezoito primeiros meses. Se o usuário clica em "ESCOLHA UM PLANO", pode optar em pagar US$ 5/mês ou US$ 50/ano.

The Top Inbox para Gmail: Você é um usuário avançado!   ✕

Ajude a apoiar essa extensão e aproveite mais e-mails e lembretes programados!

Usando este Plano Grátis, você tem 15 créditos (créditos incluem programar envio de e-mails, lembretes e *follow-ups* automáticos). Escolha um plano para aumentar os seus créditos e nos ajude a liberar novas funções.

Você já usou 15 créditos.

| Escolha um plano | Use gratuitamente uma última vez |

Eu não precisei saber nada sobre desenvolvimento de *software* para fazer isso. Foi o cenário perfeito. Mínimo de trabalho e raciocínio. Fluxo de dinheiro sem esforço. E continuo ganhando.

Empresas assim estão escondidas à plena vista. Tente buscar nos canais gratuitos de distribuição para ver o que aparece. Megacorporações como o Google, a Apple etc. vão dominar os primeiros resultados. Não é isso que você está procurando. Continue descendo até chegar nas ferramentas oferecidas por empresas pequenas e médias. Quando encontrar um app ou ferramenta com avaliações fortes e uma base de usuários grande, verifique a última vez em que foi feita uma atualização (mais sobre isso nas próximas páginas). Comece a procurar:

▸ Acesse sites como AppAnnie.com, Chrome Web Store, Salesforce AppExchange, Intuit App Center, ou Apple App Store para encontrar os principais aplicativos móveis em diferentes indústrias e categorias.

▸ Veja quais empresas estão bem classificadas no G2 Crowd.

▸ Procure no CrunchBase.com por empresas que levantaram capital, mas não receberam novos fundos nos últimos três anos. Elas provavelmente estão quebrando, e você deve conseguir ótimos negócios. Tenho muitos amigos que compraram empresas por US$ 30 mil ou menos depois dessas mesmas empresas já terem levantado pelo menos US$ 10 milhões em capital inicial. Não recomendo que iniciantes façam isso, mas se você acumular experiência suficiente para esse tipo de aquisição é importante ter certeza que consegue identificar a razão pela qual a empresa está fracassando e que se trata de algo que você pode reverter com facilidade (mais nas próximas páginas).

Você também pode enviar um e-mail para a sua lista, caso tenha alguma, ou postar no Facebook para que as pessoas saibam que você está atrás de uma empresa para comprar.

RECEBI US$ 15 MIL PARA ASSUMIR ESSA EMPRESA

Já falei um pouco sobre o meu negócio com a The Top Inbox. Muitos dos meus conselheiros mais inteligentes disseram que foi brilhante. Eu nem precisei de advogados. Não precisei de muitos conhecimentos para administrar a empresa e torná-la lucrativa instantaneamente.

Só acessei a Chrome Web Store e procurei por extensões na categoria de Produtividade. Mail2Cloud estava no topo, com mais de 2 mil avaliações de cinco estrelas e 30 mil usuários ativos. O perfil informava que a extensão não era atualizada há mais de dezoito meses. Para mim, isso era um sinal de que os programadores e o dono não estavam comprometidos com o desenvolvimento do produto. Talvez tenham esquecido dele, ou talvez não o vissem como um ativo útil. Qualquer que fosse o caso, comecei a pensar que talvez pudesse adquirir a empresa por um ótimo preço.

Encontrar essas oportunidades leva tempo e envolve buscas tediosas, mas elas existem. Se fossem fáceis de encontrar, todos - aproveitariam.

Ao procurar apps ou extensões do Chrome eu me baseio inteiramente nas avaliações, no número de usuários e na data em que o *software* foi atualizado pela última vez. Se as avaliações e o número de usuários forem altos, e a atualização mais recente for de alguns meses atrás, considero uma possibilidade viável.

Quando você encontrar algo promissor, registre no Google Doc e não deixe de se comunicar com o criador a cada seis meses. Assim, quando eles pensarem em vender, vão lembrar de você. Eu tenho uma planilha com duzentas empresas, apps e extensões que estou rastreando ativamente. Segue o meu arquivo, que você viu anteriormente:

Likley to acquire?	I	L	Notes/Type		Type	Link	users	Action		Next Step	Acq. Price	F
3			B2B Leads		Buy	https://gainful.io/		Emailed 1/27/2017			$22,000	0
10		In	Dhruv chatting w		Buy			Emailed 10/28/2017		Dhruv chatting w	$100k	$
Done Deal			Direct		Buy		35,094	Emailed 6/20/16			$1,000	
Done Deal			Direct		Buy	https://chrome.go	7000	Emailed 10/29/2016			$100	
Done Deal			Direct		Buy	https://chrome.go	39493	Emailed 7/5/2016			~$15k	F
7			churn seas reduc									
		1/	Direct		Buy			Called 1/9/2018				
			B2B leads									
8			Direct		5/5/2016	https://chrome.go	378,000 users 1/	Emailed 10/29/2017		zcom	1.4 cents per ma	$
8			Direct		5/5/2016	https://chrome.go	11964	Emailed 8/7/2017			$1,200,000	
7			Direct			https://chrome.go	1700	Emailed 1/27/2017			$10,000	
7		8	Direct		sold scripted to 8			Emailed 8/7/2017		He's holding on t	$200k	
7			Direct		Buy	https://chrome.go	2337	Emailed 1/27/2017		Asked Trever Fa	like nothing	
7			Direct					Emailed 8/7/2017			$250k total rever	
7			Direct			https://chrome.go		Emailed 8/7/2017		One of them goin		
6			Direct			https://chrome.go	15,000	Called 1/27/2017		He's thinking for		
5			Direct		Buy	https://chrome.go	98000	Emailed 11/10/2016				
4			Direct		not sure.							
4			Direct			https://chrome.go	28109					
4			Direct			https://chrome.go	3438	Meet in SF, 212-729-7551				
1			Direct		5/5/2016	https://chrome.go	1107530 users					1
1			Direct		5/5/2016	https://chrome.go	54300					

Ao encontrar uma empresa que parece boa, use o modelo de e-mail a seguir para entrar em contato. É o roteiro que uso todas as vezes.

Primeiro, obtenha o e-mail do CEO usando uma ferramenta chamada Etools.io (outra de minhas aquisições).

Para o acordo da Mail2Cloud, enviei o seguinte e-mail ao CEO:

Assunto: Potencial aquisição da Mail2Cloud

Mensagem: Olá [nome do CEO] – Você estaria aberto a conversar comigo sobre uma potencial aquisição da Mail2Cloud?

...

Foi assim que começou.

De início ele disse que não. Então pedi para se lembrar de mim e deixei aquilo de lado.

Alguns meses depois o CEO estava levantando capital para um projeto diferente e os investidores acharam que a Mail2Cloud poderia virar uma distração. Então, ele entrou em contato comigo para dizer que queria vender. Foi o pé na porta.

Durante uma chamada por Skype a Mail2Cloud mencionou que tinham um passivo de US$ 100 mil no balanço patrimonial. Disseram que se tratava de uma "parceria" com outra empresa, mas na prática era uma dívida. Botei um peso grande nisso. Disse: "Uau, então se eu assumir essa empresa vou ser responsável por pagar esses US$ 100 mil. É muito dinheiro." Eu teria melhores cartas na mão se conseguisse renegociar essa dívida.

Todas as empresas têm seus passivos. O que você precisa fazer é encontrar essas questões e alavancá-las para obter um ótimo negócio. Nesse caso eu pedi ao CEO da Mail2Cloud para me apresentar à pessoa que detinha a dívida. Como eu passaria a fazer pagamentos mensais para essa pessoa, foi um pedido razoável. Estabeleci um relacionamento com ele e perguntei se poderíamos encontrar uma maneira de reestruturar a dívida caso eu comprasse a Mail2Cloud.

Existem inúmeras maneiras de reestruturar uma dívida, use isso em seu benefício ao encontrar dívidas no balanço patrimonial de uma empresa. O detentor da dívida prefere muito mais trabalhar com alguém que vai fazer a empresa crescer do que perder seu investimento (o dinheiro que emprestou) caso a empresa feche as portas.

Fiz um acordo para prolongar os termos da dívida da Mail2Cloud por dois anos. Os pagamentos mensais ficaram menores, possibilitando abater a dívida apenas com os rendimentos da empresa.

Enquanto isso, me ofereci para assumir a Mail2Cloud, bem como sua dívida, se eles me pagassem US$ 18 mil. Para eles era um ótimo negócio, para se livrar de uma pendência de US$ 100 mil. Todos sairiam ganhando – mas de início eles recusaram. Disseram que adoraram a oferta, mas que o conselho não aprovaria, mesmo sabendo tratar-se de um ótimo negócio. Interrompi a conversa na mesma hora:

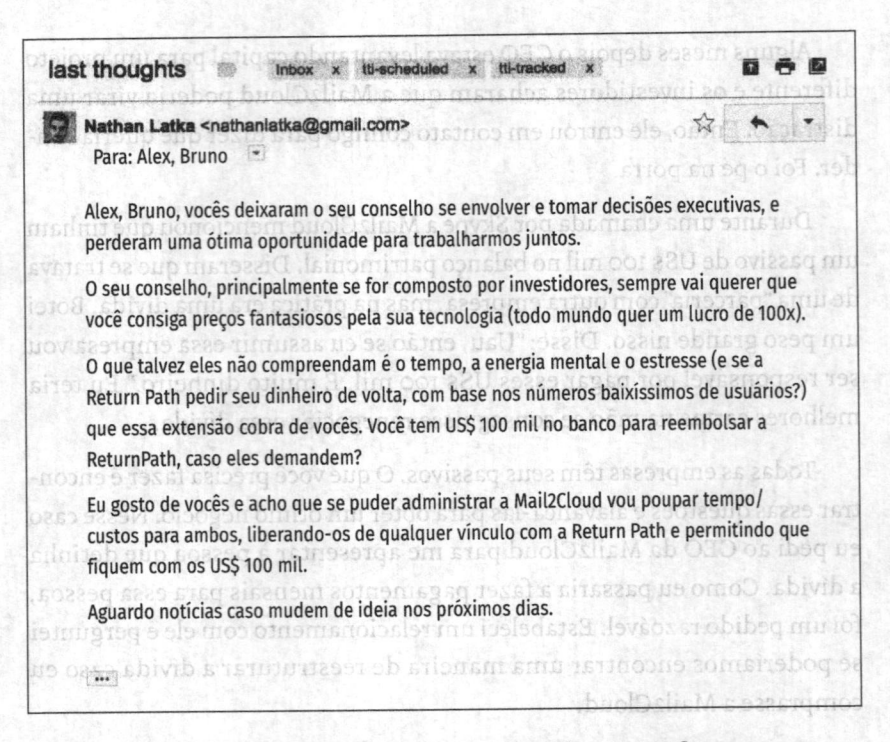

Quando você comprar uma empresa, especialmente se for uma empresa mais desenvolvida, com um conselho administrativo estabelecido, os fundadores costumam usar o conselho como pretexto para matar acordos. E os fundadores vão tentar preservar o relacionamento com você. É importante saber manejar como eles usam o conselho ao fazer o acordo e já matar isso na raiz. Sua meta é não deixar que eles usem o conselho como desculpa para acabar com o negócio ou fazer com que você pague mais.

Dois meses depois, eles apareceram: "Ok, Nathan, vamos fazer o negócio!"

Eles negociaram uma redução do valor para US$ 15 mil e chegamos a um acordo (US$ 3 mil a menos do que a minha oferta inicial não fez muita diferença, levando tudo em consideração). Depois de concordarmos com os termos eles me pagaram os US$ 15 mil, transferiram todos os arquivos da empresa para mim, e pronto. Levou cerca de duas horas.

O e-mail para finalizar o negócio consistiu literalmente de seis itens.

Qualquer um de vocês pode copiar isso. É um documento com valor legal. E, honestamente, essa simplicidade deveria existir sempre. Você não vai querer comprar a empresa de alguém se achar que eles podem te ferrar com um acordo capcioso.

Este foi o e-mail que usei para fechar negócio com a Mail2Cloud:

Bruno Santos ███████

Para: Nathan, Alex

Nathan,

Espero que você esteja bem.

Essa semana estamos ocupados, temos reuniões com parceiros de armazenamento na nuvem.

No entanto, conseguimos encontrar uma proposta para você no acordo da extensão do Chrome, no qual você assumiria a dívida ████conforme discutimos na nossa última ligação.

– mxHero paga US$ 15 mil para Nathan

– Fornecemos todos os e-mails dos usuários cadastrados na extensão do Chrome.

– Também fornecemos cerca de 250 mil e-mails de usuários dos outros aplicativos que temos no Google, para os quais você pode oferecer as suas extensões, visto que todos são usuários do Gmail.

Condições, que repassamos junto com você:

– Você assume o contrato ████

– Você cria outra marca para a extensão.

– Nenhuma tecnologia é transferida, apenas migramos o app da Chrome WebStore para você e você apresenta sua própria extensão aos usuários.

Temos um negócio fechado?

Grato,
Bruno

Depois de trocarmos mais algumas mensagens, concluímos com esta conversa:

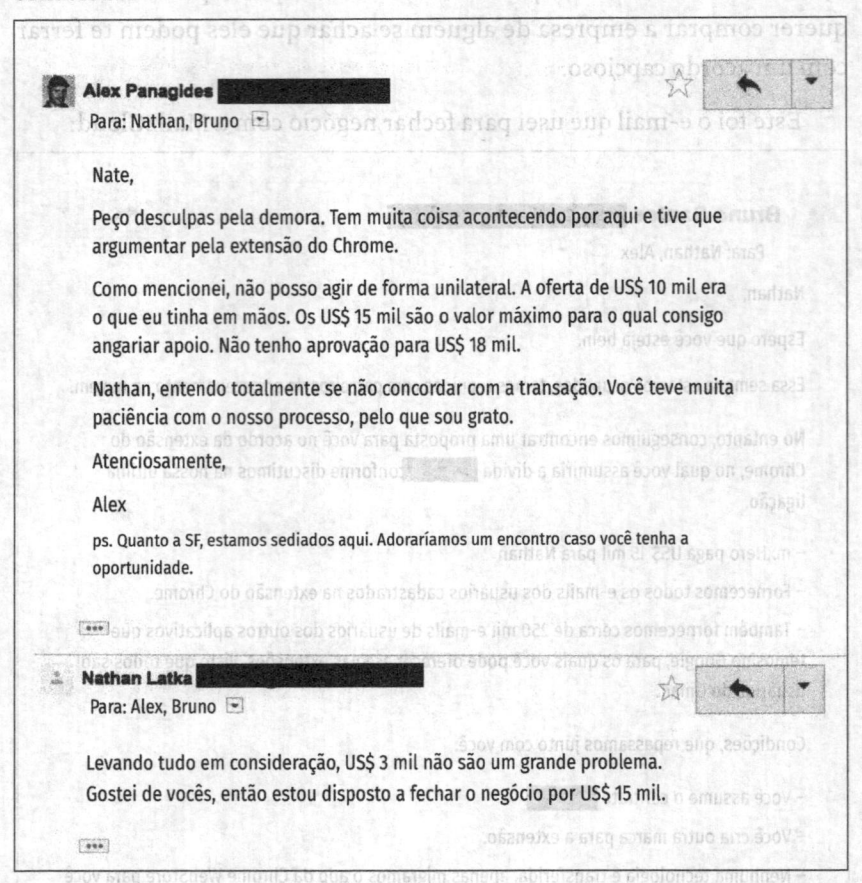

Alex Panagides
Para: Nathan, Bruno

Nate,

Peço desculpas pela demora. Tem muita coisa acontecendo por aqui e tive que argumentar pela extensão do Chrome.

Como mencionei, não posso agir de forma unilateral. A oferta de US$ 10 mil era o que eu tinha em mãos. Os US$ 15 mil são o valor máximo para o qual consigo angariar apoio. Não tenho aprovação para US$ 18 mil.

Nathan, entendo totalmente se não concordar com a transação. Você teve muita paciência com o nosso processo, pelo que sou grato.

Atenciosamente,

Alex

ps. Quanto a SF, estamos sediados aqui. Adoraríamos um encontro caso você tenha a oportunidade.

Nathan Latka
Para: Alex, Bruno

Levando tudo em consideração, US$ 3 mil não são um grande problema.
Gostei de vocês, então estou disposto a fechar o negócio por US$ 15 mil.

GALINHA DOS OVOS DE OURO OU DESASTRE FERROVIÁRIO?

A aquisição de uma empresa costuma passar pelos seguintes passos. Nem sempre acontecem nesta ordem (quando fiz a oferta para comprar a revista *Success*, pulei direto para a carta de intenção, ou CDI), mas este é o formato básico:

1.   **Proposta:** "Olá, você teria interesse em vender a empresa X?"

2. **Oferta e negociações:** Propostas e contrapropostas até vocês concordarem em um preço de venda.

3. **Carta de Intenção (CDI):** em geral escrevo um e-mail breve delineando os termos que desejo, mas pode ser uma carta oficial. Uma vez que todos tenham concordado com os termos na CDI, costuma haver a assinatura de um acordo de confidencialidade (ADC).

4. **Devida Diligência:** após o ADC, você examina os livros contábeis e sistemas internos. É aqui que você vai descobrir se existem pendências que possam servir como alavancagem para reduzir o preço da compra ou renegociar outros pontos do acordo. Caso ambos os lados não consigam chegar a um acordo, você vai embora. Nada foi perdido a não ser o seu tempo.

Mantenha o seu radar de "desastre ferroviário" em alerta máximo a cada passo. Você quer comprar empresas que sejam fáceis de administrar, e isso significa que a parte financeira e a infraestrutura precisam estar sólidas. Se nenhum sinal de alerta surgir durante os passos 1 a 3, continue investigando com a Devida Diligência.

Na hora de analisar os livros contábeis, preste muita atenção ao comparar o valor de venda com o qual eles concordaram e a receita dos últimos doze meses. Um valor de venda menor do que a metade da receita dos últimos doze meses costuma ser um bom negócio. Você só precisa entender por que eles estão dispostos a vender por tão pouco, e aí descobrir se consegue resolver o problema.

Perguntas excelentes para revelar sinais de alerta durante a Devida Diligência incluem:

▸ Quanto tempo em média os seus clientes continuam com você?

▸ Como você está captando clientes?

▸ Quanto o seu cliente médio paga por mês?

▸ Existe algum cliente que sozinho componha mais de 10% da sua receita?

Também pergunte ao vendedor sobre quaisquer dívidas ou sinais de renda decrescente nos livros. Ao ter esses detalhes revelados, você começa a ver onde pode conseguir alguma vantagem, quais as partes da empresa são fracas e quais são fortes. Também ajuda a elaborar uma revisão do acordo que incorpore essa vantagem.

Caso você esteja comprando uma empresa digital, também precisa garantir que o produto já funcione bem. A forma mais fácil de fazer isso: faça o *download* e teste você mesmo. A interface é intuitiva? É uma ferramenta útil? Parece algo no que você ficaria viciado ou algo que você esqueceria logo? Identifica algum *bug*?

E a principal pergunta a se fazer, conforme você explora a experiência de usuário de uma ferramenta digital grátis: Que mudanças eu preciso fazer para gerar o meu primeiro rendimento? Em geral isso pode ser feito com o simples expediente de incluir uma solicitação de pagamento no ponto em que você percebe que os usuários começam a mostrar mais comportamento de vício. Para a The Top Inbox e a SndLatr, tive um palpite de que poderia conseguir o meu primeiro dólar se colocasse a solicitação de pagamento para um determinado número de usuários. Claro que eu iria perder alguns dos atuais 30 mil usuários, mas ainda restaria um número suficiente deles apegado o suficiente após cinquenta usos para produzir uma receita sólida. Em seguida eu poderia usar aquela receita para pagar programadores adicionais, conforme necessário.

Se a experiência de usuário for boa, você ainda precisa descobrir quanto trabalho (e dinheiro) vai precisar investir no produto quando ele for seu. Você pode determinar isso mesmo se não entender muito de tecnologia. Mais uma vez, eu não sei nada sobre programação, só sei fazer as perguntas certas.

COMO COMPRAR UMA EMPRESA DE TECNOLOGIA SEM TER EXPERIÊNCIA EM TECNOLOGIA

O detalhe mais revelador é o número de horas que eles investem em programação. Se for apenas uma hora por semana, trata-se de uma ferramenta bem simples. Você pode deduzir que vai contratar alguém por cerca de uma hora por semana para assumir essa função. Caso eles digam que têm uma equipe de dez pessoas trabalhando em tempo integral nisso todos os dias, é melhor nem chegar perto. Vai ser caro demais. Portanto, faça perguntas como:

▶ Quanto tempo você passa trabalhando na programação?

▶ Quantos *bugs* existem?

▶ Quantas solicitações de suporte técnico você recebe por semana? (Caso recebam muitas, é um sinal de que o *software* tem muitos *bugs* e que a base de usuários não está feliz).

▶ Com que frequência você libera atualizações para o código? (O ideal é algo que não exija atualizações mensais).

Se todos esses aspectos forem cobertos e você chegar a um acordo com o vendedor, siga em frente. Sempre dá para inserir uma cláusula de ressarcimento no acordo, como proteção adicional contra surpresas após a aquisição (ver as próximas páginas para mais informações sobre ressarcimento).

NEGOCIANDO O MELHOR ACORDO: FAÇA APENAS ESTA PERGUNTA

Quando comecei a comprar empresas, aos vinte e tantos anos, ninguém me levou a sério. Eu tinha capital para comprar o que quisesse, mas era difícil fazer os grandes e poderosos executivos se envolverem comigo. Até que testei uma pergunta. Para fazer com que as pessoas sugerissem o primeiro valor, eu perguntei: "Qual é um número, se você tiver, que o deixaria totalmente chocado e muito entusiasmado?"

A pergunta dá ao vendedor em potencial permissão para não ser realista, mas ao menos você está conseguindo fazer com que ele pense em vender, e que proponha um valor.

Quando adquiri a The Top Inbox, fiz essa pergunta e recebi como resposta um número que nunca poderia pagar. Em seguida usei o seguinte roteiro:

Eu: Bem, eu adoraria deixá-lo entusiasmado, mas você tem razão. Eu teria que ser bobo para pagar esse preço. Se você pesquisar no Google "Qual o valor de venda para ferramentas de *software* gratuitas?", que preços vão aparecer? Como se comparam com o número que você sugeriu?

O truque aqui é usar dados do mercado para ajudar o CEO com quem você está negociando a aceitar um valor menor. Levá-lo numa direção que possa beneficiar você. No caso de preços de venda por ferramentas de *software* gratuitas, eles vão encontrar uma série de respostas como US$ 0, US$ 1 mil ou outros números inferiores, e isso faz com que a sua oferta baixa pareça mais aceitável.

Conseguir um bom negócio envolve muita arte e ciência. A seguir veja algumas questões que combinam a arte com a ciência e que você não deve deixar de mencionar em qualquer negócio que fizer para determinar em que ponto está a sua vantagem.

Descubra por que os fundadores são proprietários da empresa. Trata-se de um grande foco na vida deles neste momento? Se não for o caso, por que não? Faça perguntas como "Esse projeto é seu trabalho em tempo integral ou é um projeto paralelo?" Você quer que eles respondam que se trata de um projeto paralelo, pois nesse caso eles não dependem da receita produzida para sobreviver. Eles têm um emprego em tempo integral. Boa notícia para você, pois estarão mais propensos a vender por menos se não for algo de que dependem.

Descubra o que está se passando na vida deles. Você pode dizer "Diga mais sobre onde você mora. No que você está trabalhando? Se disserem que estão morando em São Francisco, mas querem mudar para Washington ou que estão prestes a ter um filho etc., são bons sinais. Quaisquer fatores estressantes na vida que acabem tomando muito tempo aumentam a tendência de vender o negócio, para evitar que se torne mais uma distração.

Tente determinar o tamanho da empresa. Pergunte: "A empresa consiste em apenas você no seu porão, ou há uma equipe de pessoas sustentada por milhões em financiamentos?" Se eles tiverem uma grande equipe com financiamento milionário, é provável que você não consiga fechar o negócio, então é melhor seguir para a próxima.

Mostre como você vai agradar os clientes deles. Comece perguntando algo como "O que você faria com essa ferramenta se pudesse investir mais tempo na empresa?". Em seguida diga que, quando for sua, você vai investir mais recursos em melhorias e que os clientes vão adorar. Muitos fundadores têm uma preocupação legítima e óbvia com seus clientes. Se você puder ajudá-los a ver como as melhorias feitas no produto após a aquisição vão impactar positivamente os usuários, é mais provável que queiram fazer negócio.

Compreenda os gatilhos emocionais por trás do negócio. Esse é o seu principal recurso para fechar com um preço do seu agrado. Uma das perguntas que mais gosto de fazer a um CEO ou fundador é: "O que você vai fazer depois de vender essa empresa?". Eles começam a se convencer conforme contam o que querem fazer, isso aumenta sua motivação e joga a seu favor, pois faz com que sintam mais vontade de se livrar da empresa. Você também pode fazer perguntas como: "Se eu pagar US$ 10 mil para adquirir sua empresa, no que você gastaria esse dinheiro?". Eles podem dizer algo como "Vou usar para pagar a minha hipoteca!" Sabendo disso, você pode negociar um acordo mais favorável: "Que tal se eu der US$ 1 mil agora e assumir os seus dez últimos pagamentos da hipoteca ao longo do próximo ano? Assim você e sua família nem vão precisar mais pensar nisso." Dessa forma você paga menos dinheiro adiantado e ainda ajuda o fundador a conseguir o que ele quer! É por isso que a pergunta mais importante a fazer em negociações é: "O que você vai fazer com o dinheiro que eu vou pagar?" Roger Fisher e William Ury afirmam em *Como chegar ao sim* que você precisa ser "duro com o problema, suave com as pessoas". É uma excelente maneira de acabar fazendo um péssimo negócio. Na verdade, é melhor ignorar a coisa que você vai comprar (suave) e focar na pessoa (duro) e em por que ela quer fazer o negócio. Negocie exclusivamente em torno disso. No exemplo acima era a hipoteca, mas também poderia ser a faculdade dos filhos, um carro, contas médicas pendentes ou muitas outras coisas. Descubra no que a pessoa responsável pela decisão quer usar o dinheiro, depois ajude essa pessoa a conseguir o que ela quer, enquanto reduz o valor em dinheiro que você precisa pagar.

Faça algo chocante para mudar a percepção que eles têm de você.
Quando estou comprando uma empresa, eu começo muitas negociações da seguinte maneira: "Se eu comprar essa empresa, vou começar
desativando a solicitação de pagamento, eliminar o fluxo de renda e
focar no crescimento." Digo isso para ajudar o CEO a entender que não
vou valorizar a empresa com base no fluxo de renda, pois eu não ligo
para isso (no início). Vou me concentrar no crescimento. Isso é bem
importante, pois muitos CEOs avaliam o preço de venda com base em
algum múltiplo irreal de sua receita. Eles dizem: "Eu tive US$ 100 mil
de receita no ano passado, então quero US$ 1 milhão, o equivalente a
dez anos de receita." Esse argumento já morre na saída se disser logo
de cara que o fluxo de renda é irrelevante para você. Após comprar a
ferramenta por um ótimo preço, e quando o CEO já estiver trabalhando
em seu próximo projeto, eu coloco uma solicitação de pagamento onde
acho que ficará melhor. Então eu me concentro no fluxo de renda. Mas
não estou comprando por causa da receita.

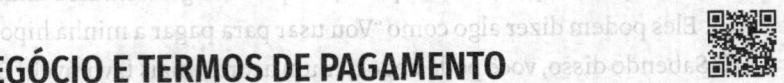

NEGÓCIO E TERMOS DE PAGAMENTO SÃO DUAS COISAS MUITO DIFERENTES

Eu continuo garantindo que você não precisa de dinheiro para comprar
uma empresa. Isso é perfeitamente verdadeiro – e a coisa toda acontece
nos termos de pagamento. Existe uma diferença grande entre o tamanho
do negócio e os termos de pagamento. Por exemplo, você pode comprar
uma empresa por milhões de dólares sem desembolsar dinheiro nenhum
no dia do acordo. É assim que pode funcionar:

Digamos que uma empresa esteja tendo US$ 30 mil/mês de receita. Você
pode se oferecer para comprá-la por US$ 1 milhão, o que fará com que o
dono atual cause uma boa impressão. Ele pode dizer a todos os amigos que
vendeu sua empresa por US$ 1 milhão. E os termos de pagamento podem
ficar mais ou menos assim:

Você não paga nada, ou talvez pague uns poucos milhares de dólares,
adiantados.

Você concorda em pagar ao vendedor 50% da receita até completar a soma de US$ 1 milhão.

Todo mundo ganha: o vendedor pode dizer sem violar a ética que vendeu a empresa por US$ 1 milhão. É uma ótima história para ele. Você está minimizando o dinheiro que precisa tirar do bolso e criando uma vantagem para si mesmo.

Depois de negociar o preço de venda, você pode tornar o negócio mais atraente com qualquer combinação de termos, como:

▸ Um montante pago agora, e o restante ao longo do tempo.

▸ Tudo pago ao longo do tempo.

▸ Tudo pago ao longo do tempo, e só se a empresa não começar a decair pós-aquisição.

▸ Cláusula de ressarcimento: trata-se de uma provisão no acordo segundo a qual, caso X aconteça dentro de um período determinado depois que você assumiu a empresa, o vendedor precisa reembolsar um montante X. Por exemplo, você compra uma empresa com 10 mil usuários. E digamos que, logo após a compra, alguma coisa acontece que resulta na perda de 5 mil desses usuários, por conta de algo que o dono anterior fez e que não está no seu controle. Se você desconfiar que existe o risco disso ocorrer, pode colocar uma cláusula de ressarcimento segundo a qual o vendedor precisa reembolsar 50% do valor de venda caso o número de usuários decline em 50% durante os seis primeiros meses em que a empresa for sua.

FAÇA ESTAS SEIS COISAS DEPOIS DE COMPRAR UMA EMPRESA

Quando eu compro uma empresa, aplico sempre as mesmas estratégias para atingir a eficiência máxima. Essas estratégias foram acumuladas ao longo de quase uma década assumindo e administrando empresas, e a The Top Inbox e a SndLatr são os melhores exemplos de como transformar uma empresa medíocre em uma galinha dos ovos de ouro.

Você pode turbinar a receita de uma empresa recém-adquirida focando nestes cinco passos, baseados nas estratégias que aplico sempre que assumo uma empresa:

▸ **Passo 1: Dobre os preços.** Faça isso no instante em que assumir a empresa – apenas para usuários viciados. Se o produto era grátis, comece a cobrar. Se já havia um preço, dobre-o. Como consumidores nós adoramos o "grátis", mas também acreditamos que as coisas valem o que pagamos por elas. E estamos dispostos a pagar por algo que agregue valor.

Matt Price e sua equipe na Zendesk SVP constataram isso quando adicionaram recursos gratuitos em sua plataforma de atendimento ao cliente. E descobriram que isso fez com que os clientes achassem que pagavam demais, pois agora recebiam coisas que não queriam. Por isso, hoje eles usam uma estrutura de cobrança que permite às empresas pagarem um valor equivalente aos benefícios obtidos com o *software*. A função Answer Bot (robô atendente) segue este modelo. O Answer Bot responde automaticamente às perguntas dos clientes consultando os recursos disponíveis. O valor de os clientes não precisarem encaminhar suas perguntas a um funcionário do suporte é muito alto – em geral o custo de um humano responder cada dúvida fica entre US$10 e US$ 20. Então, em vez de incluir o Answer Bot entre as funções que os clientes recebem ao se inscreverem no *software*, eles vendem essa função separadamente, cobrando US$1 por dúvida respondida.

A Zendesk também aumentou a receita criando diferentes patamares de cobrança, equivalentes ao valor que um produto proporciona aos clientes. "Você pode determinar os preços com os olhos bem abertos ao que as pessoas estão usando e estabelecer limites baseados nos tipos de negócio", diz Price. "Em geral existe a oportunidade de acrescentar um valor *premium* às características que têm funções muito específicas para um pequeno número de clientes."

Hoje, a Zendesk tem 2 mil funcionários, mas *startups* podem facilmente adotar estratégias similares. Uma que está fazendo isso é a Gus Chat, uma empresa de atendimento ao cliente especializada em *bots* de conversação – isto é, um serviço automatizado de atendimento ao cliente. O CEO Pablo Estevez está ampliando a empresa com de *bots* de conversação especializados, que falam espanhol, feitos para clientes corporativos. A Gus Chat começou com um número reduzido de clientes pagando cerca de US$1.500 ao mês pelo serviço, mas hoje Estevez está aumentando a escala ao oferecer o mesmo serviço para clientes maiores, que pagam de US$ 10 mil a US$ 25 mil por mês. Estevez explica: "Um dos nossos focos tem sido encontrar um nicho no mercado. Estamos percebendo que existe uma grande demanda em acordos corporativos para atendermos, explorarmos a fundo a empresa e criarmos uma solução personalizada."

Não tem problema começar pequeno enquanto ainda está resolvendo os detalhes finais, mas tenha a meta de aumentar em escala encontrando novos clientes que estejam dispostos a pagar uma taxa *premium* pelo serviço que você oferece.

▶ **Passo 2: Concentre-se em conseguir com que os clientes atuais paguem mais.** O Passo 1 aborda sobre escalar os preços para novos clientes. Mas você pode dobrar o seu volume de negócios sem acrescentar sequer um novo cliente, fazendo com que a base atual de usuários pague mais, ou compre mais. É por isso que as assinaturas da Netflix e da Amazon Prime sobem alguns dólares todo ano. Mas além de aumentar os preços, os maiores CEOs sabem que expandir o impacto sobre os clientes atuais, exige menos energia do que encontrar novos clientes – e a taxa de sucesso é muito mais alta.

Manny Medina, CEO da plataforma de engajamento em vendas Outreach, fez desse o seu mantra de crescimento: "Reduza o seu território e acelere a sua expansão." Ele levou a Outreach de US$ 0 a US$ 10 milhões em receitas anuais em apenas dois anos (de 2015 a 2017), e hoje mais do que dobrou a receita ano após ano focando apenas nos clientes atuais. "O nosso trabalho é aterrissar o mais rápido possível no menor espaço possível e depois expandir", diz Medina. "A frase que temos aqui é 'torne-os clientes'. No instante em que eles se tornam clientes a mágica acontece." Quando um cliente entra, Medina e sua equipe ficam obcecados em garantir que usuários ativos estejam aproveitando a plataforma ao máximo possível. "Se você mantém aquele usuário ativo e satisfeito, vai retê-lo para sempre." A partir desse ponto eles fomentam o crescimento com novas linhas de produtos, fontes adjacentes de renda e expandindo o número de usuários dentro de uma empresa.

Ao pensar em crescimento, pense de dentro para fora. Pergunte a si mesmo: por quais outros produtos os meus clientes atuais estariam dispostos a pagar? Onde está o valor para eles? Pule para o Capítulo 12 se quiser mais estratégias de crescimento com seus clientes atuais.

▸ **Passo 3: Otimize o OMB.** As diferentes ferramentas de Otimização de Mecanismo de Busca (OMB) são infindáveis, mas você pode fazer o seu próprio OMB de graça, então concentre-se nisso assim que a empresa for sua. Nikos Moraitakis, CEO da empresa de *software* para recrutamento Workable, fez seu negócio a chegar a US$ 10 milhões em receitas anuais antes de contratar o primeiro vendedor. Em julho de 2018, a Workable tinha 6 mil clientes pagantes e acrescentava quatrocentos ou quinhentos novos por mês. Também é o website de RH mais popular do mundo, com 23 milhões de usuários anuais. Nos primeiros dias, Moraitakis somente se concentrou em criar um conteúdo muito bom que girasse em torno da pergunta: o que as pessoas buscam quando estão contratando? Ele e sua equipe começaram postando descrições dos cem empregos mais populares, junto com modelos de cartas de apresentação, perguntas de entrevistas e modelos de anúncios. "Muitas pessoas nos encontraram ao pesquisar sobre perguntas de entrevistas ou modelos de cartas de apresentação, e aí descobriram o *software* e viraram clientes", diz Moraitakis.

Se você quiser turbinar o seu OMB para além do conteúdo orgânico, recomendo usar o SEMrush. É a plataforma que eu uso e compreendo, apesar de saber muito pouco sobre OMB. É uma ferramenta ótima para iniciantes pegarem o jeito da coisa.

▸ **Passo 4: Mude a localização da solicitação de pagamento.** Se você ainda não tem uma página de solicitação de pagamento, já sabe que deveria acrescentar uma. Mas garanta também que esteja no lugar certo. Vincular pagamentos a métricas de uso é uma abordagem eficaz, pois quanto mais alguém usa algo, mais provável que fique subordinado àquilo, ou dependa de sua praticidade, e esteja disposta a pagar.

Caso uma simples solicitação de pagamento não funcione com o seu modelo de negócios, ainda assim é inteligente vincular o preço ao uso – isso remete ao passo 1. Josh Haynam, cofundador da Interact Quiz Builder, cobra clientes com base no volume de dados que eles obtêm sempre que alguém interage com seus questionários. Empresas contam com o Quiz Builder para coletar dados, então quanto mais dados elas capturam, quanto mais valor extraem do produto, maior sua disposição para pagar mais.

▶ **Passo 5: Compreenda as ações que transformam curiosos em clientes.** No caso de uma loja física, você sempre quer fazer os clientes andarem até o fundo da loja. Isso faz com que eles vejam mais produtos, e potencialmente peguem mais itens das gôndolas. É por isso que a seção mais atraente da loja – a prateleira com descontos – sempre fica nos fundos.

As empresas digitais também precisam que seus clientes façam certas coisas para vender mais. O Facebook sabe que você precisa adicionar sete amigos novos durante os sete primeiros dias para ficar dependente da plataforma. Dashlane, um aplicativo de gerenciamento de senhas, sabe que usuários não pagantes são mais propensos a tornar-se clientes pagantes se fizerem duas coisas nas cinco horas após instalar o app: adicionar dez ou mais senhas, e instalar o app em pelo menos dois dispositivos. O CEO da Dashlane, Emmanuel Schalit e sua equipe dobraram as apostas ao possibilitar que os novos usuários fizessem essas duas coisas com o mínimo esforço possível.

Para isso, eles usaram as seguintes táticas: quando alguém instala o aplicativo, o usuário é orientado a vincular sua conta de e-mail. Isso possibilita que a Dashlane identifique, por meio do e-mail do usuário, quantas contas ele tem. Mas ninguém quer inserir todas as suas senhas no aplicativo manualmente. Então, a partir desse ponto, os usuários são orientados a instalar o aplicativo no computador, para que o programa possa importar todas as senhas do navegador. É um bônus duplo – o usuário não precisa incluir as senhas, e a Dashlane remove as senhas do navegador não protegido. Em outubro de 2017, a Dashlane contava com cerca de 650 mil clientes pagando de US$ 3 a US$ 4 por mês para usar o produto (US$ 23 milhões por ano em receita!).

▸ **Passo Bônus 6: Lance um programa de afiliados ou rede de parceria.** Isso incentiva é outros a ajudarem a fomentar suas vendas oferecendo uma fatia da sua receita dos clientes que eles indicarem. A coisa mais importante em um programa de afiliados é ter uma oferta que outras pessoas sejam propensas a tentar vender para seu próprio público – 30% sobre o preço de venda é um número motivador, por exemplo. Quando você contar com essa estrutura montada, pode decidir se quer usar um *software* para administrar o programa. Eu uso o Ambassador. Nikola Mircic promove seu *software* CMS estilo "arrastar e soltar", Sitecake (Sitecake.com), por meio de parcerias com clientes do varejo que constroem websites para os próprios clientes com o *software*. Ele cobra uma porcentagem da receita anual em troca de suporte técnico. Esse modelo funciona tão bem que ele não precisou angariar capital (de forma que detém controle total sobre a empresa), e pode aumentar a escala o quanto quiser. Seus clientes vão de megacorporações ao "pessoal técnico" construindo websites para pequenos negócios locais.

A Top Inbox e a SndLatr não tinham receita quando assumi, mas tinham bases imensas de usuários e listas de e-mails associadas a elas. Eu recebi tudo isso de graça. Na verdade, ainda me pagaram US$ 14 mil para isso (lembrando que recebi US$ 15 mil para assumir a The Top Inbox e paguei US$ 1 mil pela SndLatr).

Entre 1º de maio de 2016 e 6 de abril de 2018, usei o meu conjunto de estratégias para cadastrar 1.327 clientes que me pagam todos os meses. As vendas totais passaram de US$ 130 mil. Nada mal, considerando que não criei nenhuma das duas empresas.

CAPTURA DE TELA DA MINHA CONTA NO STRIPE

Esses são os tipos de retorno que investidores espertos buscam. Retornos infinitos, na verdade. Abaixo, uma captura de tela da minha conta no Stripe, o sistema de pagamentos que utilizo para essas ferramentas, que mostra os cadastros de clientes e as vendas:

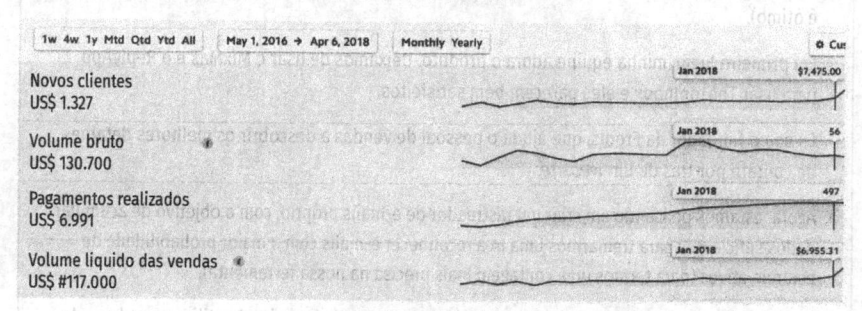

Esses US$ 130 mil (eu invisto nas empresas ou ponho no bolso). Lembre-se, a essa altura é tudo "dinheiro de casa", visto que não paguei nada para obtê-lo. Seguindo adiante, quero comprar somente empresas que tenham um fluxo de renda recorrente, para continuar ficando mais rico a cada mês que passa.

Por isso fiquei entusiasmado quando o fundador da Etools.io me enviou este e-mail em março de 2017:

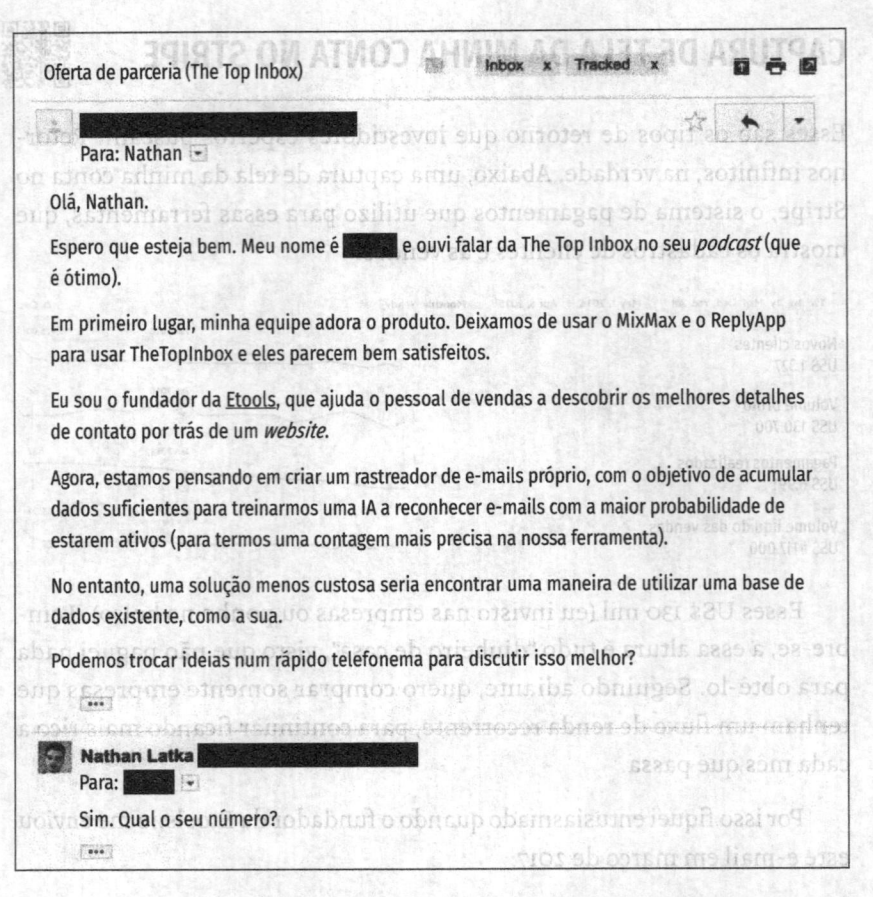

A parceria que ele propôs não funcionou porque eu estava mais interessado em comprar a empresa toda. Na época ele se interessou, e sumiu de vista por seis meses. Então, recebi o seguinte e-mail:

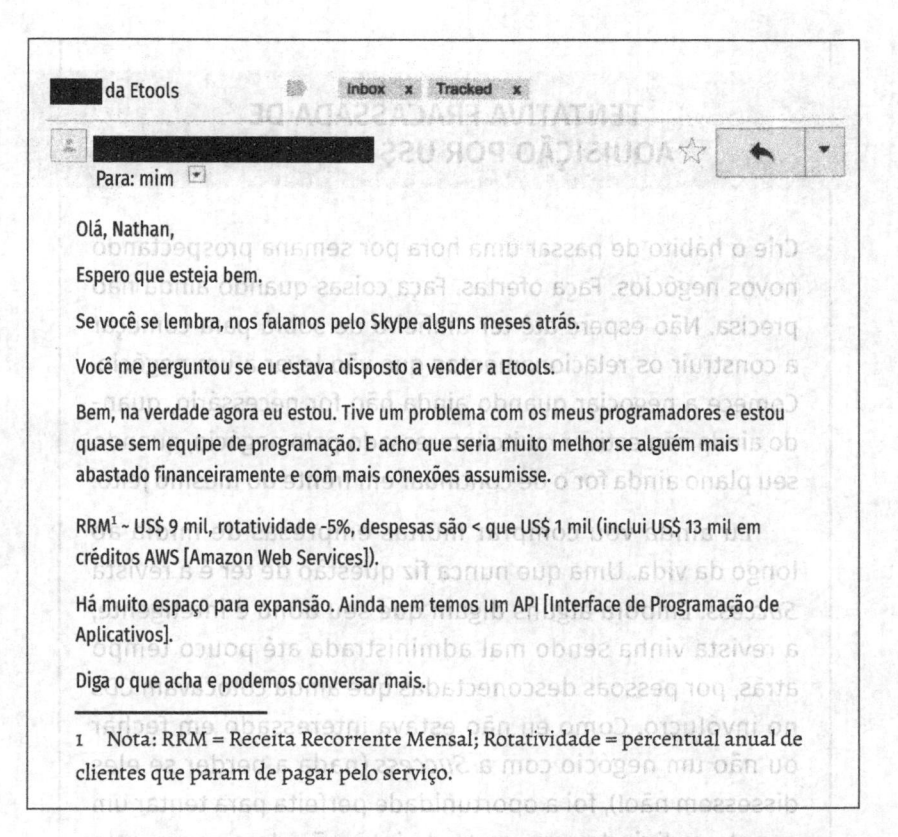

Olá, Nathan,

Espero que esteja bem.

Se você se lembra, nos falamos pelo Skype alguns meses atrás.

Você me perguntou se eu estava disposto a vender a Etools.

Bem, na verdade agora eu estou. Tive um problema com os meus programadores e estou quase sem equipe de programação. E acho que seria muito melhor se alguém mais abastado financeiramente e com mais conexões assumisse.

RRM[1] ~ US$ 9 mil, rotatividade -5%, despesas são < que US$ 1 mil (inclui US$ 13 mil em créditos AWS [Amazon Web Services]).

Há muito espaço para expansão. Ainda nem temos um API [Interface de Programação de Aplicativos].

Diga o que acha e podemos conversar mais.

---

1   Nota: RRM = Receita Recorrente Mensal; Rotatividade = percentual anual de clientes que param de pagar pelo serviço.

Em janeiro de 2018 comprei a Etools pelo equivalente à receita de um ano, ou US$ 125 mil – tudo dinheiro que veio das minhas outras empreitadas. Não tive que fazer qualquer mudança na empresa depois da compra. Foi uma aquisição limpa, que começou imediatamente a injetar receita na minha conta bancária.

Agora a SndLatr, a The Top Inbox e a Etools juntas, as minhas três primeiras aquisições, rendem cerca de US$ 18 mil ao mês em vendas. Fico com cerca de 60% ou 70% disso para mim. Tudo de empresas que eu não criei.

É por isso que eu digo que é muito mais inteligente, barato e menos arriscado comprar empresas do que criá-las.

TENTATIVA FRACASSADA DE
AQUISIÇÃO POR US$ 5 MILHÕES

Crie o hábito de passar uma hora por semana prospectando novos negócios. Faça ofertas. Faça coisas quando ainda não precisa. Não espere até ter dinheiro de sobra para começar a construir os relacionamentos que vão levar a um negócio. Comece a negociar quando ainda não for necessário, quando ainda não estiver muito interessado pelo negócio, quando seu plano ainda for o de continuar em frente do mesmo jeito.

Eu ainda vou comprar muitas empresas de mídia ao longo da vida. Uma que nunca fiz questão de ter é a revista *Success*. Embora alguns digam que seu dono é inteligente, a revista vinha sendo mal administrada até pouco tempo atrás, por pessoas desconectadas que ainda colocavam CDs no invólucro. Como eu não estava interessado em fechar ou não um negócio com a *Success* (nada a perder se eles dissessem não!), foi a oportunidade perfeita para tentar um acordo redigindo uma carta de intenção de compra pelo valor de US$ 5 milhões e postá-la no meu blog.

Isso cumpriu alguns propósitos:

- Sinalizou para outras empresas de mídia que eu sou um comprador.
- A revista *Success* poderia ter respondido e negociado comigo. Como eu nunca quis fazer o negócio, isso teria me permitido manter o distanciamento emocional e fazer uma boa compra se no fim das contas decidisse fechar o negócio.

- Muitos ex-funcionários da *Success* entraram em contato comigo para dizer que adorariam voltar para a empresa se eu fosse o dono. Agora já tenho uma horda de mentes habilidosas do mundo da mídia prontas para trabalhar para mim, caso algum dia lance minha própria empreitada midiática. Que jeito barato de recrutar! A maioria dos recrutadores cobra US$ 30 mil ou mais (30% do primeiro salário anual).

- A imprensa adora esse tipo de material, então vários canais de notícias como o Entrepeneur.com comentaram a respeito. Isso me poupou os US$ 7 mil que esse nível de exposição teria custado com uma empresa de relações públicas.

Quando tentei contato pela primeira vez, o CEO nem retornou meus e-mails. Como poderia fazer para chamar a atenção dele? Foi aí que postei a carta de intenção diretamente no meu blog, e em poucos minutos os advogados do CEO entraram em contato, o próprio CEO entrou em contato direto comigo. Ele não quis me vender a empresa, o que acabou se provando uma coisa boa porque seis meses depois ele fechou a revista inteira (apesar de ter se recuperado depois).

A propósito, naquela época eu não tinha US$ 5 milhões, mas se tivesse negociado para comprar a *Success* por esse valor sabia que seria capaz de ativar minha rede de contatos e levantar o dinheiro para fazer o negócio. No entanto, nesse caso eu fui rejeitado e tive que ir atrás de algum outro negócio. Sempre existe algum outro negócio.

Além disso, a minha revista atual é um sucesso total. Às vezes, você precisa apostar em si mesmo e começar do zero! Dê uma olhada na página inicial e provavelmente você vai entender porque a revista está tendo sucesso: http://NathanLatka.com/magazine.

The Latka Agency LLC– The Top Podcast

Stuart Johnson, CEO, Success.com (Parceiros de Sucesso)

5800 Democracy Dr.

Plano, Texas 75024

Prezado Stuart,

Como anfitrião do *podcast* de negócios que mais cresceu em 2016, "The Top Entrepeneurs", no Itunes, escrevo para expressar meu interesse em relação à oferta para potencialmente adquirir, de maneira substancial, todos os bens da **Revista Success** (o "Negócio") utilizados na operação da **Success.com** por US$ 5.000.000, de acordo e sujeito aos seguintes termos e condições por parte do vendedor e do comprador de um acordo de venda de ativos definitivo e mutualmente aceitável ("o Acordo Definitivo") e os documentos complementares relacionados.

1. Aquisição de itens; preço de compra.

No fechamento do acordo (o "Fechamento"), o vendedor vender, transferir e...

COMPRAR EMPRESAS *VERSUS* CRIAR OU INVESTIR EM EMPRESAS

Se a ideia de comprar uma empresa parece intimidante, saiba que é muito mais inteligente, mais fácil e menos arriscado do que criar uma empresa do zero. Não estou dizendo que você não deve lançar novas empreitadas. A maior parte deste livro consiste em conselhos sobre como começar e administrar uma empresa. Mas comprar uma empresa é muito mais eficiente. Quando você assume, todo o trabalho de base já está concluído. Os seus sistemas já estão no lugar e funcionando por si mesmos. Você tem uma base de clientes já desenvolvida. Só é preciso ajustar e monetizar aquilo que já existe. Se uma empresa precisar de mais do que isso, você não compra. É simples assim.

Talvez você se pergunte que sentido faz criar uma empresa, já que estou argumentando pelas vantagens de comprar uma empresa já pronta. Bem, não se esqueça que eu criei a Heyo do zero aos 19 anos. E enquanto estava construindo a Heyo para um dia produzir mais de US$ 5 milhões em vendas, aprendi sobre como uma equipe funciona; como aquisições e participação acionária funcionam; como acumular 10 mil clientes a partir do zero; e como determinar os preços.

Começar uma empresa do zero ensina o que é necessário para que empresas sejam bem administradas. Recomendo que, antes de comprar uma empresa, você tente criar uma só para aprender. Se você nunca ficar obcecado em criar um sistema que elimine ineficiências e produza fluxo de caixa, vai ser difícil reconhecer isso em outras empresas. Também ajuda a avaliar o que está obtendo ao comprar uma empresa que já tem sistemas estabelecidos e clientes próprios. Aí será apenas uma questão de fazer ajustes.

Mas lembre-se de que a meta não é ser um investidor prolífico. É ser rico. E você chega lá acumulando diversos fluxos de renda que são deixados no piloto automático. Comprar empresas é uma maneira inteligente e rápida de multiplicar seu fluxo de caixa, se for feito com sabedoria.

Uma coisa que não se deve fazer: apegar-se à empresa. Muita gente compra uma empresa, mas tem o ego tão grande que pensa em fazer tudo sozinho. E acabam cuidando de detalhes todos os dias, respondendo a e-mails de suporte técnico, retornando telefonemas, recrutando gente, atualizando *designs*, persuadindo vendedores e viajando para conquistar clientes. Fazer isso é trabalhar na empresa, e é isso que você não quer. Você está comprando empresas para acumular fluxos de renda que liberem o seu tempo, não que o sequestrem. A única maneira de fazer isso é comprando empresas com uma infraestrutura que as permita ser autossuficientes, como uma linha de montagem imprimindo dinheiro.

Comprar empresas também é um jogo muito mais fácil para iniciantes do que investir. Parece contraintuitivo, mas você precisa de mais dinheiro em mãos para investir numa empresa do que para comprar uma empresa. Os CEOs não querem perder tempo conversando com alguém oferecendo um investimento de US$ 1mil em suas empresas. Eles querem valores de pelo menos seis dígitos. Mesmo empresas muito pequenas exigem altas quantias de dinheiro para ceder participação acionária. A Ming's Yummy Thai Food, uma operação composta por duas pessoas, precisou de US$ 6 mil para o meu investimento ter algum impacto significativo em seu fluxo de caixa. A Firehouse Hostel precisou de US$ 11 mil.

Em comparação, você pode comprar uma empresa por muito pouco dinheiro, ou mesmo sem dinheiro algum, se encontrar um vendedor motivado. Então, se você está começando, concentre-se em comprar empresas. Depois de um tempo, você já vai estar assinando cheques de investimentos com o fluxo de caixa adicional. Um fluxo de renda produz outro. Exatamente o que você deseja.

PARTE

3

COMO OS NOVOS RICOS CRIAM NEGÓCIOS

10

INVESTIMENTOS NÃO CONVENCIONAIS

A sorte está do lado de quem ousa.

— Virgílio

Em maio de 2017 eu abri o Facebook Live no meu telefone e me filmei andando pela Rua Rainey, em Austin, com meu talão de cheques na mão. Estava na praça de *food truck* da cidade e não iria embora sem assinar um cheque para investir em um deles.

1,2 MILHÃO DE PESSOAS ASSISTIRAM AO VIVO PELO FACEBOOK A NEGOCIAÇÃO DO *FOOD TRUCK*

Cerca de 1,2 milhão de pessoas assistiram enquanto alguns aplaudiam, faziam comentários e davam conselhos. Outros me chamaram de vigarista. Muitos disseram que eu não deveria ser tão desagradável quando mostrei meu talão de cheques e reclamei de ter tanto dinheiro no banco e nenhum lugar para investi-lo. Tenho certeza de que foi irritante para alguns. Mas não me importo, especialmente porque minha tarde terminou com um acordo de investimento que ainda é um dos meus melhores até hoje. Espero que os maledicentes parem de assistir a tempo de perder essa parte. Menos competição para o resto de nós, que vai atrás de oportunidades de investimento incomuns.

Naquele dia eu assinei um cheque de US$ 6 mil para Ming, dona do Yummy Thai Food Truck. Ela me pagaria US$ 0,75 por refeição até eu recuperar meu investimento, e se gostássemos de fazer negócios juntos eu receberia US$ 0,10 por refeição para sempre.

Nossa parceria começou quando cheguei até ela aleatoriamente, pedi um Pad Thai (recomendação de Ming) e puxei conversa sobre o seu negócio. Todo o negócio foi feito em menos de vinte minutos.

Ming agora me envia cheques todos os meses nos quais não preciso pensar. E meu vídeo no Facebook Live que transmitiu toda a negociação foi transformado em um *reality show* chamado *Latka Money*. Novos episódios são postados todas as terças-feiras às 20h no fuso da Costa Leste no Facebook. Você pode assistir em NathanLatka.com/facebook.

A maioria das pessoas que ouve essa história tem uma entre duas reações:

Cara, você é um idiota.

ou

Fale mais – eu quero fazer isso.

Depois há as pessoas que querem que eu dê um cheque para elas. Se uma delas for você, estamos recrutando para o *Latka Money*. Envie sua sugestão para sarah@nathanlatka.com. Estou sempre procurando maneiras de investir meu dinheiro no que o rebanho não está pensando. Faz parte de como eu – e a maioria dos megamilionários – fiquei rico.

Se o seu sonho é dinheiro no banco e uma agenda vazia, você também deve pensar assim. Seus empreendimentos o levarão longe, mas lembre-se de que o objetivo é ter o mínimo de trabalho possível. Não porque você seja preguiçoso. Por você ser inteligente com seu trabalho e seus investimentos.

Esta é a parte em que você diz: "Claro, Nathan, fácil para você, que tem dinheiro de sobra na sua conta corrente."

Eu entendo o seu lado – também detesto ver crianças ricas choramingando. Mas você já deve saber que eu não sou um filhinho de papai. E nem sempre tive esse problema de ter "muito dinheiro". Cheguei a este ponto começando aos poucos e encontrando oportunidades onde outros não pensaram em procurar.

Pense no seguinte: o patrimônio líquido médio das pessoas com menos de 35 anos nos Estados Unidos é de US$ 4.138.[2] * Se uma pessoa típica é tão pobre, você precisa fazer o contrário do que todo mundo está fazendo para ficar rico. As pessoas vão chamá-lo de idiota ou louco, mas isso é uma coisa boa. Quanto mais suas ideias parecerem insanas para as massas, mais provável que você esteja no caminho certo. Lembre-se, as massas estão quebradas!

A maioria das pessoas pobres considera os ricos como simplesmente sujeitos de sorte. Quem nunca ouviu: "Oh, que sorte ela teve de investir na Apple naquela época?". "Quem diria que aquela *startup* em que ele despejou dinheiro daria tão certo?", "Ela tem tanta sorte que o bairro modesto onde comprou aquele apartamento agora virou moda e valorizou muito."

Não é sorte. Pessoas ricas plantam sementes propositadamente fora do caminho conhecido, e quando algumas delas florescem elas criam a própria sorte. Eu disse isso para os negócios, mas é especialmente relevante quando se trata de investimentos. Os ricos ficam mais ricos porque não pensam como o rebanho.

---

2 * "Wealth, Asset Ownership, & Debt of Households Detailed Tables: 2013", Bureau do Censo dos Estados Unidos, www.census.gov/data/tables/2013/demo/wealth/wealth-asset-ownership.html.

Continue lendo, mesmo se esteja se esforçando para ganhar seu dinheiro. Seu sonho de ter US$ 10 mil ou US$ 20 mil extras em sua conta bancária não está tão distante quanto você pensa se seguir este movimento. E quando chegar lá, vai fazer um grande favor a si mesmo investindo esse dinheiro extra em lugares inesperados, com 20% + dividendos anuais.

COMO IDENTIFICAR OPORTUNIDADES DE INVESTIMENTOS NÃO CONVENCIONAIS

A melhor maneira de encontrar investimentos fora do caminho comum é obtê-los você mesmo. Você pode literalmente colocar um *status* no Facebook dizendo: "Eu tenho US$ 5 mil para investir. Não consigo encontrar bons investimentos. Você conhece algum?" Veja quais respostas vai ter. A maioria será uma porcaria, mas algumas podem se transformar em boas conversas e oportunidades reais para você.

Fora isso, só de manter a mentalidade de procurar novas oportunidades de investimento já ajuda a vê-las onde outros não veem.

RICOS EM POUSADAS (HOSTELS)

Um dos meus investimentos favoritos é no Firehouse Hostel, em Austin. Conheci Collin, um dos proprietários, durante uma reunião realizada no bar do Firehouse. Enquanto conversávamos, comecei a reclamar por não conseguir encontrar nenhum bom lugar para investir meu dinheiro. O mercado de ações e o mercado imobiliário estavam em alta e eu não queria pagar caro. Então perguntei o que Collin estava fazendo, e ele me respondeu que estava levantando capital para o Firehouse e perguntou se eu queria investir. Ganhou minha atenção.

Eu já tinha ouvido falar do Firehouse. Quando me mudei para Austin, alguns meses antes, estava procurando um bom lugar para tomar uma bebida, e todo mundo adorava aquele bar com uma porta que parecia uma estante de livros. Depois de falar com Collin naquela reunião, fui dar uma olhada.

Entrei no saguão e coloquei todo o meu peso em uma pequena alça enferrujada instalada numa estante. A porta se abriu e vi um bar mal iluminado com uma banda sedutora tocando no canto. A prateleira de bebidas parecia pertencer à sala dos professores de Hogwarts, com elaborados acessórios de coquetéis artesanais rodeados por gotas de cera de vela.

Naquela noite, pedi dois coquetéis de vodca e me peguei conversando com viajantes de todo o mundo que tinham descido para beber do albergue no andar de cima. Ouvi idiomas que não consegui identificar. Quis investir imediatamente. Localização privilegiada. Ótima vibração. Mistura interessante de moradores e viajantes. Totalmente Austin.

Acabei investindo US$ 11 mil, o que me rendeu cerca de US$ 1.200 por trimestre, ou US$ 4.800 por ano. Um retorno de caixa anual sobre dinheiro de quase 40%. É disso que eu gosto. O problema com esse tipo de investimento é que não há muitos iguais a ele. Fico ansioso por mais retornos como este, mas simplesmente não há tantas ofertas de "bar e pousada" para comprar.

Aproveitei isso o máximo que pude e pedi aos proprietários me apresentarem outros acionistas e comecei comprando a participação de 3% de outro acionista para aumentar meus dividendos trimestrais, pois sabia que o retorno era grande.

Sou um grande admirador de Kent e Collin, os dois operários que montaram o bar. Eles são muito ativos e por isso o negócio está crescendo rapidamente. Também gosto quando investidores e fundadores estão alinhados, e Kent é um exemplo perfeito disso. O Firehouse é a principal fonte de renda de Kent, e ele e a esposa acabaram de ter um filho. Sua família depende totalmente desse negócio. Gosto disso. Os fundadores estão bem envolvidos, e fico feliz em injetar mais dinheiro.

A maioria das pessoas em busca de investimentos perderia uma oportunidade como a do Firehouse simplesmente porque não pensa em perguntar. Estão ocupadas com os preços das ações e escolhendo fundos indexados que talvez proporcionem um retorno médio de 7% em muitos anos de espera. Estão pensando como a média e, por isso, perdem as oportunidades de alto retorno que poderiam aproveitar em uma conversa num bar se estivessem pensando sobre isso.

Portanto, mantenha seu radar de investimentos sempre ligado. Esqueça fundos indexados, consultores financeiros e tudo isso. Eles têm o seu lugar, mas você não vai ficar rico com eles. São os investimentos não convencionais que vão movimentar o portfólio. Basta prestar atenção às empresas ou aos empresários que encontrar no seu dia a dia. Pode ser uma barraca de cachorro-quente perto da sua casa, o espaço de *coworking* em que trabalha, o playground coberto onde todos os seus amigos fazem as festas de aniversário dos filhos, a nova microcervejaria da sua cidade... Você já entendeu. Preste atenção ao que está funcionando. Quando uma empresa parecer atraente e você tiver dinheiro para fazer experiências, apresente-se aos proprietários. Diga que você está procurando investir em um negócio e veja se eles mordem a isca. Na pior das hipóteses, eles vão dizer que não, mas você fará um novo amigo. Na melhor das hipóteses você estará no caminho certo para um investimento que rende dinheiro.

COMO SABER AVALIAR UM INVESTIMENTO

Por mais glamouroso que pareça, não verdade eu não saio por aí dando cheques para todo mundo – bem, nem sempre. Fiz isso com Ming, porque não me importaria de perder o investimento de US$ 6 mil se a coisa não desse certo. Para a maioria das pessoas e dos investimentos, preencher um cheque sem fazer a devida diligência é muito mais tolo do que glamouroso.

A coisa mais inteligente a fazer, e é o que eu faço quando estou interessado em um investimento maior em uma empresa, é pedir para ver os números. Preciso que me mostrem pelo menos um histórico financeiro de três ou quatro anos antes de pensar em investir. Sem isso a coisa fica muito arriscada. Se não houver uma estrutura de relatórios que me permita analisar seus resultados e histórico financeiro para ver o crescimento, estou fora. Também preciso ter confiança de que assim que investir meu dinheiro eu vou receber relatórios financeiros atualizados todos os meses. Se isso não for possível, o investimento não me interessa.

É essencial fazer todas essas coisas se estiver investindo uma porcentagem considerável do seu patrimônio líquido (sua definição de "considerável" dependerá do seu nível de conforto). Mas também se dê espaço para fazer investimentos de julgamento, como o que fiz *no food truck* da Ming. No papel, a maneira como entrei nesse negócio é um grande exemplo do que não se deve fazer. Não verifiquei as finanças com Ming nem recebi nada por escrito. Apenas acreditei em sua palavra e seguimos em frente depois de um aperto de mão – e em vinte minutos dei um cheque de US$ 6 mil a uma estranha.

Qualquer um dirá que essa estratégia de investimento é uma loucura. E é mesmo, se você estiver arriscando o único dinheiro extra que tem. Nunca faça isso. Mas pode representar uma grande economia de tempo e dinheiro e apresentar oportunidades que outras pessoas não enxergam, se for uma quantia em dinheiro que você possa perder.

Corri o risco com Ming porque as seis ou mais horas que teria levado para analisar suas finanças, ir e voltar em detalhes etc., não valeriam US$ 6 mil para mim. Seis horas do meu tempo valem muito mais do que isso. Portanto, foi mais fácil simplesmente preencher o cheque e usar os US$ 6 mil para descobrir se Ming era alguém com quem eu poderia trabalhar a longo prazo, o que ela provou ser. Ela é uma ótima pessoa. Fazia o relatório mensal do número de refeição e me mandava os cheques mensais. Adotei a mesma abordagem com o Firehouse, e Kent e Collin também estão se mostrando grandes parceiros.

Esses investimentos de julgamento são uma maneira rápida e eficiente de fazer um teste e ver se você obtém um bom retorno em dinheiro. Depois de recuperar seu dinheiro, pode fazer investimentos ainda maiores. Nesse ponto, já estará trabalhando com a pessoa há muitos meses. Saberá sobre suas finanças, se é alguém com quem pode trabalhar. Mas de início o investimento baseia-se inteiramente na impressão que se tem da empresa e do proprietário. Você pode aprender muito sobre alguém nos primeiros vinte minutos depois de conhecê-lo, então eu confio e sigo a minha intuição Claro que às vezes perco dinheiro, mas nove em cada dez vezes meu julgamento é certeiro.

Não vou tentar ensinar a interpretar o comportamento de outra pessoa. Esse é um campo de estudo específico. Você provavelmente já tem uma noção de quão bem consegue avaliar as pessoas. Vou apenas enfatizar que se você vai assumir um risco como este, faça-o apenas com uma porcentagem muito conservadora de seu patrimônio líquido. Considere também fazer um contrato de uma página que descreva os termos de seu investimento e peça a todos que o assinem. Não assinei um acordo com Ming nem com o Firehouse, mas estava disposto a correr esse risco. Não vou aconselhar oficialmente você a fazer o mesmo, mas é uma decisão sua.

Mesmo que sejam rápidos e simples, esses investimentos não devem ser impensados. Uma das minhas principais estratégias é identificar uma empresa que esteja fazendo um grande pagamento mensal por alguma coisa. Se eu puder pagar adiantado, eliminando a parcela mensal, o dinheiro deles será liberado. Em seguida, vinculo meu retorno ao crescimento do negócio, que sei que posso ajudar a impulsionar com meus canais de distribuição.

Esse foi exatamente o caso da Ming. Enquanto conversávamos, descobri que ela estava pagando US$ 600/mês pelo caminhão em que trabalhava. Eu poderia comprar o caminhão por US$ 6 mil e reduzir suas despesas mensais para não pagar pelo empréstimo. Então, fiz um cheque de US$ 6 mil para ela comprar o caminhão em troca de receber US$ 0,75 por refeição até que eu recuperasse meu investimento, e depois US$ 0,10 por refeição continuamente se prosseguíssemos trabalhando juntos. Ela fazia cerca de quinhentas refeições por mês, mas eu sabia que poderia ajudá-la a crescer muito rapidamente. Portanto, calculei que levaria cerca de um ano para recuperar meu dinheiro e saber se eu e Ming poderíamos trabalhar juntos de uma maneira vantajosa. Por enquanto, tudo bem.

Meus canais de distribuição ajudaram imediatamente – aqueles 1,2 milhão de olhos no *food truck* de Ming impulsionou suas vendas no mesmo dia. Também ajudei a negociação dela com o proprietário do terreno para que o caminhão ficasse mais exposto na rua. Antes ela estava atrás de três outros caminhões, por isso as pessoas que passavam na rua conseguiam vê-lo.

COMO SÃO AS MINHAS VERIFICAÇÕES DE DIVIDENDOS

Ming me enviou sete cheques ao longo dos sete meses em que trabalhamos juntos, totalizando US$ 4.307. Quase recuperei meus US$ 6 mil e ela agora está fazendo cerca de 1.200 refeições por mês.

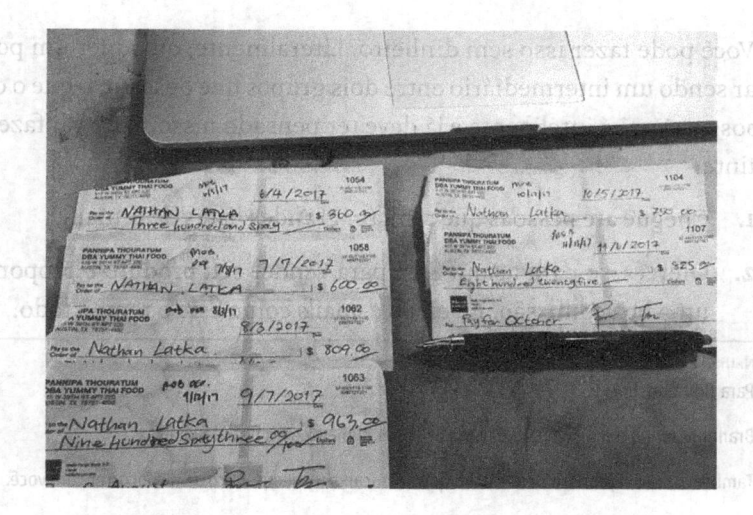

Em última análise, Ming quer mais dinheiro para expandir. Para mim seria bom preencher um cheque de US$ 100 mil e vincular meu retorno ao crescimento: US$ 2 por refeição até eu ser pago, depois US$ 0,25 por refeição para sempre. Os números podem mudar, mas eu manteria a mesma estrutura. Se Ming ganhar dinheiro, eu também ganho dinheiro. E assim como os caras do Firehouse, sei que Ming está empenhada em expandir seu negócio. É sua única fonte de renda e ela construiu seu legado a partir disso.

COMO LEVANTAR DINHEIRO SEM RECORRER A NINGUÉM

Sei que a ideia de investir parece impossível se você só está conseguindo sobreviver. Mas se for o seu caso, o fato de ler este livro prova que está ansioso para mudar o seu rumo. Você pode fazer isso imediatamente, e nesse processo crie contatos que poderão mais tarde se transformar em parceiros de negócios.

Minha principal sugestão para levantar dinheiro baseia-se na ideia de exposição comercial, que mencionei no capítulo 7. Se você tem uma grande lista de e-mails ou seguidores on-line, pode vender anúncios por e-mail para aumentar sua receita. E se você não tiver muitos seguidores? É aí que você entra como intermediário.

Você pode fazer isso sem dinheiro. Literalmente, qualquer um pode lucrar sendo um intermediário entre dois grupos que desejam o que o outro possui. Você é inteligente e já deve ter pensado nisso. Você vai fazer o seguinte:

1. Chegue até pessoas que tenham grandes listas de e-mail.

2. Ofereça-se para usar a lista para vender seu produto e proponha uma boa comissão. Eu envio e-mails como este o tempo todo:

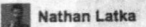 **Nathan Latka**
Para Brandon, boc: eu ▾

Brandon, tenho um amigo que pagaria um bom dinheiro para usar a sua lista.

Também adoro o produto dele e acho que se encaixa no seu público sem concorrer com você.

Interessado nesse tipo de coisa?

Obrigado,
Nathan Latka

É realmente isso. Se você segmentar pessoas em seu setor, terá a vantagem adicional de aprender os dois lados do mercado. Então, quando você tiver sua própria lista de e-mail, saberá a quem vendê-la. Ou se quiser mais exposição para algo em que estiver trabalhando, você já vai conhecer as pessoas com listas que estão dispostas a serem pagas pela exposição.

A maneira de encontrar pessoas com listas grandes vai depender do seu setor. Como eu trabalho com *software,* vou a sites como G2Crowd.com ou Siftery.com e opto por aquele que possui maior número de usuários e seus respectivos e-mails. Aí eu faço um contato direto com essas empresas. Paved.com e Sponsored.tech são outros dois meios de acesso a grandes listas de e-mail.

Você também pode fazer isso com contatos de outros projetos que já estejam funcionando. Provoquei meus patrocinadores do *podcast* perguntando se estavam interessados em aparecer em um e-mail para 100 mil profissionais de marketing. É um pagamento à parte do patrocínio do *podcast.* No verso desse acordo eu negociei um corte de 60% do pagamento para a pessoa que tem a lista de marketing de 100 mil e-mails. Então, se eu conseguir a participação de um patrocinador, recebo 60% da receita. Aqui está um e-mail que enviei que resultou num acordo:

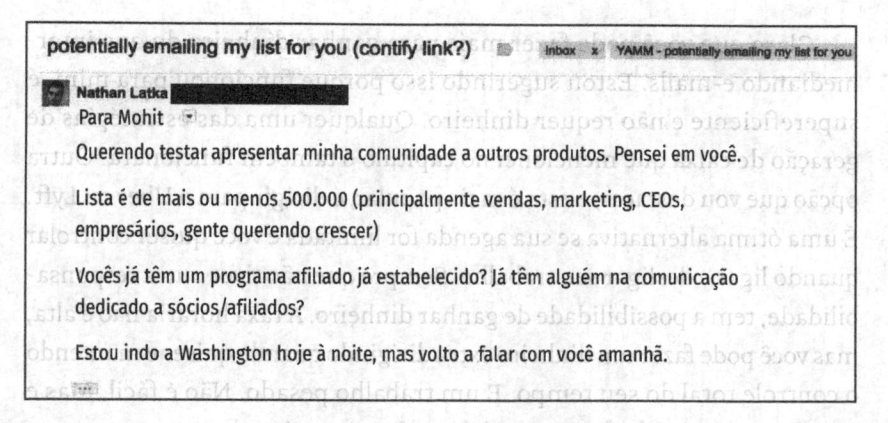

Faça a mensagem parecer bem pessoal. Dizer algo como "Estou indo a Washington hoje à noite, mas volto a falar com você amanhã" passa a impressão de uma mensagem pessoal, o que aumentará sua taxa de resposta.

Para garantir, inclua um ou dois erros de grafia para eles entenderem bem que não é um e-mail de massa.

Em termos de encontrar pessoas que desejam comprar acesso às listas, ouça os *podcasts* e anote quem são os patrocinadores. São pessoas querendo pagar por uma exposição adicional. Pesquise também no Google palavras-chave associadas ao seu setor ou com qual seja a lista com que esteja negociando. Observe quem está veiculando anúncios para esse produto, entre em contato com eles e diga:

Ei, eu vi que você está gastando dinheiro em anúncios do Google. Você pode obter um retorno melhor se me pagar alguma coisa e usar esta lista de e-mails, que contêm as mesmas palavras-chave que você está postando no Google.

...

Pode haver muito dinheiro em corretagem de e-mails se você realmente se envolver. Invista o que ganha em alguns negócios e veja onde isso o leva. Mesmo se não puder largar seu trabalho diário e viver dos lucros, começará a construir aqueles fluxos de renda passiva que aumentam ao longo do tempo.

Claro que você pode fazer mais para ganhar dinheiro do que intermediando e-mails. Estou sugerindo isso porque funcionou para mim, é supereficiente e não requer dinheiro. Qualquer uma das estratégias de geração de caixa que mencionei no capítulo 6 também funcionará. Outra opção que vou destacar, e esta é mais popular, é dirigir para o Uber ou Lyft. É uma ótima alternativa se sua agenda for limitada e você quiser controlar quando ligar e desligar seu trabalho. Sempre que não tiver outra responsabilidade, tem a possibilidade de ganhar dinheiro. A taxa horária não é alta, mas você pode fazer um dinheiro extra dirigindo quando quiser e mantendo o controle total do seu tempo. É um trabalho pesado. Não é fácil. Mas é uma boa maneira de fazer um pé de meia que você pode usar para outros negócios. E, dependendo de sua localização, dirigir para o Uber ou Lyft pode ser surpreendentemente lucrativo. Tem gente ficando literalmente milionária só de dirigir em grandes cidades com preços altos, como Los Angeles ou Nova York. Claro, elas trabalham doze horas por dia ou mais, mas fazem isso em seus próprios termos.

11

COMO FICAR RICO COPIANDO SEUS CONCORRENTES
(E POR QUE INVENTAR ALGO NOVO É UMA MANEIRA CERTA DE PERDER)

As pessoas irão copiar seu produto se você construir grandes coisas. O fato de o Yahoo ter uma barra de pesquisa não significa que seja o Google.

— Evan Spiegel

Quando compareço em algum encontro de empreendedores e pergunto a alguém qual é a sua ideia, muitas vezes eu ouço: "Não posso revelar minha ideia se você não assinar este contrato de confidencialidade."

Essa pessoa acha que sua ideia é tão boa que vai conquistar todo o mercado. Não poderia estar mais longe da verdade. Ideias totalmente novas quase sempre perdem e custam rios de dinheiro.

Você já sabe o que penso sobre copiar ideias de outras pessoas. Faça isso. Você é um bobo se não fizer. (Consulte o capítulo 2 se precisar de um lembrete das razões.) Neste capítulo, vou mostrar exatamente como copiar, adicionar seu próprio toque e depois fazer melhor.

Os vencedores não têm novas ideias. Eles preferem copiar de seus concorrentes para depois acrescentar seu próprio sabor ou ângulo exclusivo para vencer. Dessa forma, você só está fazendo um novo movimento no tabuleiro, não inventando um jogo de tabuleiro totalmente novo. Todo jogador de sucesso faz isso.

237

O Facebook lançou o *Marketplace*, uma versão mais bem projetada do Craigslist. O Stripe é um processador de pagamento com uma API mais fácil de usar. Venmo, PayPal, Square Cash e Google Pay fazem a mesma coisa com um toque diferente. Rockefeller copiou as usinas siderúrgicas de outros e depois mudou um procedimento relacionado ao refino de petróleo e enxofre para fazer dinheiro.

Você já viu aquelas seções na parte inferior dos principais blogs que apresentam conteúdo patrocinado ou "postagens relacionadas"? Empresas como Outbrain e Taboola dominaram esse espaço por anos, mas isso não impediu John Lemp da Revcontent de jogar pesado na competição.

Em 2017, a Revcontent faturou US$ 184 milhões em gastos com publicidade por meio de sua plataforma, arrecadando 25% disso como receita. É um excelente exemplo em que um grande pensador ignorou a sabedoria convencional de que "você deve ter uma ideia nova!" Em vez disso, foi logo atrás de modelos de negócios já comprovados e agora está aumentando sua liderança.

Não deixe seu ego ficar tão grande a ponto de pensar que sua ideia nunca foi realizada antes. Se ninguém mais está fazendo isso, pode haver um motivo. E mesmo se você tiver uma ideia nova e brilhante, terá lucro muito mais rápido com base em algo que já existe. Terá tempo de sobra (e dinheiro) para lançar sua invenção genial depois de fazer dinheiro com a cópia.

DE AFILIADO A CONCORRENTE (US$ 18 MILHÕES BIZNESS APPS *VS.* US$ 2,4 BUILDFIRE)

Copiar seus concorrentes pode torná-lo rico, mesmo se você nunca chegar ao tamanho deles. Ian Blair provou isso quando lançou o BuildFire ainda na faculdade. BuildFire é um *software* de arrastar e soltar que permite às pessoas criar aplicativos móveis sem nenhum conhecimento técnico. Pense no WordPress para aplicativos. A BuildFire é muito parecida com outra empresa, a Bizness Apps, que Ian usava anteriormente para criar aplicativos para pequenas empresas. Após cerca de um ano criando aplicativos pontuais, Ian percebeu que o dinheiro grande não estava no trabalho do cliente, mas em criar um concorrente de *software* para a Bizness Apps.

Eu adoro a história que os números contam aqui. Desde o lançamento da BuildFire, em 2012, com 25 anos Ian arrecadou US$ 2,5 milhões em fundos de investidores e tem 31 funcionários. Sua receita anual em 2017 foi de US$ 2,4 milhões e sua receita recorrente mensal atual é de US$ 300 mil. Quando conversamos pelo Skype, Ian me ligou de seu apartamento de US$ 850 mil com vista para todo o horizonte de San Diego atrás dele.

Apesar de Ian ter construído seu império copiando um concorrente, os números da Business Apps mostram que eles continuam faturando alto. Andrew Gazdecki lançou a empresa em 2010, com US$ 110 mil em financiamento de investidores. Hoje Andrew, aos 28 anos, tem 90 funcionários e teve US$ 18 milhões em receita anual em 2017. Sua receita recorrente mensal atual é de US$ 1,5 milhão.

	BIZNESS APPS	BUILDFIRE
CEO/fundador	Andrew Gazdecki	Ian Blair
Ano de fundação	2010	2012
Investimento inicial	US$ 110 mil	US$ 2,5 milhões
Número de funcionários	90	31
Receita anual 2017	US$ 18 milhões	US$ 2,4 milhões
Receita recorrente mensal	+ de US$ 1,5 milhão	US$ 200 mil–US$ 400 mil
Receita por funcionário	US$ 80 mil	US$ 77,4 mil
Número de usuários	+ de 3.000	1.000–5.000
ARPU (receita média por usuário)	+ de US$ 500	US$ 400–US$ 500

Eu sou fanático por números, então posso continuar (se você também for, pode ver a comparação completa entre a Bizness Apps e a BuildFire acima). A conclusão aqui é que, embora o negócio de Andrew seja mais bem-sucedido, mesmo assim Ian conseguiu criar uma empresa multimilionária copiando descaradamente a ideia de Andrew. E aliás, a ideia de Andrew nem era tão nova. Outros desenvolvedores de aplicativos de arrastar e soltar já existiam antes da Bizness Apps e todo o conceito é inspirado no *software* de arrastar e soltar de sites como Wix, Squarespace e Weebly.

Vou mostrar como fazer o mesmo e como fiz com minhas duas empresas anteriores. Muitos dos meus conselhos neste capítulo estão relacionados ao setor de *software*, onde faço a maior parte do meu trabalho, mas você pode aplicar essas táticas em qualquer setor, seja administrando um restaurante, uma empresa de tricô, uma empresa de serviços profissionais ou de *software*.

Faça o que fizer, o primeiro passo é encontrar uma ideia para copiar. E as ideias estão por aí em toda parte – você só precisa saber onde procurar.

ENCONTRE UMA IDEIA DE QUE VOCÊ GOSTE EM UM SETOR AQUECIDO

Se você ganhar o jogo e não ganhar um pote cheio de dinheiro, é porque escolheu o jogo errado.

O primeiro passo que os Novos Ricos dão ao pensar em novos negócios é garantir que os ganhos façam o trabalho valer a pena. Comece observando as tendências. Que setores estão aquecidos? É sempre uma boa aposta ir em direção a setores que apresentam um crescimento e se mantêm competitivos. Experimente os seguintes recursos para encontrar mercados e setores emergentes.

Use estes quatro sites para encontrar os produtos físicos mais vendidos

A maneira mais rápida de acumular capital se, você estiver lançando um produto físico, é vendê-lo previamente. O financiamento coletivo (*crowdfunding*) é perfeito para isso, pois é essencialmente uma maneira de pré-venda do seu produto e ao mesmo tempo obter publicidade. Em geral, é uma ótima opção se você:

▶ **Estiver lançando um produto de consumo.** É muito mais difícil fazer *crowdfunding* com coisas de B2B, pois esses públicos tendem a ser menores. *Crowdfunding* tem tudo a ver com apelo de massa.

▶ **Preocupa-se em manter todo o seu patrimônio.** Os patrocinadores não recebem uma parte do patrimônio líquido como os investidores, então você obtém o dinheiro e mantém 100% de sua empresa. Isso também significa que não estará à mercê de investidores que dizem o que você deve fazer.

▸ **Não quer fazer um empréstimo comercial para financiar seu lançamento.** Por favor, não faça empréstimos. Faça a pré-venda até ter o dinheiro de que precisa.

▸ **Não for rico o suficiente para financiar pessoalmente seu lançamento.** Novamente – pré-venda, pré-venda, pré-venda e reinvista no seu negócio.

Você tem duas maneiras de copiar com produtos físicos; pode surrupiar ideias de artigos já existentes e da sua campanha de *crowdfunding*, se houver.

Então, comece a copiar. Acesse o Kickstarter ou qualquer site de *crowdfunding* e classifique de "Mais arrecadação" a "Menos arrecadação". Analise as campanhas de "Mais arrecadação" e tente descobrir o motivo de tanto sucesso. Foi a narrativa na página de *crowdfunding*? O produto é uma ideia genial? Por que esses óculos Vue arrecadaram mais de US$ 1 milhão de mais de 5.500 pessoas?

Por que este travesseiro de pescoço se saiu tão bem? E a concha?

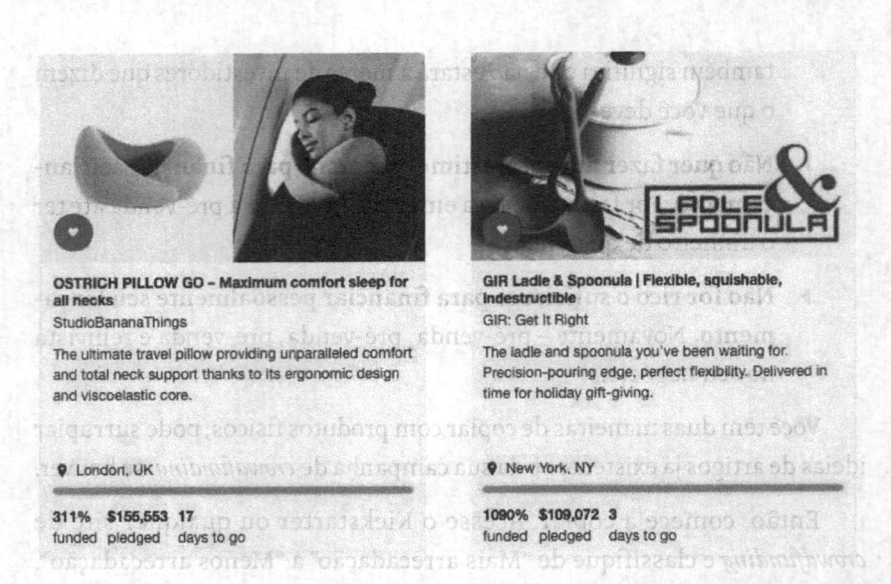

OSTRICH PILLOW GO – Maximum comfort sleep for all necks
StudioBananaThings

The ultimate travel pillow providing unparalleled comfort and total neck support thanks to its ergonomic design and viscoelastic core.

◉ London, UK

311% $155,553   17
funded   pledged   days to go

GIR Ladle & Spoonula | Flexible, squishable, indestructible
GIR: Get It Right

The ladle and spoonula you've been waiting for. Precision-pouring edge, perfect flexibility. Delivered in time for holiday gift-giving.

◉ New York, NY

1090% $109,072   3
funded   pledged   days to go

Cada um desses produtos, apesar de ser drasticamente diferente, conseguiu alavancar estratégias que você pode copiar:

Estabeleça metas que você pode atingir e depois semeie sua campanha. Todos esses produtos atingiram seus objetivos de arrecadação de fundos no início, estabelecendo metas baixas e ganhando impulso rapidamente. Você faz isso divulgando sua campanha – faça as pessoas que você conhece se comprometerem a realizar uma contribuição antes do lançamento. Em seguida, diga a elas o momento em que for ao vivo para que possam entrar e fazer a contribuição. Assim, se sua meta é de US5 mil, tente fazer com que de cinquenta a cem pessoas se comprometam com US$ 50 a US$ 100 para você atingir esse objetivo nos primeiros dias.

Quando você atinge sua meta é mais fácil sair na imprensa grátis, o que gera mais dinheiro e mais divulgação. A *Business Insider* comentou sobre o Vue Smart Glasses no meio da campanha, quando havia arrecadado US$ 780 mil com uma meta de US$ 50 mil. Eles também ganharam as páginas da *Forbes, TechCrunch, Computerworld, Digital Trends, The Verge* e *Wareable*. Ostrichpillow Go foi divulgado na *USA Today* no meio da campanha.

Conte ótimas histórias. As pessoas querem se conectar com você emocionalmente quando investem em seu produto, e a melhor maneira de fazer isso é por meio de ótimas histórias. Use o vídeo para mostrar aos patrocinadores em potencial que você tem personalidade. Injete humor. O vídeo promocional do Vue mostrou como outros óculos inteligentes parecem estranhos mostrando um sujeito usando um grande kit de realidade virtual enquanto atende à porta para o entregador da pizza. O pessoal da Spoonula arranjou cozinheiros para mostrar como o utensílio recolhe com perfeição cada gota de ensopado de carne. Ostrichpillow Go se compadece conosco das maneiras ridículas com que tentamos nos acomodar para dormir em aviões.

Dê uma olhada nas especificações e no *design*. Os patrocinadores adoram ver como você chegou ao produto final. Explique como funciona, por que funciona e como você chegou ao *design*. Mostre fotos dos primeiros protótipos e os primeiros esboços do projeto. O Vue mostra pessoas usando os óculos enquanto explica como usa a tecnologia de áudio por condução óssea para transferir o som estéreo ao ouvido interno. Ostrichpillow Go nos mostra suas ideias do projeto de *design*. A Spoonula se mostra obsessiva com geometria, as dimensões e as maravilhas farmacêuticas do silicone platinado.

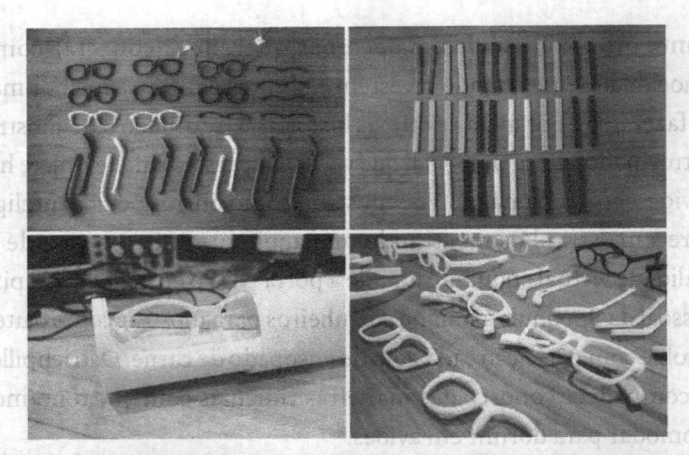

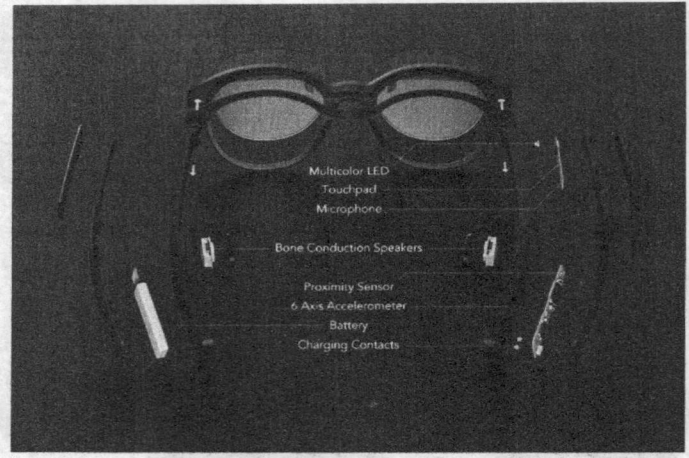

	Battery		**Charging**
	2-3 days standby time on a single charge		Wireless charging via case
	7 days standby with charging case (3 charges)		Charging time: 2 hours
	Talk time: 5 hours		Case is charged via USB

Battery

2-3 days standby time on a single charge

7 days standby with charging case (3 charges)

Talk time: 5 hours

Size: 3.7V 90mAh Lithium Polymer

Water Resistance

Rain, splash and sweat-resistant

Sensors

6-axis accelerometer & gyroscope

Infrared proximity sensor

5 field capacitive touch pad

Audio

Stereo bone conduction speakers

Patent-pending sound leakage prevention design

Frequency range: 20–20,000Hz

Impedance 8.5Ω, Distortion <5.0, SPL 88dB

MEMS digital microphone

Charging

Wireless charging via case

Charging time: 2 hours

Case is charged via USB

App Compatibility

iPhone 5+ running iOS 8+

Android 4.3+

Bluetooth

Compatible with all devices

Bluetooth 4.2

A2DP profile

30ft / 10m range

Processor

ARM Cortex-M3

Weight

28 grams

Use valor + escassez para criar urgência. As pessoas adoram ser as primeiras a comprar alguma coisa, principalmente se for com desconto e oferta limitada. Use recompensas para atrair essas tendências em todos nós. O Vue impulsionou os pedidos antecipados com uma recompensa antecipada: 41% de desconto em um par de óculos inteligentes com apenas 350 unidades disponíveis. Quando esgotou, 6.833 pessoas pagaram US$ 179 pela mesma unidade – na sua versão mais popular. Todas essas campanhas alavancaram a escassez para impulsionar as vendas. Também definiram metas de longo prazo para manter o embalo. Portanto, se chegassem a US$ 200 mil em financiamento, US$ 500 mil, US$ 1,2 milhão, acrescentariam recursos adicionais aos seus produtos. E estes não precisam ser caros. A meta de alongamento para US$ 1,2 milhão para a Vue era adicionar protetores de nariz acopláveis aos óculos. Nada muito extravagante.

Buy us a coffee			**$5**
T-shirt			**$29**
Vue × 1 (Early bird)	41% off	Sold Out	**$159**
Vue × 1	33% off		**$179**
Vue × 1 (Custom Etched)	ONLY ON KICKSTARTER		**$229**
Vue × 1 (Polarized / Transition)			**$259**
Vue × 2			**$329**
Vue × 1 (Progressive lenses)			**$379**
Vue × 5			**$799**
Vue × 10			**$1499**

A Product Hunt é outro grande recurso para lançar produtos físicos. É um lugar onde as pessoas podem postar novos produtos e obter votos da comunidade. Suponha que haja uma grande demanda por produtos que recebam muitos votos positivos. Você não pode usar o Product Hunt para arrecadar fundos, mas ainda assim é um grande indicador do que está em alta.

Além da Kickstarter, da Indiegogo e da Product Hunt, verifique os sites de *crowdfunding* abaixo para obter ideias sobre outros mercados importantes: Pozible.com, Ulule.com e Fundable.com.

Oito lugares para encontrar produtos digitais e de *software* que vendem rapidamente

Se você está pensando em lançar uma empresa de *software*, tente encontrar nestes lugares por setores que estão em alta.

1. **Siftery.com** permite que você veja quais empresas estão realmente conseguindo novos clientes. O site classifica as ferramentas (principalmente *software*) que conquistaram o maior número de novos clientes no período mais recente. Dinheiro não mente. Se as pessoas estão se tornando clientes em massa de um novo produto, pode apostar que é um nicho aquecido.

    A Siftery cobre várias categorias de *software*, incluindo Marketing, Vendas e Desenvolvimento de Negócios, Suporte ao Cliente, Produto e *Design*, Análise e Ciência de Dados, RH, Finanças e Contabilidade e Produtividade.

2. **GetLatka.com** permite que você veja os números de clientes, valores de receita, métricas de preços e outros dados de empresas de *software* privadas. Se está pensando em lançar um *software*, dê uma olhada neste site para ver como outras pessoas com *softwares* semelhantes estão se saindo.

3. **BuiltWith.com** é um site que informa quais tecnologias outros sites usam. Em outras palavras, permite que você veja quais as

picaretas os garimpeiros estão usando. Se estiver interessado no setor de comércio eletrônico, vale a pena saber qual a participação no mercado das empresas atuais. Depois você pode fazer a engenharia reversa do motivo pelo qual os vencedores estão ganhando e os perdedores estão perdendo para aumentar suas chances de sucesso no mesmo nicho. Acesse a BuiltWith.com e clique em Ferramentas no menu para começar a explorar as tendências.

Consegui a captura de tela abaixo clicando em *WEB TECH NOLOGY TRENDS* no menu principal e, em seguida, em *ECOMMERCE* na coluna à esquerda. Aparece o gráfico a seguir, o que me mostra que a WooCommerce tem 10%, a Magento 11%, Shopify 9% e outras plataformas 44% do mercado de *e-commerce*. Entender quem tem as porcentagens de tecnologia de comércio eletrônico, ajuda a decidir a quem seguir. Por que o WooCommerce tem 10%? Por que o Shopify tem 9%? Existe alguma empresa nesses 44% que você pode comprar para começar a entrar nesse nicho? São os tipos de coisas que você pode aprender usando BuiltWith.com.

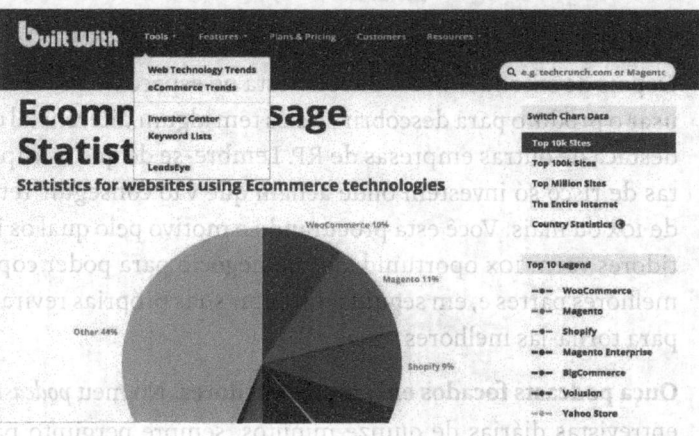

4. **O TechCrunch.com** é um blog focado no setor de tecnologia. Na parte inferior você pode ver todas as rodadas recentes de financiamento. Se vir uma grande quantia de dinheiro indo para uma determinada empresa, pode presumir que o nicho é quente. Os capitalistas de risco não investem se não identificarem uma oportunidade de mais de US$ 1 bilhão. Sequestre a pesquisa deles observando em que estão investindo.

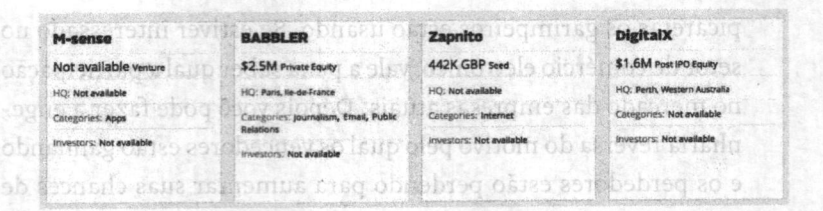

Você também pode usar a navegação lateral do TechCrunch para ver a classificação dos financiamentos pelos investidores, o tamanho do financiamento e o setor. Uma olhada mais detalhada no Babbler revela o seguinte:

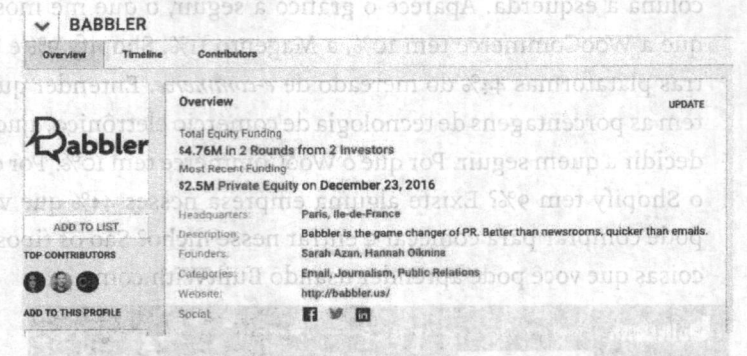

Depois de entender que o Babbler está no espaço de RP, você pode usar o produto para descobrir se eles têm algum diferencial que se destaca de outras empresas de RP. Lembre-se de que os capitalistas de risco só investem onde acham que vão conseguir retornos de 10x ou mais. Você está procurando o motivo pelo qual os investidores veem 10x oportunidades no negócio para poder copiar as melhores partes e, em seguida, inventar suas próprias reviravoltas para torná-las melhores.

5. **Ouça podcasts focados em empreendedores.** No meu *podcast*, com entrevistas diárias de quinze minutos, sempre pergunto para os CEOs qual é sua ferramenta on-line favorita. Isso me ajuda a encontrar novas ferramentas e mercados para pesquisar. Se eu gostar de algum nicho, decido se quero comprar uma empresa naquele nicho, construir uma eu mesmo ou investir em alguma já existente. (Para ouvir o meu *podcast*, acesse: http://NathanLatka.com/thetopitunes.) .Outros *podcasts* ótimos para descobrir novas ferramentas e mercados são Art of Charm, The Tim Ferriss Show e The $100 MBA.

6. **Pesquise grupos grandes no LinkedIn.** Se houver muitos membros em um grupo do LinkedIn focado em "Amazon analytics", você pode deduzir que existe interesse neste nicho. Se você optar por construir uma ferramenta para o espaço, parabéns, pois já terá o seu primeiro canal de distribuição.

Vamos supor que você esteja vendendo um produto digital. Nesse caso, faria a pesquisa no LinkedIn sobre grupos relacionados a marketing digital e descobrir que o maior é o Digital Doughnut, com mais de 1,5 milhão de membros. Em seguida, você identifica os administradores e escreve uma mensagem para o administrador do grupo. Sua meta é desenvolver um relacionamento com ele, para que eventualmente o dono sinta-se à vontade para compartilhar seu entusiasmo com o grupo acerca de algum produto que você esteja desenvolvendo. É uma grande oportunidade de canal de distribuição. Esta foi a minha troca de mensagens com o dono da Digital Doughnut:

John
● Active now   •••

4/29/2014

John • 5:17 AM

Nathan,

Acredito que sim, você também entrou em contato com Graham e Mike.

Sinta-se à vontade para me ligar em +44 794 905 0711

John

Em 28/04/14 7:18 Nathan Latka escreveu:

_____

Oi, John – Daniel me comunicou que você acredita que já temos uma hora marcada para conversar.

Acredito não ter entendido muito bem. A que horas é melhor para você para conversamos? Nós já confirmamos a data?

Write a message or attach a file

John •••
● Active now

Acredito não ter entendido muito bem. A que horas é melhor para você para conversamos? Nós já confirmamos a data?

Obrigado,

Em 15/04/14 4:56 Nathan Latka escreveu:
_____

Oi John – dando seguimento.

Você está disponível para uma conexão de 30 minutos para discutir. Em caso afirmativo, qual é o melhor e-mail para falar com você?

Em 31/03/14 6:41 PM, Nathan Latka escreveu:

John – acabamos de levantar US$ 2 milhões de um bilionário da Forbes para uma ideia de marketing digital que acreditamos incorporar o futuro...mas, não temos certeza.

John •••
● Active now

John – acabamos de levantar US$ 2milhões de um Bilionário da Forbes para uma ideia de marketing digital que acreditamos incorporar o futuro...mas, não temos certeza.

Gostaríamos de ter seu retorno sobre como usar os US$ 2 milhões e sobre o projeto secreto que estamos desenvolvendo que em última análise levou o bilionário a investir.

Mais detalhes aqui:

http://roanoke.com/business/blacksburg-startup-heyo-wins-million-investment/article_bfbaeedc-ae3a-11e3-9a4-0017a43b2370.html

Você está disponível para uma conexão de 30 minutos para discutir. Em caso afirmativo, qual é o melhor e-mail para falar com você?

Obrigado,

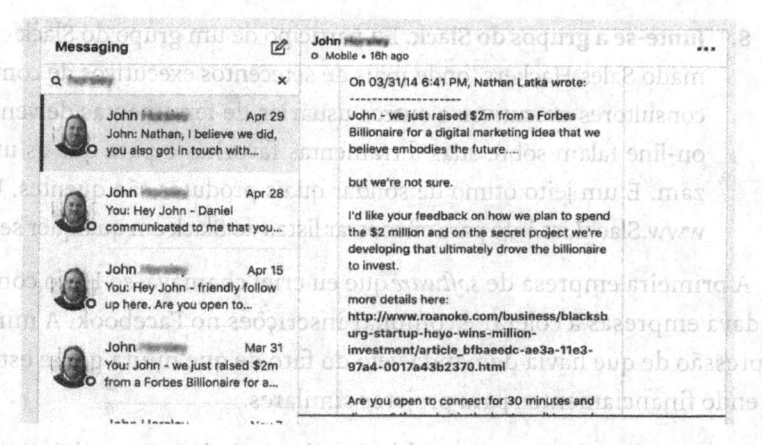

7. **Pesquise grupos do Facebook.** Use o Facebook para pesquisar grupos formados em torno de algum mercado. Digamos que você crie uma revista e decida que empreendedores estão entre o público-alvo. Nesse caso você procura grupos relacionados a empreendedorismo e entra em contato com os administradores desses grupos para tentar desenvolver relacionamentos. Em algum momento você pensa em uma maneira de promover o seu produto nesses grupos. Claro que é de uma arte delicada, mas esses grupos são aglomerados de pessoas para se relacionar, canais de distribuição para monopolizar quando decidir em qual mercado o seu produto se encaixa.

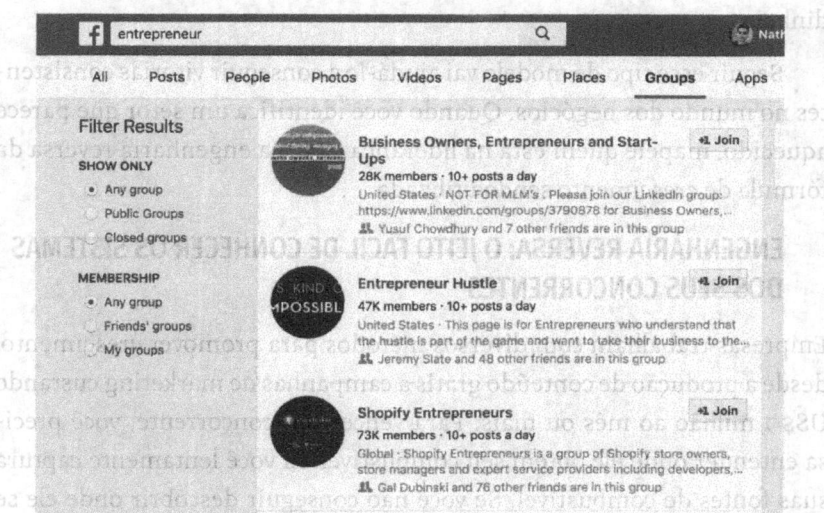

8. **Junte-se a grupos do Slack.** Eu participo de um grupo do Slack chamado Sales Hackers, onde mais de setecentos executivos de contas, consultores executivos e outros usuários de ferramentas de vendas on-line falam sobre suas ferramentas favoritas e para que as utilizam. É um jeito ótimo de sondar quais produtos são quentes. Use www.SlackList.info para encontrar listas do Slack em qualquer setor.

A primeira empresa de *software* que eu criei chamava-se Heyo.com, e ajudava empresas a coletar e compilar inscrições no Facebook. A minha impressão de que havia demanda veio do fato de que muita gente estava obtendo financiamentos para projetos similares.

Em outubro de 2010, a Buddy Media angariou um adicional de US$ 27 milhões de investidores pesados. A Wildfire (outra concorrente) conseguiu US$ 10 milhões. A Involver obteve US$ 8 milhões em outubro de 2010. Ficou muito claro que muitos ganhariam com aquela demanda – o que de fato aconteceu, com ganhos superando US$ 1 bilhão ao final de 2012.

Muita gente iria observar essa demanda e concluir que não podia competir por não ter financiamento, ou porque os concorrentes estão anos à frente. Totalmente falso. Pense. Se estão atolando todo esse dinheiro em um setor, os investidores estão desenvolvendo esse setor e fazendo com que seja mais fácil encontrar futuros clientes. Você transforma os recursos deles nos seus recursos quando se junta ao setor no qual eles estão despejando dinheiro.

Seguir esse tipo de modelo vai ajudá-lo a conseguir vitórias consistentes no mundo dos negócios. Quando você identifica um setor que parece aquecido, mapeie quem está na liderança e faça a engenharia reversa da fórmula de crescimento sendo utilizada.

ENGENHARIA REVERSA: O JEITO FÁCIL DE CONHECER OS SISTEMAS DOS SEUS CONCORRENTES

Empresas trabalham com diversos métodos para promover crescimento, desde a produção de conteúdo grátis a campanhas de marketing custando US$ 1 milhão ao mês ou mais. Para vencer um concorrente, você precisa entender onde ele obtém seu combustível. Aí você lentamente captura suas fontes de combustível. Se você não conseguir descobrir onde ele se abastece, não ataque. A seguir vou explicar como eu faço para descobrir por que as empresas estão crescendo e como elas conseguem seus clientes.

SimilarWeb é uma ferramenta que mostra quem está acessando determinados websites. Se eu quisesse abrir uma empresa para concorrer com a Todoist.com, bastaria entrar no SimilarWeb, digitar "Todoist.com" e seria gerado seguinte relatório:

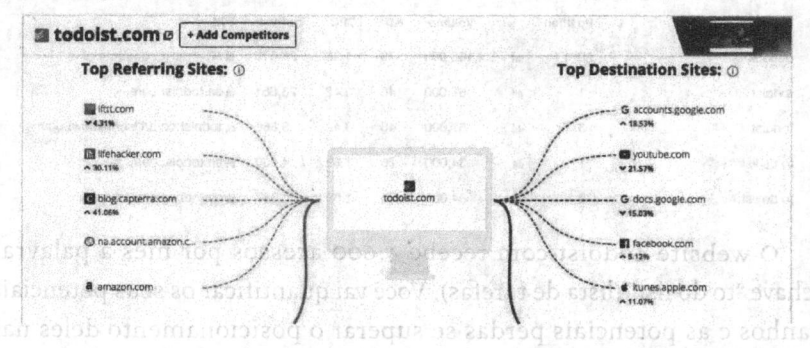

Dá para ver logo de cara que a maioria dos acessos ao site Todoist. com vem dos sites LifeHacker.com e Ifttt.com. Faça amizade com os CEOs/ autores desses blogs/websites. É uma dobradinha para persuadir essas pessoas a escreverem sobre a sua ferramenta ao mesmo tempo em que você prejudica o fluxo de acessos do seu concorrente. Mais adiante neste capítulo, vou mostrar como eu fiz e consegui mais de quatorze novos clientes me pagando US$ 360 cada em menos de 24 horas.

Ahrefs é uma ferramenta que revela quais buscas no Google direcionam o acesso para o site do seu rival. Acessar o website https://Ahrefs.com e digitar "Todoist.com" gera o seguinte relatório:

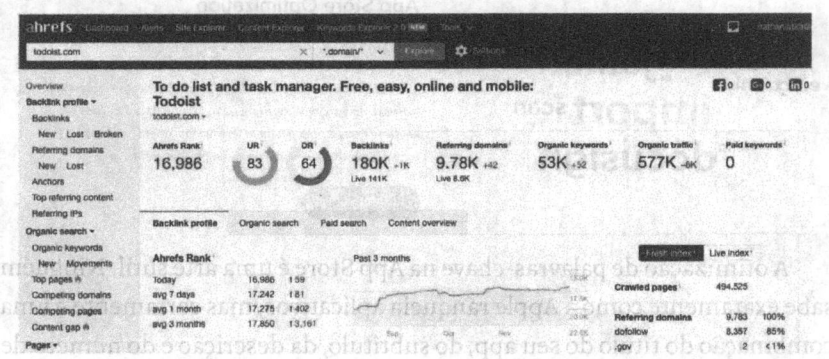

Cinquenta e três mil palavras-chave orgânicas significa que existem cinquenta e três mil palavras que as pessoas podem pesquisar no Google vinculadas à Todoist – ou seja, a Todoist.com vai aparecer nos resultados de buscas orgânicas por estes termos. Você pode verificar quais são estes termos clicando em "Organic Keywords" (palavras-chave orgânicas):

Keyword	Position	Volume	KD	CPC	Traffic ↓	URL
outlook	20 ↑1	4,100,000	79	1.38	28,618	en.todoist.com/outlook ▾
todoist	1	67,000	48	3.42	23,861	en.todoist.com/ ▾
todoist	3	67,000	48	3.42	9,865	todoist.com/Users/showLogin ▾
to do list	1	34,000	76	1.69	4,600	en.todoist.com/ ▾
to do list	2	34,000	76	1.69	3,987	en.todoist.com/chrome ▾

(14,717   3,927   3,528   2,417   More ▾   14,717 results)

O website Todoist.com recebe 4.600 acessos por mês à palavra--chave "to do list" (lista de tarefas). Você vai quantificar os seus potenciais ganhos e as potenciais perdas se superar o posicionamento deles nas palavras "to do list". Este livro não trata de marketing de conteúdo ou SEO (otimização em mecanismos de busca), mas estas são as táticas que você pesquisaria no Google e aplicaria para superar o posicionamento de qualquer palavra-chave no Todoist.

Use **App Annie** caso esteja tentando estudar um mercado no nicho de aplicativos para celular. Por exemplo, se eu estivesse analisando o setor de assinatura de documentos, poderia explorar como o HelloSign está tão bem posicionado na App Store. Acessar o App Annie e pesquisar "HelloSign" produz essa nuvem de palavras, nas quais vejo o que as pessoas pesquisam na App Store para encontrar o HelloSign:

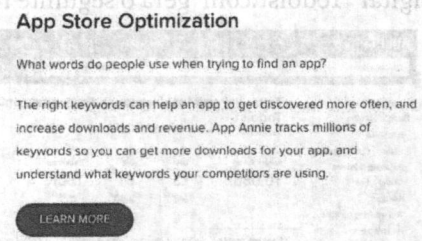

A otimização de palavras-chave na App Store é uma arte sutil. Ninguém sabe exatamente como a Apple ranqueia aplicativos, mas certamente é uma combinação do título do seu app, do subtítulo, da descrição e do número de avaliações que você tem. Então é importante garantir que o seu subtítulo e sua descrição contenham as mesmas palavras-chave que direcionam o público para o website do HelloSign.

Ao final deste capítulo, vou mostrar como levei a Heyo.com a uma receita cumulativa de US$ 5 milhões, com 10 mil clientes e US$ 2,5 milhões arrecadados usando estas táticas.

Primeiro vamos falar sobre como concretizar o seu produto. Para reiterar, vou focar no espaço de tecnologia para este exemplo, mas muitos setores podem seguir o mesmo processo.

Use Toptal ou Upwork para construir uma versão da ferramenta deles com um toque pessoal seu

A pergunta mais frequente que ouço vem de pessoas com mentalidade empreendedora que não conseguem convencer um programador a entrar no projeto. O empreendedor não quer ceder uma parte de sua empresa – o que costuma ser difícil, porque se você está criando uma empresa na área de tecnologia, vai precisar de conhecimentos técnicos especializados.

Para manter a maior parte do capital da sua empresa e encontrar um programador rapidamente o melhor caminho é usar o Toptal.com. Outra versão do Toptal, com menos programadores talentosos, é o UpWork.com. Use estes sites para contratar *freelancers* que trabalhem cobrando por projeto. Assim você tem acesso ao conhecimento técnico necessário para o seu projeto sem precisar ceder patrimônio.

Ajude o *freelancer* a ter uma ideia do que você precisa mostrando projetos que você queira copiar. Recentemente fiz uma entrevista com Jim Fowler, que vendeu o Jigsaw para a Salesforce por mais de US$ 120 milhões. Durante a nossa entrevista, Jim falou comigo sobre seu novo empreendimento, o Owler.com. Já fazia um tempo que estava pensando em alguma forma de apresentar os dados de negócios que eu tinha coletado, e gostei da forma como ele o fez. É muito mais simples usar este exemplo quando vou explicar aos meus programadores do Toptal o que desejo, em vez de eu mesmo criar uma nova versão para o Get.Latka.com.

GetLatka é o meu website para ajudar empreendedores a obter o máximo de dinheiro possível ao vender suas empresas, ajudar investidores a conseguir melhores acordos e ajudar equipes trabalhando com desenvolvimento de projetos de grandes empresas a encontrar bons negócios para aquisição. O *layout* é parecido com o do Owler. A fonte dos dados é muito diferente.

Como fazer uma cópia rapidamente

Foi assim que eu usei o Toptal para lançar o GetLatka.com:

1. Faça um anúncio e deixe os recrutadores do Toptal encontrarem programadores talentosos. Eu usei o website Balsamiq.com para criar fluxos de usuário diferentes na nova ferramenta, o que ajuda o meu programador a calcular melhor quanto tempo (e dinheiro!) um projeto pode custar:

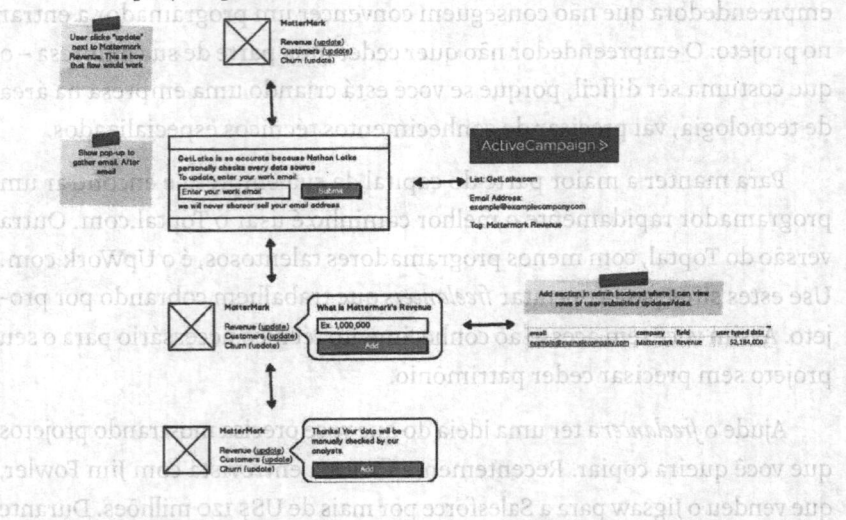

2. Entreviste os candidatos pelo Skype e decida se quer contratá-los ou não. Eu fiz duas entrevistas e contratei um sujeito chamado Steven e mora na Ucrânia, pois ele fez as melhores perguntas sobre o fluxo de usuário que enviei.

3. Use o Toptal para pagar o seu programador, e use algo como Bitbucket, Asana ou Trello para administrar as tarefas.

4. O Toptal ganha dinheiro pagando US$ 50 por hora para programadores e vendendo esse tempo para você por US$ 65 a hora (ou

mais). Isso ajuda a poupar um bocado de tempo tentando encontrar os profissionais.

Existem duas razões pelas quais prefiro muito mais usar um website como o Toptal para construir o meu protótipo inicial:

1. Você preserva 100% do capital da sua empresa.

2. Você não aumenta as despesas mensais fixas da mesma forma que aconteceria contratando um funcionário. Além disso, não precisa se preocupar com planos de saúde, aniversários ou festas no escritório (que costumam ser um desperdício de tempo).

Última observação quanto à elaboração do seu protótipo: estabeleça um orçamento e aja de acordo.

Há muitos recursos que ensinam a criar um produto minimamente viável, então não vou entrar em detalhes quanto a isso. Você dever se esforçar para gastar menos de US$ 5 mil antes de conquistar seu primeiro cliente. O ideal é até menos.

Ganhei os primeiros US$ 5 mil com o GetLatka vendendo este protótipo inicial bem feio da minha base de dados na forma de um arquivo CSV:

Meu primeiro cliente começou a me pagar US$ 1 mil por mês no dia 12 de junho de 2017, em troca de acesso à minha base de dados com métricas corporativas e fluxo de negócios:

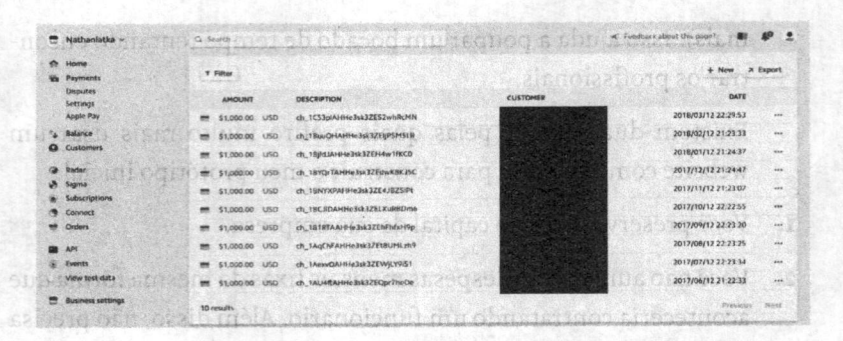

Inclua os primeiros clientes nas discussões sobre o produto para que estabeleçam um investimento emocional em você e no produto. Você quer que eles sintam orgulho de ter chegado primeiro. Se fizer isso direito, eles vão se gabar para os amigos sobre como "descobriram" você. Quando eu fazia novas atualizações no GetLatka.com, sempre perguntava aos meus primeiros clientes o que eles achavam:

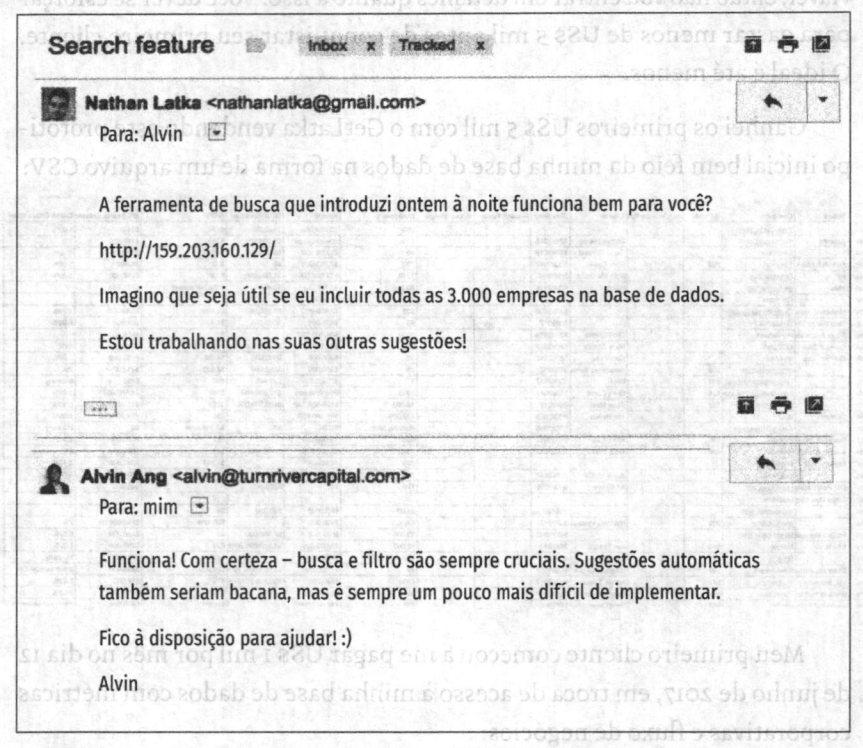

Em seguida cadastre novos clientes e sempre aumente o preço. O meu segundo cliente no GetLatka.com pagou US$ 2 mil/mês:

Payments				+ Create payment
▬ $2,000.00 USD		ch_1C13ICAHHe3sk3ZEE2fGP9SI	▬▬▬▬▬▬	2018/03/01 20:06:40 •••
▬ $2,000.00 USD		ch_1Bqu3sAHHe3sk3ZEoSL2F9m1	▬▬▬▬▬▬	2018/02/01 20:13:56 •••
▬ $2,000.00 USD		ch_18fe9bAHHe3sk3ZEIr6dOMdE	▬▬▬▬▬▬	2018/01/01 19:01:19 •••
Active subscriptions				+ Add subscription
▣ GetLatka Jan18 ($2,000.00/month)				ACTIVE •••

Hoje eu cobro US$ 20 mil ao mês por esse tipo de base de dados. E só aumento os gastos com a empresa conforme tenho aumentos na receita. Para cada dólar de receita, gasto US$ 0,10 com programadores para aperfeiçoar o produto. Já cheguei a investir US$ 50 mil expandindo o GetLatka.com sem nunca entrar nos meus fundos pessoais.

Quando você acabar de usar o Toptal para criar o seu produto minimamente viável, terá de começar a pensar em maneiras de atacar os seus concorrentes.

1. Caso eles tenham um fórum de suporte, procure pelas características mais solicitadas que ainda não existem. Eu chamo isso de "guia de lançamento orientado pelo suporte técnico". Você pode literalmente criar uma empresa com base nas informações que encontrar. Se quiser criar uma concorrente para a Cratejoy, pode entrar na página de solicitação de *feedback*, www.cratejoy. ideas.aha.io , e desenvolver uma solução para algo que os clientes claramente desejam (como 56 votos a favor de dar aos clientes existentes a possibilidade de acrescentar algo ao carrinho).

	Checkout **convidado**
2 votos	Se os clientes pudessem fazer o *checkout* sem ter que preencher o e-mail e senha (para criar uma conta), talvez isso rendesse taxas de conversão maiores nas páginas iniciais de *checkout*. Isso é útil para novos clientes que estejam comprando um produto por assinatura, seria...
	Possibilitar a clientes existentes a inclusão de algo na próxima entrega
56 votos	Com o novo aplicativo de add-ons, vendedores podem oferecer produtos únicos como add-ons aos produtos de assinatura nas páginas iniciais. Isso é útil para clientes novos que estejam comprando um produto por assinatura. Seria...

Se você construir uma ferramenta que só inclua esta característica a mais, já pode começar a enfraquecer o domínio dos seus concorrentes no mercado.

2. Entre em sites de comparação e avaliação como o G2 Crowd para ver quais são as avaliações negativas que seus concorrentes recebem.

As avaliações negativas vão ajudá-lo a descobrir aspectos para criar o que concorrentes rivais ainda não oferecem, mas lembre-se: raramente os melhores produtos são os que ganham. É aí que entra a distribuição.

ATAQUE OS CANAIS DE DISTRIBUIÇÃO DOS SEUS CONCORRENTES: COMO CONSEGUI O PRIMEIRO LUGAR EM UM BLOG DE NEGÓCIOS COM BOM PÚBLICO

Em 2014, quando eu estava tentando entender como a ShortStack.com, concorrente da Heyo.com, conseguia tantos acessos, constatei (com a ferramenta Aherfs.com) que muitos desses acessos vinham de um post no blog GuavaBox.com, sob o título "Aplicativos de Promoções do Facebook: os 5 Melhores Apps para sua próxima promoção". A lista não incluía a minha empresa, a Heyo.com.

Leia a seguir minha troca de e-mails com o cofundador da GuavaBox, na qual acabei conseguindo convencê-lo a incluir um link para o "Montador de páginas de promoções grátis da Heyo" no topo do artigo.

Eu:
Oi, pessoal, vi que vocês escreveram este artigo no espaço de promoções do Facebook. Estou desenvolvendo uma ferramenta nesse espaço e tenho 2 perguntas sobre o novo *design* que estamos prestes a lançar. Vocês estariam disponíveis a um telefonema para eu mostrar meu conteúdo pessoal?
...

Guava Box:

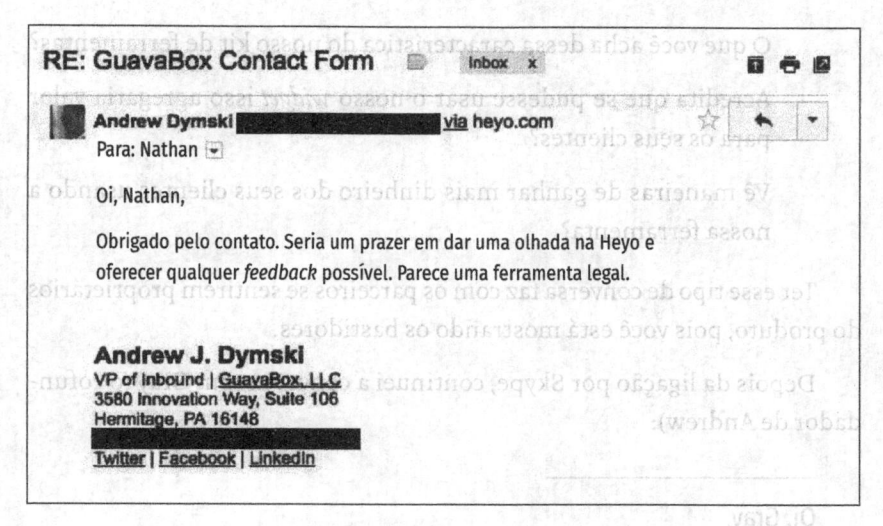

Eu:

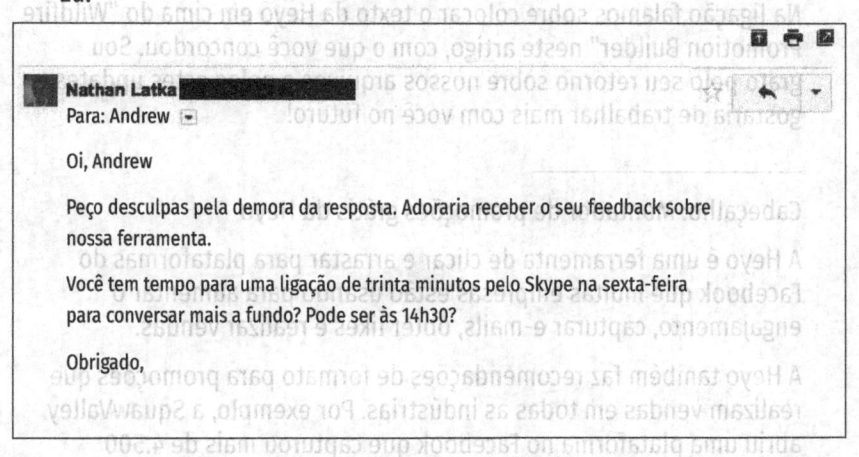

Quando consegui contato com eles pelo Skype, fiz uma série de perguntas para levá-los a se comprometer emocionalmente com o produto, como:

O que você vende para os seus clientes atualmente?

Que ferramentas você está usando? Do que você gosta nelas? Do que não gosta nelas?

Você está usando algum dos concorrentes da Heyo?

Em seguida eu fiz com que se envolvessem com o nosso produto fazendo perguntas como:

O que você acha dessa característica do nosso kit de ferramentas?

Acredita que se pudesse usar o nosso *widget* isso agregaria valor para os seus clientes?

Vê maneiras de ganhar mais dinheiro dos seus clientes usando a nossa ferramenta?

Ter esse tipo de conversa faz com os parceiros se sentirem proprietários do produto, pois você está mostrando os bastidores.

Depois da ligação por Skype, continuei a conversa com Gray (o cofundador de Andrew):

Oi, Gray,

Na ligação falamos sobre colocar o texto da Heyo em cima do "Wildfire Promotion Builder" neste artigo, com o que você concordou. Sou grato pelo seu retorno sobre nossos arquivos e pelos estes updates, e gostaria de trabalhar mais com você no futuro!

Cabeçalho: Montador de promoções grátis da Heyo

A Heyo é uma ferramenta de clicar e arrastar para plataformas do Facebook que muitas empresas estão usando para aumentar o engajamento, capturar e-mails, obter likes e realizar vendas.

A Heyo também faz recomendações de formato para promoções que realizam vendas em todas as indústrias. Por exemplo, a SquawValley abriu uma plataforma no Facebook que capturou mais de 4.500 endereços de e-mail em menos de 10 dias.

Outra empresa, a Nicolette Island Inn, capturou 25% de todos os endereços de e-mail dos seus fãs usando o formato da Heyo em que os usuários acrescentam seu e-mail, clicam em "like", "compartilhar" e "tweet" para ter chances de ganhar.

Um dos nossos aspectos favoritos da Heyo é que sempre que você desenvolve uma plataforma ela é automaticamente otimizada para dispositivos móveis e gera uma pequena URL para usar no marketing. Clique aqui para iniciar um teste grátis.

Gray... sinta-se à vontade para mudar o que considerar apropriado. Você conhece o seu público muito melhor do que eu!

Por favor, note que isso não inclui o seu link afiliado. Você pode acessar Lujure.Zferral.com (o nosso programa) e pegar o seu link aqui:

OU

Pode esperar para atualizar os links quando lançarmos o nosso programa de US$ 100 por cadastro, em cerca de quatro semanas. Entre em contato caso tenha alguma pergunta.

Obrigado,

...

Vários dias depois, Gray atualizou o post no blog para incluir a Heyo bem no alto:

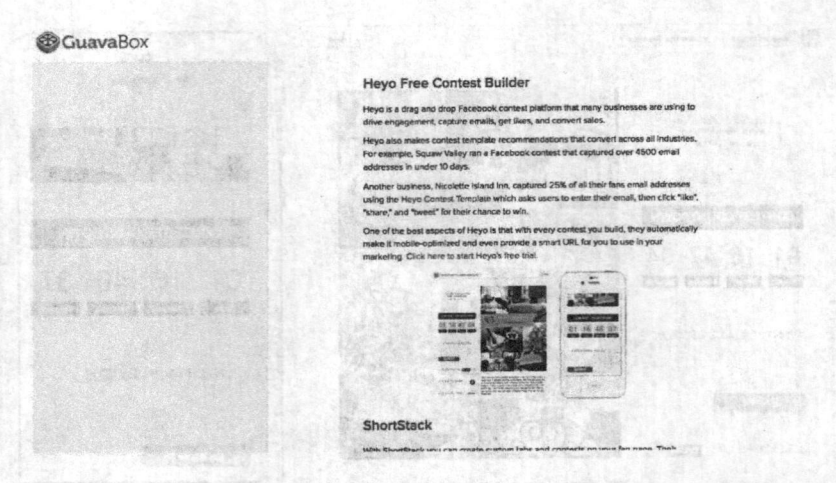

Nos primeiros trinta dias em que este artigo ficou on-line, conquistamos quatorze novos clientes pagando US$ 30/mês. Eu sabia que os clientes continuassem conosco por bem mais de doze meses (mais de US$ 360 para cada cliente), não havia problema em pagar US$ 100 por novo cliente. Ele ganhou US$ 1.400 (14 novos clientes × US$ 100), a Heyo ganha US$ 5.040 (14 novos clientes × US$ 360 cada).

Existem milhares de batalhas como essa por aí que você vencer. A propósito, não existem oportunidades assim caso você esteja tentando criar algo novo. O exemplo acima funcionou porque a GuavaBox tinha postado uma lista com as principais ferramentas já criadas no meu espaço. Eu apenas sequestrei a lista ao incentivar a GuavaBox com mais força que os outros.

Entre em contato com os autores de artigos antigos sobre os seus concorrentes e tente desenvolver um relacionamento com eles. Muitas vezes eles podem modificar conteúdo antigo, e talvez isso ajude a aumentar o seu volume mensal de acessos. Com o bônus de esse acesso ser surrupiado dos seus concorrentes!

Investimentos desse tipo ficam mais valiosos com o tempo. Depois que você faz o arranjo, o retorno vem em fatias pequenas, como cinco a dez visualizações a mais por mês. Pense nisso como uma pilha de folhas de papel. No começo não parece nada, mas se você acrescentar uma nova folha todos os dias durante 365 dias, a pilha começa a ficar grande! Acrescentando essas técnicas de distribuição camada após camada sobre o produto, com consistência e ao longo do tempo, você vai começar a emergir como líder do seu espaço.

Outro ótimo investimento é comprar canais de distribuição – se for possível – em vez de pagar para aparecer neles. Então, em vez de pagar, digamos, US$ 5 mil para ser mencionado numa lista de e-mails uma vez, tente comprar a empresa inteira para que a lista seja sua. Foi exatamente o que eu fiz com a The Top Inbox. Você pode fazer isso com qualquer coisa – com um website de curadoria ou de avaliações, um canal no Youtube ou qualquer outro canal de distribuição em que consiga pensar.

Resumo

- **Passo 1**: Encontre um setor aquecido: use sites de crowdfunding como o Kickstarter para ver o que está angariando mais apoio, e sites como o Siftery.com para descobrir quais empresas estão conseguindo clientes novos mais rapidamente.

- **Passo 2**: Descubra quem está na liderança: use Ahrefs, Similar-Web e outras ferramentas para ver como os seus concorrentes conseguem acessos.

- **Passo 3**: Crie a sua própria versão: use Toptal ou Upwork para criar a sua versão do produto do concorrente. Comece copiando o que funciona, e depois leia os fóruns de suporte para acrescentar melhorias rápidas.

- **Passo 4**: Ataque os canais de distribuição deles: entre em contato com blogueiros e influenciadores que já trabalharam com os seus concorrentes. Use o meu roteiro para convencê-los a promover.

Outro ótimo investimento é comprar canais de distribuição – se for possível – em vez de pagar para aparecer neles. Então, em vez de pagar, digamos, US$ 5 mil para ser mencionado numa lista de e-mails uma vez, tente comprar a empresa inteira para que a lista seja sua. Foi exatamente o que eu fiz com a The Top Inbox. Você pode fazer isso com qualquer coisa – com um website de curadoria ou de avaliações, um canal no Youtube ou qualquer outro canal de distribuição em que consiga pensar.

RESUMO

- **Passo 1:** Encontre um setor aquecido: use sites de crowdfunding como o Kickstarter para ver o que está ganhando mais apoio, e sites como o Sifter.com para descobrir quais empresas estão conseguindo clientes novos mais rapidamente.

- **Passo 2:** Descubra quem está na liderança: use Ahrefs, Similar-Web e outras ferramentas para ver como os seus concorrentes conseguem acessos.

- **Passo 3:** Crie a sua própria versão: use Toptal ou Upwork para criar a sua versão do produto do concorrente. Comece copiando o que funciona, e depois leia os fóruns de suporte para acrescentar melhorias rápidas.

- **Passo 4:** Ataque os canais de distribuição deles: entre em contato com blogueiros e influenciadores que já trabalharam com os seus concorrentes. Use o meu roteiro para convencê-los a promover

12

MULTIPLICANDO SEU NEGÓCIO

Ser esperto era quando você olhava como as coisas eram e usava as evidências para criar algo novo.
— Mark Haddon

As pessoas costumam pensar que todo o dinheiro que eu ganhei foi por intermédio da mídia – especialmente com meu *podcast* diário e o show no Facebook Live, já que ambos têm audiências de milhões de pessoas. Isso é verdade até certo ponto, mas não conta a história toda. O que as pessoas não percebem é que meus maiores fluxos de renda vêm de projetos se desenvolvendo atrás dos bastidores.

Grande parte da minha renda "oculta" é resultado de multiplicadores. Já falei sobre isso no capítulo 1 multiplicar é identificar modelos que vinculam diferentes projetos e usar essa relação para ganhar mais dinheiro. É como você faz acontecer a mágica do 1 + 1 = 3. Por exemplo, CEOs entrevistados no meu *podcast The Top Entrepeneurs* entendem o apelo se verem promovidos pela The Top Inbox, então eu ofereço um pacote de patrocínio que proporciona exposição em ambos os canais (um novo fluxo de renda que eu não teria sem os dois projetos originais).

Se achar que não tem fluxos de renda suficientes para começar a multiplicá-los não se preocupe. Você pode descobrir novas ideias com bastante facilidade. A abordagem mais direta é muito simples, eu aplico o tempo todo e nunca me decepciono.

QUAL É O MOTIVO DE OS CLIENTES PAGAREM 2X MAIS?

Use o meu roteiro e pergunte aos seus clientes.

Há uma maneira específica de fazer isso para conseguir a informação que você quer: assim que um de seus clientes desconectar, pergunte quais outros produtos similares eles compram. Você pode fazer isso independentemente de ter cem, mil ou três clientes. Mande um e-mail perguntando: "Que outras ferramentas você comprou para ajudá-lo com X?"

"X" é qualquer espaço que você ocupe, ou problema que você resolva. Então, se você estiver vendendo *software* para declaração de IR, pode perguntar aos clientes (quer estejam pagando ou fazendo um teste grátis) quais outras ferramentas eles compraram para ajudar a manejar seus impostos e finanças.

Gostaria de deixar claro que isso é totalmente diferente de perguntar aos clientes *o que eles querem*. Existem muitas coisas que as pessoas dizem que querem, mas isso não quer dizer que vão comprar. Saber o que elas realmente compraram é o que revela no que estão dispostas a gastar seu dinheiro hoje.

Você vai receber várias respostas. Ouça todas e procure por padrões nessas respostas. As pessoas sempre mencionam o mesmo produto, ou a mesma necessidade? A partir daí você pode optar por:

▸ **Comprar a outra empresa**. Se eu ouço com frequência que meus clientes também compram o produto da empresa X, uso o que ensinei no Capítulo 9 para determinar como posso comprar essa empresa. É mais fácil do que lançar uma nova empreitada, se você tiver espaço no seu portfólio para adquirir mais uma. Nesse caso, vai poder vender os produtos da nova empresa para a sua clientela atual.

▸ **Fazer uma parceria com a outra empresa.** Se você não puder comprar, proponha uma união de forças. Se muitos dos seus clientes gostam do produto da outra empresa, existem boas chances dos clientes deles comprarem os seus produtos. Ambos saem ganhando se vocês puderem cruzar as vendas dessa maneira.

▶ **Acrescentar um produto semelhante na sua empresa atual.** Nesse caso, não há necessidade de lançar uma nova empresa. Basta acrescentar o produto como uma função adicional para aquilo que os seus clientes já estão comprando. Assim, se os seus usuários de *software* para calcular impostos disserem que também estão pagando por ferramentas para rastrear recibos ou inventário, você pode vender itens semelhantes e agrupá-los com seu produto original.

Um exemplo famoso dessa abordagem com um produto físico está no McDonald's. Eles perceberam logo que as pessoas gostam de comer fritas com hambúrguer, então decidiram agrupar esses produtos. Agora os clientes são mais propensos a comprar os dois todas as vezes. O McDonald's também cria novos fluxos de renda copiando artigos populares de outras cadeias de restaurantes. Quando o Starbucks decolou, o McDonald's lançou o McCafé e começou a oferecer drinques sofisticados com café. Quando perceberam que ninguém estava consumindo a salada iceberg, copiaram as redes Panera e Chick-fil-A e acrescentaram novos ingredientes coloridos e nutritivos.[3]

Neste capítulo, vamos nos concentrar em como acrescentar novos produtos ao que você já está vendendo. Isso também está relacionado com a estratégia de crescimento mais eficaz que descobri para obter novos fluxos de renda e com a qual você possa começar a ter multiplicadores: indo mais fundo com os clientes atuais, não mais longe com os novos clientes; ou seja: aprofundar o relacionamento com seus clientes atuais, não ampliar relacionamentos rasos com novos clientes.

AUMENTANDO A RECEITA: COMO CHEGAR A US$ 1 MILHÃO

As pessoas costumam achar que a única maneira de fazer uma empresa crescer é expandindo sua base de clientes. Isso não é verdade. Trazer mais clientes é a última coisa que tento fazer quando crio estratégias para aumentar a receita. É muito mais eficaz pensar em obter novas receitas das pessoas que já estão pagando ou seguindo você.

---

3 Disponível em: http://www.businessinsider.com/mcdonalds-is-changing-its-salad-2016-6.

Deixe que este seja o seu mantra sempre que pensar em expandir sua empresa: vá mais fundo, não mais longe.

Uma maneira de fazer isso é lançando um novo produto que os seus clientes se digam dispostos a comprar. Mesmo que eles já tenham aquilo e não pretendam comprar novamente, novos clientes se tornam mais propensos a comprar de você, pois acham todos os seus produtos atraentes. Então, sim, aqui novos clientes têm um papel importante, mas o seu principal foco é ir mais fundo, não mais longe, ao conseguir fazer com que todos os seus clientes paguem mais.

Pense como fazer para que os seus clientes atuais paguem mais para obter mais valor. Existe um equilíbrio a ser atingido aqui – você não quer que um cliente represente mais de 10% da sua receita. Isso é arriscado. Mas se puder conseguir com que um pequeno grupo de pessoas pague bastante por algo que todos queiram, o seu potencial de renda será enorme.

Nº de clientes	Preço por cliente (mês)	Receita anual
5	US$ 16.600	US$ 1 milhão
100	US$ 833	US$ 1 milhão
5.000	US$ 16	US$ 1 milhão
100.000	US$ 0,80	US$ 1 milhão
Faça uma pausa para considerar qual modelo de negócios você usaria se tivesse apenas cinco clientes, em comparação com o modelo que usaria se pudesse ter 100 mil clientes.		

Tente se desafiar impondo um limite criativo ao seu número de clientes. Pergunte-se:

▸ Como eu construiria uma empresa multimilionária se só pudesse ter 50 clientes?

▸ Que produtos eu venderia para eles?

▸ Quanto eu cobraria?

▸ Como eu administraria o aumento dos preços ao longo do tempo?

▸ Por quais produtos eles ficariam felizes em pagar mais?

Percebi que o GetLatka.com nunca seria um produto para ser vendido para 1 milhão de pessoas por US$ 30/mês. Simplesmente não existem tantas pessoas interessadas em dados SaaS para B2B.[4] Mas o website agrega muito valor para um grupo bastante pequeno de pessoas envolvidas com capital de risco. Então eu decidi que atrairia clientes, e os manteria, limitando o número de novos usuários. Manter um círculo pequeno também me permite entregar a cada cliente um serviço excepcional, além de desenvolver uma lista de espera.

Hoje eu limito a minha base de clientes a mais ou menos cinquenta. A cada poucos meses envio um e-mail avisando que o valor mensal vai subir. Cerca de um a três clientes desistem por conta do aumento, então essas vagas vão para a lista de espera. Aí eu escrevo um e-mail para a lista de espera dizendo: "Oi, nós estamos com três vagas disponíveis por X dólares (o novo preço)". As vagas são preenchidas na hora.

Meu público sabe que eu só vou manter cinquenta clientes por vez. Esse fato cria uma urgência que leva as pessoas na lista de espera a correr assim que uma vaga é aberta. Estou indo mais fundo, não mais longe, para aumentar o fluxo de renda cobrando mais de cada cliente sempre que subo os preços.

Clate Mask, CEO da Infusionsoft, também usou uma abordagem que favorece a profundidade em vez da superficialidade para aumentar sua receita. Ele me contou que, em 2014, sua rotatividade de clientes era 8 % ao mês. Isso significa que a cada 100 clientes que se cadastravam para usar seu *software*, só restariam 92 no mês seguinte. É uma rotatividade muito alta se você está tentando construir uma empresa de *software*.

Então ele fez algo contraintuitivo: começou a cobrar mais dos clientes, e passou a ter menos desistências. Como isso funcionou? Bem, ele descobriu que a rotatividade era alta porque os usuários se inscreviam para usar o *software* como um teste grátis, mas não começavam a usá-lo imediatamente. Quando o período de teste se encerrava, eles saíam.

4 * B2B: business to business, ou negócios entre empresas. SaaS, ou Software as a Service, é uma forma de disponibilizar *softwares* e soluções de tecnologia por meio da internet, como um serviço. Com esse modelo, a empresa usuária não precisa instalar, manter e atualizar *hardwares* ou *softwares*. (N.T.).

Quando Clate acrescentou uma taxa de US$ 2.500 no início do processo de vendas, seus clientes ficaram mais comprometidos. Ele começou a atrair clientes mais sérios, enquanto afastava aqueles que não pretendiam pagar pelo serviço. Também conseguiu arcar com o custo de oferecer um técnico para dar suporte para cada cliente, com o objetivo de ajudá-los a dominar logo o processo. A rotatividade caiu de 8% para 2%. Ele passou a recrutar menos clientes, mas eram clientes que pagavam mais e tendiam a continuar pagando por períodos mais longos.

Se você ainda está conhecendo os seus clientes, pode estender uma rede mais ampla a princípio, em seguida estudar o comportamento deles por alguns meses: Quem já fez um novo pedido? Quem pagou mais? À medida que começa a identificar essas tendências, pode ajustar sua abordagem para servir os melhores pagantes de maneira mais direta.

A imagem na página seguinte mostra quantos clientes cancelaram sua assinatura com a minha primeira empresa, a Heyo, dependendo do mês em que haviam iniciado. Chamávamos isso de análise de rotatividade de grupo. Dos 443 clientes que iniciaram sua assinatura em fevereiro de 2014, 84,7% saíram até fevereiro de 2016. Se eu estivesse explorando novos formatos de preços, entraria em contato com os 15,3% de clientes que entraram em fevereiro de 2014 e continuam me pagando para tentar identificar a razão por trás de sua fidelidade.

Em seguida, eu atualizaria o meu sistema de preços, ou introduziria *upsell*, com base nas razões que fazem com que esses clientes mais fiéis continuem pagando. No caso da Heyo, os clientes que passaram mais tempo pagando foram os que tiveram mais resultados usando nossa ferramenta no Facebook. Assim, começamos a vincular o preço a esses resultados, e as vendas decolaram logo em seguida.

Qualquer um pode fazer isso com sua empresa. Verifique quais clientes pagaram mais, historicamente, e aí descubra por que eles pagaram, e introduza faixas de preço baseadas nessa análise. Não tome decisões com base apenas em sua intuição, que às vezes está certo, mas também pode enganá-lo. Você precisa de intuição + dados.

	Totais	% de rotatividade
Fev-14	443	84,7%
Mar-14	401	82,4%
Abr-14	418	78,6%
Maio-14	304	79,2%
Jun-14	438	81,6%
Jul-14	396	77,5%

Mas tenha cuidado: não aumente o preço com serviços adicionais sem bons motivos. Os clientes têm baixa tolerância para isso. Crie serviços adicionais baseados na utilização, se isso for possível em seu modelo de negócios, pois assim os clientes já estarão viciados quando tiverem de encarar os novos preços. Nós fizemos isso com a Heyo, e é como eu monetizo a The Top Inbox – você estabelece um pagamento de US$ 5/mês depois de cinquenta utilizações. É uma decisão muito fácil para os clientes pagarem a essa altura, visto que já são usuários regulares.

Ao aumentar o valor de venda de produtos físicos, pense sobre como os supermercados dispõem os caixas, ou em como a Amazon usa a ferramenta "pessoas que compraram este produto também compraram este". Não é inadequado colocar bolinhas de pingue-pongue ao lado da cerveja em uma numa cidade universitária. Os vendedores sabem que a maioria dos universitários que compram cerveja (US$ 9,99) também vão comprar bolinhas de pingue-pongue para jogar *beer pong*. Dessa forma, você aumenta o valor médio pago por cliente de US$ 9,99 para US$ 13,98.

A versão irritante dessa tática ocorre quando você está em uma loja da Verizon e o vendedor tenta empurrar um monte de extras que você não quer: cabos, carregadores, "o novo plano de dados por apenas US$ 1/mês". Certifique-se de usar esta estratégia com itens que o cliente já esteja pensando em comprar.

TRÊS TÁTICAS MULTIPLICADORAS QUE AUMENTARÃO SUA CARTEIRA DE CLIENTES

Quando você tiver múltiplos projetos ou produtos estabelecidos, pode começar a multiplicar. Em todos os acordos que já negociei, descobri três táticas multiplicadoras que, quando são utilizadas juntas, garantem os maiores retornos.

Tática Multiplicadora nº 1: Aumente o "recheio da carteira" prolongando o tempo que o cliente passa sob seu controle.

O recheio da carteira é simplesmente o tanto de dinheiro que cada cliente gasta nos seus produtos. Você sabe que o recheio da carteira está aumentando quando as compras no seu carrinho – o valor médio que as pessoas gastam – começam a aumentar.

A ideia é maximizar o tempo que um cliente passa em seu ecossistema para que mais produtos possam ser postos na frente dele. Como clientes, nós sucumbimos a essa tática o tempo todo, especialmente quando achamos que estamos pagando menos por comprar tudo no mesmo lugar.

É exatamente por isso que a Costco vende apenas para associados, e que a Amazon tem o Amazon Prime. Elas sabem que você vai comprar lá com mais frequência se tiver investido em uma taxa de associação. Também é por essa razão que ficamos tão bêbados em cruzeiros com tudo incluso. Você começa a beber às 8h e bebe o dia inteiro, todos os dias, porque quer aproveitar tudo a que tem direito.

O Walmart é valioso por si mesmo, assim como qualquer posto de gasolina. No entanto, eles têm mais valor juntos, pois dessa forma passamos mais tempo "sob o controle deles". Ao sair do estacionamento do Walmart, já esvaziamos a nossa carteira comprando de tudo, de papel higiênico a pizzas congeladas, de energéticos à lavagem do carro que vem junto com a gasolina.

Tudo bem, você não é o Walmart, nem a Amazon ou a Costco – nem de longe – mas qualquer um pode aumentar o recheio da carteira, independentemente do tamanho de sua empresa. A chave é simplesmente compreender o que mais os seus clientes compram que tenha relação com os produtos que você vende.

Vamos supor que você venda capas para iPhone. E que fez um bom trabalho e suas capinhas tiveram um bom resultado na Amazon, passando a ser distribuídas num ponto de vendas. Por maior que seja a disponibilidade do seu produto, o trabalho que você investiu para obter essa distribuição pavimentou o caminho para qualquer outro produto relacionado que você possa vender. Que desperdício seria vender apenas capas para iPhone.

Para descobrir o que mais vender, você precisa saber quais outros produtos relacionados a celulares os seus clientes compram, e quanto eles gastam. Se for US$ 100 por mês, sua meta deveria captar a maior parte possível destes US$ 100. Portanto, o que mais eles estão comprando, e como você pode vender isso para eles? A forma mais direta de descobrir é perguntando. A segunda melhor forma: pesquisar na seção da Amazon "Os clientes que compraram este item também compraram", logo abaixo do seu produto, ou de produtos similares. No caso de *software*, faça a pesquisa na Siftery.com ou na BuiltWith.com

Caso descubra que eles estão comprando carregadores USB junto com as capas de celular, será que você não deveria tentar uma parceria com um fornecedor de cabos USB? Ou construir os seus próprios? Criar uma licença? Você pode proceder como preferir quando souber o que seus clientes estão comprando.

Uma empresa que sabe muito bem como aumentar o recheio da carteira é a BestSelf.co. Os donos, Cathryn e Allen, são empreendedores brilhantes. Os dois criaram e vendem a SELF Journal por US$ 31,99. Desde o lançamento, em 2015, eles já venderam mais de 200 mil unidades. Parte da genialidade por trás dessa agenda é que cobre apenas treze semanas, e você pode usá-la a qualquer momento do ano. Então, quando você estiver habituado a usar a agenda, vai comprar mais um período quando acabarem as treze semanas – e nem vai se incomodar com o gasto. A BestSelf.co incentiva os clientes a manterem suas carteiras abertas ao vender assinaturas para a agenda. Você recebe uma nova a cada treze semanas com 10% de desconto.

Recentemente eles expandiram e passaram a vender produtos relacionados, como o SELF Shield, uma capa para a SELF Journal que chega a custar mais do dobro da própria agenda.

Também estão vendendo camisetas por US$ 24, um moletom com a frase WIN THE DAY (ganhe o seu dia) por US$ 55, SmartMarks (um combo de caderno e marcador de páginas) por US$ 15, Sidekick (uma versão em miniatura da SELF Journal) por US$ 13, um RoadMap de parede por US$ 9... e isso não é nem metade do que eles oferecem. Hoje o valor médio dos pedidos é de US$ 54 – quase o dobro do que era dois anos atrás (US$ 28), antes de eles começarem a incluir produtos adicionais. Eles enchem a carteira com o dinheiro que as pessoas gastam com ferramentas de produtividade – e estão fazendo um ótimo trabalho com isso.

No setor de *softwares*, o criador da ClickFunnels, Russell Brunson, mantém os clientes usando suas ferramentas por facilitarem tanto quanto possível aos empreendedores anunciarem, venderem e entregarem seus produtos e serviços on-line. Russell analisou os dados de seus consumidores, e sabe que a rotatividade cai de 10% para 4% nos primeiros dois meses se algumas medidas específicas forem tomadas, como criar um domínio customizado – e Russell faz isso pelos clientes. Ele cria um domínio customizado e assume o gasto como parte do processo de engajamento. Também descobriu que os clientes se tornam mais fiéis quando são estabelecidas integrações SMTP[5]. Assim que elesse subscrevem, as ferramentas da ClickFunnels ajudam os clientes a executar cada passo, da criação de um website ao atendimento de usuários, então eles nunca precisam usar outro serviço. Assim, conforme seu volume de negócios aumenta, eles passam a usar mais a ClickFunnels para manter esse aumento. Todo o modelo de negócios é construído ao redor do aumento do recheio da carteira. Eu entrevistei o CEO da ClickFunnels no meu *podcast*, e ele revelou que a empresa já passou de 65 mil clientes e de US$ 60 milhões em receita anual recorrente, sem precisar de qualquer investimento externo.

Tática Multiplicadora nº 2: Quando você tiver uma carteira maior de clientes, negocie descontos em coisas que precisa comprar

Você pode fazer isso com tudo, do material utilizado a assinaturas de *software* que ajudam a administrar o seu negócio. Cada dólar economizado é um dólar que fica para você. Se isso parece mesquinho, lembre-se de que os ricos não são ricos só por conta do dinheiro que ganham, mas também

---

5 * Protocolo para envio de e-mail, seja do cliente ou entre servidores, para propagar a mensagem ao destino pretendido. (N.T.).

por conta do tanto de dinheiro que preservam. Reduzir despesas é tão importante quanto aumentar a renda. Portanto, mais ou menos a cada três meses, verifique as suas despesas para identificar os dez maiores gastos. Envie um e-mail a estas empresas dizendo: "Eu preciso encontrar uma opção mais barata. Não consigo mais bancar esse valor. Você pode me ajudar a cancelar minha conta?"

Diga estas exatas palavras para que eles entendam que, talvez,você realmente desista do serviço. Quase todas as empresas têm algum processo estabelecido que possibilita ao vendedor incentivar a permanência de um cliente que pede para cancelar um serviço oferecendo um desconto. Isso vale especialmente para empresas de *softwares* e serviços. Basta convencê-las de que você vai mesmo cancelar.

Algumas vezes por ano eu escrevo um e-mail para qualquer empresa de *software* com que trabalho que cobre mais de US$ 100 por mês e digo: "Eu preciso cancelar minha conta. Não estou conseguindo os resultados que imaginei."

Há pouco tempo mandei esse e-mail para a ActiveCampaign, empresa que uso para campanhas específicas de marketing (para todo o resto, uso a Aweber): "Oi, se você verificar a minha conta, vai ver que não a usei tanto quanto usava no passado. Acho melhor cancelar o pagamento mensal de US$ 275. Você pode me ajudar a fazer isso?"

Christine, gerente de relacionamento com usuários da ActiveCampaign, respondeu com uma oferta de redução do meu pagamento mensal de US$ 275 para US$ 182. Economizei quase 50% com apenas uma pergunta. Esse tipo de resposta é muito comum quando você ameaça cancelar um serviço. É a maneira mais rápida de economizar dinheiro.

Isso não funciona com uma empresa gigantesca como a Amazon ou o Facebook. Você não vai conseguir um iPhone mais barato com essa estratégia. Mas, provavelmente, tem diversos gastos com empresas menores, que são mais propensas a negociar. Elas não querem perder um cliente, pois isso aumentaria sua rotatividade.

Essa tática não vai ser tão fácil de aplicar na compra de matéria-prima para um produto físico, pelo menos até você conseguir vender em grande escala. Mas com certeza é possível. Se você tem um *food truck* e chega a comercializar 5 mil refeições por mês, isso dá mais poder de negociação com os seus fornecedores. Aumentar o número de pedidos pode reduzir o custo unitário de coisas como abacates, ou recipientes de alimentos.

Isso acontece em todos os setores, em todos os níveis. O Walmart consegue combustível por um valor muito menor por garantir ao fornecedor volumes muito maiores de vendas. Você pode ter essa mesma vantagem. Por exemplo, eu consigo acesso ao *software* que preciso para administrar a TheTopInbox.com de graça ou com um grande desconto quando me ofereço para mencionar a empresa que faz o *software* no meu *podcast*. A BestSelf. com consegue comprar papel a preços melhores conforme seus pedidos aumentam.

Tática Multiplicadora nº 3: Faça suas maiores fontes de receita trabalharem juntas

Quando você era criança, aprendeu na aula de matemática que três valores pequenos multiplicados resultam em um valor pequeno: $1 \times 1 \times 1 = 1$. Mas é só aumentar uma unidade que a coisa começa a crescer: $2 \times 2 \times 2 = 8$. Quanto mais elementos você multiplica, e quanto maior o valor de cada um desses elementos, maior o resultado. São regras básicas da natureza e da matemática.

Aplique esse raciocínio quando estiver fazendo seu negócio crescer. Identifique as maiores fontes de receita, ou os projetos ou serviços com maior potencial, e tente trabalhar com uma combinação entre eles.

Essa abordagem me levou a criar a GetLatka.com. O *podcast* foi meu primeiro bem de valor – vamos dizer que vale 10. Eu queria descobrir com o que poderia multiplicá-lo para conseguir um resultado grande. Então pensei no que eu era bom, e que poderia virar algo de valor. Bem, a Heyo é uma empresa de *software*. Eu sou ótimo em criar *software*. Então, pensei, como posso pegar meu *podcast*, um bem na área de mídia (10) e multiplicar por outro bem relacionado a *software* (10) para conseguir 100?

Foi aí que me lembrei de um problema comum entre ouvintes do meu *podcast*: eles valorizavam a informação distribuída nos mais de setecentos episódios, mas não tinham tempo de ouvir cada um deles para encontrar exatamente aquilo que queriam. Então resolvi gastar US$ 50 mil, sem colocar nenhum dólar do meu dinheiro (mais sobre isso no capítulo 11) para criar o GetLatka.com, que possibilita aos ouvintes encontrar com mais facilidade quais episódios querem ouvir. Eles também conseguem verificar dados de receitas, contas de clientes, avaliações e outros dados sobre empresas privadas de *software*.

VENDAS SEM CUSTOS: DA PLANILHA A US$ 2 MIL NO MEU BOLSO TODOS OS MESES

Tudo começou com a pré-venda de uma simples planilha do Google. Eu preenchi a planilha com dados que convidados do *podcast* me forneceram, e disse aos ouvintes que eles poderiam comprar uma versão para *download*:

Dec 16 MRR	Dec 17 MRR	Growth Rate	Space	Podcast Episode	Company Na	CEO Name	Custome	Raised	ARPU	Gross Churn	CAC	Location	LTV Months	LTV Dollars
$4,500	$55,000	1122%		578	Ripple Recruit	Andrew Myers	view on	$700,000	$300	0%		NYC		
$35,000	$350,000	900%		1051	marketmuse		view on	$4m	$5,000	0.01	8000	Boston, NYC,	84	
$65,000	$600,000	823%		984	hyprbrands.c	Gil Eyal	view on	$6,000,000	$3,333		$20,000	Israel, NYC	6-7years	$200k
$10,000	$68,000	580%		973	tagove.com	Laduram Vish	view on	$750,000	$65,000	$70		SF, London, N	18	$700	1500
$10,000	$57,000	570%		1041	idealspol		view on	$2,500,000	$870	0.2	15000	Austin	5	
$20,000	$120,000	500%		929	demandjump	Christopher D	view on	$4,000,000	$82,500	$10,000		36	$135.000	5000
$67,000	$386,000	476%	$8m cap on or	769	leadcrunch.c	Olin Hyde	view on	$2,000,000			$14,000	Chicago, San Diego, SF		
$100,000	$550,000	450%	65% saas, 35%	768	mobilewalla.	Anindya Datta	view on	website		$172,000	Don't spend o	NYC		Don't spend
$22,000	$100,000	355%		695	Detectify	Rickard Carls	view on	$2,500,000	$90	2%	no paid	Sweden		
$10,000	$45,000	350%		295	publicfast.co	Vitali Malets	view on	$400,000	$333	20%		Ukraine		
$17,000	$70,000	312%	Sales Automa	383	Prospect.io	Vincenzo Rug	view on	$60,000	$45	6%	$50	Belgium	16.66666667	$750
$10,000	$40,000	300%		746	komiko.com	Hal Howard	view on	$2,000,000	$30	<1%	too early	Seattle	too early	too early
$80,000	$191,815	284%		386	TravelPlan.cc	Kenneth Lee	view on	$125,000	$10	too early	$20	Asia	too early	too early
$70,000	$268,000	283%	Data and Leac	523	Xig.al	Usman Sheikh	view on	$1,125,000	$7,000	0%	too early	Los Altos, CA	too early	too early
$9,167	$35,000	282%		403	PromoRepubl	Maksym	view on	$650k	$10/mo	8%	$100		12.5	$125
$50,000	$190,000	280%		736	Wurk	Keegan Peter	view on	$3,000,000	$20			Denver, Colorado		
$600,000	$1,833,333	287%		1059	jell		view on	$48,000,000		<5% annually	100000	San Mateo, NYC, Boise Idaho		
$418,900	$1,520,000	265%		911	instapage.co	Tyson Quick	view on	Dec 2016 $5m	8%	8F		$1,200	166666.67	4 months
$75,000	$270,000	260%		1036	prezly		view on	bootstrapped	$900	0.012	7000	Remote	100	$40,000
$108,000	$375,000	244%		851	exponea.con	Peter Irikovsk	view on	$3,000,000	$269,187	$38,000	Slovakia dev.	300	11 months	108
$104,000	$350,000	237%	Marketing Aut	335	SocialProof	Nathan Laber	view on	$4,000,000	$50	5%	$100	Detroit	20	$1,000

Hoje, o domínio GetLatka.com já evoluiu muito desde aquela planilha. Eu multipliquei o meu maior bem (o *podcast*) pela minha habilidade de maior potencial (criar *softwares*) para produzir um *software* gerador de dinheiro que os clientes usam para navegar pelos arquivos do meu *podcast*. Agora eu aumento os preços gradualmente. A seguir, o exemplo de um dos primeiros clientes me pagando US$ 24 mil (US$ 2 mil por mês) pelos dados (ver "Taxa de Retenção" ao final):

ACORDO DE RETENÇÃO

Este acordo de retenção (este "**Acordo**") passa a valer no dia 1º de janeiro de 2018 (a "**Data Efetiva**") entre ████████████ corporação de Delaware ██████████ e The Latka Agency, corporação do Texas (a "**Agência Latka**").

Termos

███████████ busca fornecer empréstimos de financiamento baseados em receita (**"Empréstimos Baseados em Receita"**) para negócios
comerciais qualificados (**"Negócios Qualificados"**) com termos e
quantias que foram previamente delineadas para a Agência Latka.

███████████ deseja engajar e autorizar a Agência Latka a introduzir
determinados Negócios Qualificados para ██████ sujeito a certos
termos e condições, em troca de determinadas taxas a serem pagas
para a Agência Latka pelo presente acordo.

ACORDO

Agora, portanto, em consideração ao que foi exposto acima e para
outras considerações pertinentes, o recibo e a suficiência dos quais
são reconhecidos por este documento, os envolvidos estão de
acordo quanto ao seguinte

Papel da Agência Latka; não é um de██████████████████, retém
a Agência Latka para agir como seu intermediário não-exclusivo
para localizar Negócios Qualificados (cada um deles um **"Prospecto"**) que possam desejar adquirir empréstimos baseados em
receita de██████████████████, Não terá nenhuma obrigação de consumar qualquer empréstimo baseado em receita com
qualquer prospecto. A AGÊNCIA LATKA NÃO É AUTORIZADA A ATUAR
COMO AGENTE DE██████████, OU A OFERECER FINANCIAMENTOS OU
FAZER EMPRÉSTIMO PARA QUALQUER PROSPECTO OU A VINCULAR
████████████DE QUALQUER FORMA EM RELAÇÃO AO ACORDO, QUAL-
QUER EMPRÉSTIMO BASEADO EM RECEITA. A AGÊNCIA LATKA É E
DEVERÁ SER UM CONTRATANTE INDEPENDENTE E NÃO UM FUNCIONÁ-
RIO, SÓCIO, AGENTE, REPRESENTANTE OU PARCEIRO DE██████████

Informação. A Agência Latka pode disponibilizar certas informações
para Prospectos referentes a ██████████ e/ou para ██████████
referente a Prospectos, suas qualificações e ou condições para
financiamento, no entanto a avaliação destas informações é de
responsabilidade das partes envolvidas no empréstimo baseado
em receita, e qualquer informação fornecida para qualquer parte
pode ser aceita ou recusada pelas partes.

Taxa de retenção: ███████████ pagará para a Agência Latka. LLC uma taxa mensal de US$ 2.000 em troca da curadoria e introdução a Prospectos. Pagamentos serão feitos mensalmente por cartão de crédito no dia primeiro de cada mês. Qualquer Taxa de Retenção a ser paga para a Agência Latka ficará sob exclusiva obrigação de ███████████.

A meta aqui é fazer com que as três táticas multiplicadoras funcionem ao mesmo tempo: expandir o recheio da carteira, negociar descontos nas compras com volume e fazer com que os seus maiores fluxos de renda funcionem juntos. Usar apenas uma tática multiplicadora é como comer um sanduíche só com pão. Dá para comer (é o que maioria de você faz a vida toda), mas o sabor é péssimo. Com as três funcionando ao mesmo tempo você tem um lindo sanduíche de carne, salada e tomates cujo sabor explode na boca. É muito melhor. Bem-vindo à turma dos Novos Ricos.

13

VENDENDO UMA EMPRESA

Eu ganhei o meu dinheiro vendendo cedo demais.

— Bernard Baruch

Vender uma empresa é uma estratégia de crescimento tão válida para criar riqueza quanto comprar uma empresa já existente ou criar uma nova. A decisão de vender tem tudo a ver com tempo – o tempo que você passa administrando a empresa, o tempo que ela vai levar para crescer, e o tempo do mercado.

Uma agenda cheia é o maior alerta para vender. Lembre-se de que juntar-se aos Novos Ricos se resume à renda passiva. Se você passa todo o seu tempo administrando uma empresa, você deixa de gerar outros fluxos de renda. Muita gente mente para si mesma quanto a isso. Elas pensam que um projeto é passivo, quando na verdade toma um bocado de tempo. Se uma empresa realmente é passiva e produz lucro, fique com ela. Mas se consumir o seu tempo sem ter um final em vista, melhor vender.

Também avalie o crescimento. Se os números estão parados ou em declínio, venda. Talvez você sinta a tentação de forçar um crescimento, mas isso requer muito tempo. Ou requer que você contrate uma equipe e a mantenha incentivada cedendo ações da empresa. Dá para se fazer, mas é uma arte.

Igualmente importante: o tempo do mercado. Ao sentir que o mercado está supervalorizando o espaço que você ocupa, pode ser hora de tirar vantagem da onda e vender. Transforme o negócio em dinheiro enquanto ainda está aquecido.

UMA FRASE QUE USO PARA CONSEGUIR OFERTAS SEM PARECER DESESPERADO

O velho ditado "Você precisa ser comprado, não se vender" é exatamente isso. Esqueça a ideia antiquada segundo a qual você só vai conseguir uma ótima oferta pela sua empresa se houver alguém determinado a comprá-la. Você precisa anunciar seu interessem em vender – apresentando alguma razão em que as pessoas possam acreditar – para iniciar as conversas. Passe essa impressão mesmo se estiver apenas curioso com a perspectiva de vender. Escreva um e-mail para alguns dos seus concorrentes e diga: "Eu realmente preciso vender a empresa para cuidar de algumas questões pessoais. Vamos conversar?"

Diga apenas isso. Pode soar desesperado, mas essa é a ideia. A energia do seu desespero vai levar compradores em potencial a se envolver em conversas que de outra forma não aconteceriam. Eles vão ver uma oportunidade fácil para dominar um concorrente, algo que nunca querem perder. E vão se esforçar para persuadir seus cofundadores, colegas e o conselho a fazer uma oferta. Esta é a posição em que você quer colocá-los. Depois de vender a ideia para a equipe, surge a expectativa de que vão conseguir fechar o negócio. Se não fecharem, pega mal. Use isso a seu favor. Todo mundo quer fazer um bom negócio e depois se gabar disso para a equipe. Se puder oferecer ao comprador em potencial um valor inicial "com desconto" que o agrade, ele vai contar para todo mundo.

Depois de fazer com que mordam a isca, você avisa que surgiram outros interessados em comprar, de forma a criar uma competição e fazer com que eles aumentem sua oferta para um nível que seja aceitável.

As fortes emoções começam a surgir quando compradores em potencial emitem Cartas de Intenção. Chegar neste ponto significa que eles convenceram sua equipe a fazer uma oferta. Passaram algum tempo pensando estrategicamente a respeito da compra; já determinaram um preço; estão escolhendo uma data final. Já começaram a visualizar como a empresa será quando for deles.

Essas são as preliminares que ocorrem quando empresas estão interessadas umas nas outras. Quando quero comprar uma empresa, sei que emitir uma Carta de Intenção aumenta o meu comprometimento. A essa altura já aprendi mais sobre o CEO, a situação financeira da empresa e os sistemas que a equipe usa. Ainda posso desistir, mas já seria algo mais dolorido. É nesse estado que você quer colocar os seus compradores.

Tendo em mãos algumas Cartas de Intenção você consegue colocar um comprador em potencial contra o outro. Mas como levar os compradores em potencial a aceitar mais do que aquele preço com desconto que eles estavam imaginando? Mantenha-os emocionalmente envolvidos. Eu costumo oferecer a seguinte resposta para uma oferta inicial (quando acredito que seja sincera) para eliciar emoções:

> "Eu tenho duas responsabilidades: uma é a responsabilidade financeira com os investidores. A outra é garantir que meus clientes estejam satisfeitos. Acredito que os nossos clientes ficariam mais satisfeitos com você. Mas, financeiramente, você precisa aumentar a sua oferta para eu poder cumprir minha responsabilidade fiduciária com meus investidores." (Caso você não tenha investidores, diga "conselheiros".).

Usar os investidores como justificativa para o preço maior faz com que a conversa sobre dinheiro permaneça objetiva. A situação financeira é como é. Você não está apenas sugerindo um valor ideal fantasioso. E mencionar a satisfação dos clientes faz com que os compradores pensem em cultura e identificação – intangíveis que falam mais alto que o dinheiro. Pense nas vezes em que você comprou um imóvel. Entrar em um imóvel que "parece certo" não o torna mais propenso a passar um pouco do orçamento? De repente você já começou a racionalizar a despesa extra. É uma reação totalmente humana, e funciona no mundo dos negócios.

Eu usei essa técnica ao negociar com um potencial comprador da Heyo em 2015:

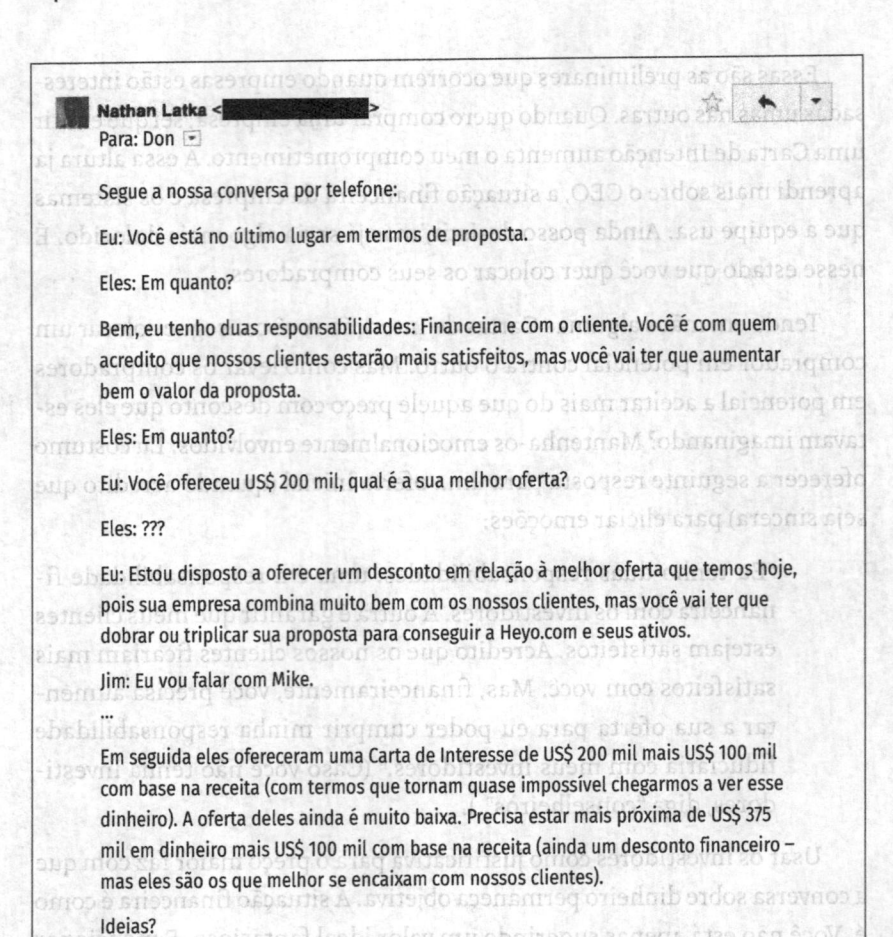

Nathan Latka < ■■■■■■■■ >
Para: Don ▾

Segue a nossa conversa por telefone:

Eu: Você está no último lugar em termos de proposta.

Eles: Em quanto?

Bem, eu tenho duas responsabilidades: Financeira e com o cliente. Você é com quem acredito que nossos clientes estarão mais satisfeitos, mas você vai ter que aumentar bem o valor da proposta.

Eles: Em quanto?

Eu: Você ofereceu US$ 200 mil, qual é a sua melhor oferta?

Eles: ???

Eu: Estou disposto a oferecer um desconto em relação à melhor oferta que temos hoje, pois sua empresa combina muito bem com os nossos clientes, mas você vai ter que dobrar ou triplicar sua proposta para conseguir a Heyo.com e seus ativos.

Jim: Eu vou falar com Mike.

...

Em seguida eles ofereceram uma Carta de Interesse de US$ 200 mil mais US$ 100 mil com base na receita (com termos que tornam quase impossível chegarmos a ver esse dinheiro). A oferta deles ainda é muito baixa. Precisa estar mais próxima de US$ 375 mil em dinheiro mais US$ 100 mil com base na receita (ainda um desconto financeiro – mas eles são os que melhor se encaixam com nossos clientes).

Ideias?

Esta conversa os levou a triplicar a oferta inicial.

VENDA PICLES PARA O VENDEDOR DE ALFACE

Se você nunca vendeu uma empresa, pode ser difícil saber para quem enviar aquele e-mail inicial. O primeiro grupo óbvio são os seus concorrentes. Eles adorariam engolir a sua fatia do mercado e tirar você do caminho. Se você tem uma loja de brownies, aborde outras panificadoras na vizinhança. Ou então busque uma marca nacional de brownies. Talvez eles estejam interessados em expandir na sua região.

Outra opção fácil é a boa e velha mídia social. É uma ótima maneira de encontrar compradores em potencial que você nunca imaginaria terem interesse. Além disso, fica mais fácil para as pessoas compartilharem com outros. Basta postar a mesma coisa que você escreveria em um e-mail para possíveis compradores: "Olá pessoal, eu realmente preciso vender a empresa para cuidar de algumas questões pessoas. Entre em contato caso você ou algum conhecido queira conversar."

Essa abordagem funciona melhor se você estiver vendendo uma empresa pequena, com menos de US$ 10 mil por mês em renda. Caso contrário, pense em empresas que ofereçam produtos ou serviços adjacentes aos seus. Se você tiver uma empresa de *software* que ajuda pequenos negócios a processar o faturamento, tente abordar uma empresa especializada em processar folhas de pagamento. Ou então uma empresa como a Vista-print, que ajuda pequenos negócios a criar material de marketing e cartões de visita.

Pense no mercado como se fosse um hambúrguer. Existem muitos elementos diferentes, porém complementares ao seu redor, como pães, tomates, cebolas, picles, ketchup, queijo e carne. Se você for um queijo e não conseguir encontrar um concorrente direto para comprá-lo – outro queijo – procure empresas complementares, como a alface ou o pão. Olhe ao redor e entenda o que mais os seus clientes estão comprando de você. Se estiverem comprando bolas de futebol, eles provavelmente também compram bombas de ar. Talvez você consiga vender a sua empresa de bolas de futebol a uma empresa de bombas de ar.

Pense também nos canais de distribuição do seu produto como potenciais compradores. Matt Rissell foi cofundador do Tsheets, um *software* para folhas de pagamento criado em 2006, e teve dificuldades para gerar lucro durante os primeiros anos da empresa. Eles só começaram a crescer mais, quando passaram a comercializar o *software* pelo Intuit App Center, onde acabaram chegando no topo do ranking. Alguns anos depois, em 2017, a Intuit comprou a TSheets por US$ 340 milhões.

A Square e a Weebly seguiram um caminho semelhante. A Square passou anos vendendo muitos dos produtos para construção de websites da Weebly. Em 2018 a Square finalmente comprou a Weebly por US$ 365 milhões.

Observe quem está conseguindo vender bem os seus produtos. Se algum dos seus distribuidores estiver movimentando bastante volume, talvez ele tenha interesse em comprar a empresa inteira.

Portanto, não deixe de olhar para esses três canais caso não saiba por onde começar a sua caça por um bom comprador: concorrentes, outros elementos no mesmo espaço (o hambúrguer) e distribuidores. É provável que você encontre mais opções do que imagina.

VENDA ENQUANTO VOCÊS SÃO JOVENS E BONITOS

Como jovem eu me refiro a você, e como bonito me refiro à sua empresa (claro que não faz mal se você também for bonito. É chocante o número de acordos que já fechei por conta do meu cabelo).

Eu aprendi essa lição do jeito difícil com a Heyo.com. Em 2012, a iContact me ofereceu US$ 6,5 milhões para comprar a Heyo. Na época todos os nossos concorrentes estavam saindo do jogo com ofertas imensas. A Salesforce comprou a Buddy Media por mais de US$ 600 milhões. A Wildfire foi vendida para o Google por US$ 350 milhões.

Ver aqueles acordos inflou o meu ego. Pensei que se Mark Zuckerberg podia recusar a oferta bilionária da Yahoo para comprar o Facebook em 2006, e os meus colegas estavam recebendo propostas de nove dígitos, US$ 6,5 milhões não eram nada. Eu poderia conseguir algo muito melhor. Na época eu tinha 22 anos e era novo nisso. Não tentei negociar, nem jogar um comprador contra outro. Simplesmente recusei a oferta da iContact.

5221 Paramount Pkwy Ste 200 | Morrisville, NC 27560 | (919) 433-0735 | www.icontact.com

October 20, 2011

Nathan Latka
CEO, Lujure Media LLC
220 N. Main St.

Blacksburg, VA 24060

Caro Nathan,

O propósito desta carta confidencial ("**Carta de Intenções**") é resumir as nossas discussões e expressar nossas intenções mútuas referentes à aquisição, por parte da iContact Corporation, uma corporação de Delaware, ou sua subsidiária própria, a ser designada ("**Comprador**"), de todos os ativos de Lujure Media LLC, uma sociedade limitada sediada em Virgínia ("**Vendedor**"), que são usados para operar a Lujure.com (a "**Empresa**"), sujeito aos seguintes termos e condições, e sujeito à execução, por parte do Vendedor e do Comprador, de um acordo mutuamente aceito e definitivo de compra do bem (o "**Acordo Definitivo**"), e de documentos relacionados.

1. Aquisição dos bens: preço de compra

    (a) No fechamento do acordo (o "**Fechamento**"), o vendedor irá vender, transferir e atribuir ao Comprador, e o Comprador irá comprar e adquirir do Vendedor, todos os bens tangíveis e intangíveis do Vendedor que sejam parte de, atualmente ou habitualmente usados em conexão com, ou necessários para a condução da Empresa, incluindo qualquer ativo adquirido após a data desta Carta de Intenções, mas antes do Fechamento (coletivamente, os "**Ativos**"), livres de qualquer alegações, embargos, acusações, interesses de segurança, ônus e restrições, por um preço (o "**Preço da Compra**") conforme determinado abaixo. Os Ativos deverão incluir especificamente, sem limitações, os bens expostos no documento anexo Anexo A. Sujeito à devida diligência, o Comprador antecipa que o Fechamento irá ocorrer até o dia 5 de dezembro de 2011.

(b) O Preço da Compra será de até US$ 6,5 milhões e será pago da seguinte maneira:

- O valor total potencial a ser considerado será calculado pela multiplicação da soma das receitas GAAP do Vendedor em setembro, outubro e novembro de 2011 por 12.0; no entanto, a consideração do valor será vinculada de tal forma que o menor valor considerado será igual a US$ 2 milhões, e o maior valor considerado será igual a US$ 2,5 milhões, sujeito a ajustes por considerações contra a garantia e a Obrigação de Contratação de Garantia (como definido abaixo). O valor considerado será pago da seguinte maneira:

Foi um dos maiores erros da minha vida.

Nunca subestime o *timing* de um mercado. A Salesforce comprou a Datorama em julho de 2018 por US$ 800 milhões. Na mesma época, a Babak Hedayati conseguiu US$ 15 milhões em receita e 3 mil clientes para sua ferramenta concorrente, a Tapclicks, que ajuda empresas de mídia como a Scripps a administrar relatórios em tempo real. As empresas estão usando essa ferramenta para aplicações em maior escala de relatórios sobre clientes, agregação e visualização de dados e administração do fluxo de trabalho para levar inteligência e automação às suas operações. Não me surpreenderia ver a Babak se aproveitar do *timing* do mercado e ter sua receita anual de US$ 15 milhões multiplicada por um fator de seis a dez vezes no futuro próximo.

Eu gostaria de já ter entendido importância do *timing* do mercado em 2011. Plataformas de marketing para mídias sociais faziam sucesso na época. Isso era óbvio com base em todos os acordos que estavam rolando. Mas quando os meus concorrentes saíram do jogo o mercado esfriou. A Google chegou a fechar a WIldfire em 2014. Eu perdi completamente a janela para conseguir um lucro grande, pois o clichê é verdadeiro: *timing* é tudo.

Quando recebi outra oferta pela Heyo, em 2016, foi por um valor muito menor. Recebemos US$ 300 mil por uma parte dos ativos da empresa, e os US$ 1,4 milhão que tínhamos no banco foram devolvidos aos investidores. Eu tive de vender porque a empresa estava tomando todo o meu tempo. Por conta de ser jovem e solteiro, sem nenhuma responsabilidade, eu sabia que investir todos os meus esforços em uma única empresa não bastaria para me tornar rico.

MEU CONTRACHEQUE: EU TINHA 26 ANOS E ERA CEO

Teria sido muito fácil continuar na Heyo. Com 26 anos, eu estava ganhando mais do que todos os meus amigos, mas sabia que nunca ficaria realmente rico com um contracheque. É engraçado lembrar de quando eu estava persuadindo o conselho a aumentar o meu salário de US$ 80 mil para US$ 100 mil, como se isso fosse fazer uma diferença imensa para mim.

Aqui está aquele lindo contracheque de US$ 100 mil:

Lujure Media, Inc 902 Prices Fork Road Suite 2100 Blacksburg, VA 24060					Earnings Statement				
					Check Date:		October 15, 2014		
					Period Beginning:		October 01, 2014		
					Period Ending		October 15, 2014		
Nathan W Latka		Employee Number	16	Dept	100	Voucher Number		1809	
						Net Pay		2,770.18	

Earnings	Rate	Hours	Amount	YTD Hrs	YTD Amt	Taxes	Status	Taxable	Amount	YTD Amt
Reg	0.00	86.67	4166.67	1646.73	75000.03	Medicare		4166.67	60.42	1087.50
Total Gross Pay		86.67	4166.67	1646.73	75000.03	OASDI		4166.67	258.33	4650.00
						Federal Income Tax	S/0	4166.67	856.07	15171.18
						Virginia SITW	S/0	4166.67	221.67	3972.13
						Total Tax Withholding			1396.49	24880.81

Eu me sentia muito "bem" com essa renda, mas passar de US$ 80 mil para US$ 100 mil não mudou muita coisa, pois o governo ficava com uma parte muito grande em impostos. Isso também me ajudou a entender que eu era um funcionário em uma empresa estagnada. O potencial do meu capital (que é como você fica rico) era muito pequeno, por ter perdido a nossa grande oportunidade em 2012.

Não demorou muito para perceber que eu precisava fechar a Heyo, ou então vendê-la, para deixar de ganhar dinheiro como funcionário e passar a ganhar dinheiro como investidor. Foi assim que passei de lutar tanto com o conselho por um aumento para querer uma saída.

Eu estava obcecado com o mantra de Jim Collins: o bom é inimigo do ótimo. E eu queria algo realmente "ótimo". Sabia que precisava sair da Heyo e liberar meu tempo para fazer os negócios que faço agora, que me rendem milhões. Era o passo certo.

É importante lembrar disso: se você for jovem e solteiro e não tiver responsabilidades, mesmo se for estudante morando em um alojamento, agora é a hora de assumir grandes riscos, porque se você fracassar não vai cair de uma altura tão grande. Você não tem muito a perder. Eu perdi um monte de dinheiro quando não vendi a empresa em 2012, mas as minhas perdas teriam sido ainda maiores se eu tivesse ficado mais tempo na Heyo. Eu tinha menos de 25 anos e não tinha obrigações com ninguém. Era o momento perfeito para fazer apostas maiores.

PESANDO OFERTAS: QUANDO VENDER, QUANDO SAIR

Sei que nem todo mundo lendo isto é um jovem de vinte e tantos anos que mora num alojamento e adora riscos. Pode ser difícil saber quando o certo é continuar o que você está fazendo (como Zuckerberg fez em 2006) ou aceitar uma oferta enquanto pode (como eu deveria ter feito em 2012). Ao acrescentar grandes responsabilidades à situação, como uma família que depende de você, a escolha pode se tornar paralisante.

Mas a decisão se resume a matemática, pura e simplesmente. Se você estiver em uma empresa rentável, pense no valor do dinheiro em termos de tempo. Digamos que você detém 50% de uma empresa que rende US$ 500 mil ao ano e esteja pagando a si mesmo um salário de US$ 80 mil. E vamos supor que não sobre dinheiro ao final do ano para poder pagar um dividendo para si mesmo.

Se puder vender a empresa hoje pelo equivalente a uma receita anual (ou seja, US$ 500 mil), isso vai colocar US$ 250 mil no seu bolso antes dos impostos (você é dono de 50%). O meu conselho geral é: se, ao vender, você conseguir acesso ao mesmo montante de dinheiro que de outra forma levaria três anos ou mais anos para ganhar trabalhando nesta empresa, aceite o acordo. E em seguida use esse dinheiro para começar algo novo.

Portanto, se estiver ganhando US$ 80 mil ao ano antes dos impostos, sem receber dividendos, aceite o acordo que deixa US$ 250 mil nas suas mãos agora. Assim você poderá contar com esse impulso. Pode dizer que vendeu a sua empresa, e terá US$ 250 mil para reinvestir na próxima ideia.

Dar as costas para uma empresa lucrativa é assustador, mas você precisa confiar em si mesmo nesses momentos. Na sua inteligência. Outra grande ideia virá. Aposte em si mesmo. Use o impulso para criar algo diferente.

Nós sempre tememos que não surjam ideias melhores, mas isso nunca é verdade. Basta olhar para Elon Musk. Sua primeira empresa foi uma agência que ele lançou quando tinha vinte e tantos anos. Ele vendeu essa agência e começou a X.com, que acabou se transformou na PayPal. Depois de sair da PayPal ele usou os lucros obtidos para lançar a SpaceX, e depois a Tesla, e mais recentemente a The Boring Company. No momento em que escrevo isto, Musk vale US$ 20 bilhões. Mesmo se nunca chegar tão alto, Musk é um exemplo do que pode acontecer se você confiar nos seus instintos e continuar construindo em cima dos sucessos atuais.

Aproveite as suas vitórias. O impulso gerado por elas é um grande ativo. Apegue-se a essa motivação e a alimente. Venda a sua empresa se tiver a oportunidade e a oferta fizer sentido. Muito disso também se resume a emoções. Quando você olhar para as ofertas finais, se não achar nenhuma competitiva, escreva um e-mail para todos dizendo: "Peço desculpas, mas não posso aceitar a oferta. Vou continuar desenvolvendo a empresa." Muitas vezes, quando você realmente dá as costas dessa maneira, as pessoas respondem com ofertas maiores.

Quando você usar essa tática e ela funcionar, lembre-se do seu amigo Nathan!

CONCLUSÃO

Muitos livros sobre dinheiro, riqueza e poder são atemporais. Este não é um deles.

As vagas no barco dos Novos Ricos são limitadas, e se você não conseguir um lugar agora, vai perder sua chance. Olhando para a história, você pode ver que as pessoas mais ricas se aproveitaram de conhecimentos muito importantes antes que as "massas falidas" chegassem lá.

Henry Kravis, da Kohlberg Kravis Roberts (KKR), criou a indústria de aquisição alavancada (LBO) nos anos 1976 usando a própria força do fluxo de caixa de uma empresa para enchê-la de dívidas e depois assumir o negócio. Em 1980, todo mundo começou a fazer LBO, o que tornou os melhores acordos mais raros.

Bilhões de dólares em riqueza foram criados quando a bitcoin alcançou o pico de US$ 19.205,11 no final da primavera de 2017. Os que conheciam o poder da bitcoin um ano antes compraram por menos de US$ 3 mil. Vantagem do operador mais ágil.

Geralmente quando uma ideia alcança as massas, as estratégias não funcionam mais.

Por quê?

O 1% de privilegiados mais ricos são espertos. Quando sobem a escada do sucesso, estão preocupadas em acumular, o que significa que precisam destruir a escada para que outros não consigam subir atrás.

Inventam "regras" e trabalham muito arduamente para vender essas regras para você, para mantê-lo trabalhando para eles.

▸ Concentre-se em uma coisa só!

▸ Copiar é ruim!

▸ Sempre estabeleça objetivos!

▸ Pergunte aos clientes o que eles querem e dê isso a eles!

Ao longo dessas mais de duzentas páginas, eu mostrei como fiz para desafiar mentalmente essas regras, e para burlá-las de maneira espetacular produzindo riqueza imediata.

No começo do livro eu disse que você aprenderia:

▸ Como ativar o seu dinheiro oculto reduzindo gastos.

▸ O jeito fácil de viver como um rei sem possuir nada.

▸ Como investir no mercado imobiliário sem ter tempo, dinheiro nem conhecimento.

▸ Formas inteligentes de comprar empresas sem usar o seu próprio dinheiro.

▸ Como transformar US$ 1 em US$ 3 com ideias não convencionais sobre investimento.

▸ Como ficar rico copiando os seus concorrentes.

▸ Três alavancas que você pode ativar para multiplicar seus negócios.

▸ Como vender uma empresa quando você quiser.

Em seguida mostrei (com capturas de tela e tudo!):

▸ Como consegui um Rolls-Royce Ghost de US$ 300 mil de graça.

▸ As palavras que usei para fazer o meu primeiro negócio imobiliário, que rende US$ 1.700 ao mês em renda passiva.

▸ Como usei um passivo como vantagem para assumir uma empresa (e como fiz com que eles me pagassem US$ 15 mil por isso!).

▸ Como assinei um cheque de US$ 6 mil para a dona de um *food truck* e recuperei esse dinheiro rapidamente, junto com um fluxo de *royalties* pelo resto da vida.

▸ Lugares esquisitos no mundo on-line que pesquiso em busca de formas para copiar concorrentes e roubar a fatia deles do mercado.

▸ Como faço com que clientes atuais me paguem mais, sem o trabalho extra de sair caçando novos clientes.

▸ Seis palavras que usei para vender as minhas empresas: "Essa é a sua melhor oferta?".

Parabéns por investir em si mesmo e usar o seu tempo para ler este livro. Agora você é parte de um grupo muito especial. O passo seguinte é executar antes de o resto das pessoas também chegar lá. Eu dei a você as chaves do cofre dos Novos Ricos. Agora você abre a porta.

Eu abri.

Pesquise no Google "Nathan Latka angaria US$ 1 bilhão para mais aquisições de *software*" e você vai ver o que quero dizer com isso.

AGRADECIMENTOS

Tantas pessoas merecem créditos por este livro.

Primeiro, para meu amigo Allen Gannett, que me apresentou para um dos melhores agentes literários em atividade, Jim Levine. Jim me ajudou a transformar minhas ideias em uma proposta vencedora, e depois continuou exercendo um papel crucial no desenvolvimento editorial e na estratégia de lançamento.

Também sou grato a todos na Portfolio/Penguin Random House, a começar por minha muito paciente editora, Leah Trowborst; seguida pelo presidente e CEO Adrian Zackheim e por Will Weisser; Stefanie Brody; Helen Healey; Olivia Peluso; Taylor Edwards; Tara GIlbride e Jamie Lescht, por acolherem as minhas ideias malucas e terem tido a coragem de publicar um livro que vai contra muitas ideias convencionais sobre o mundo dos negócios.

Maria Gagliano teve uma capacidade incrível de organizar as minhas ideias e esboços na forma de um fluxo coerente. Fica claro porque Simon Sinek e tantos outros autores de *bestsellers* a consideram uma grande estrela.

Finalmente, tenho tantos amigos a agradecer que me ajudaram a testar títulos de capítulos, títulos do livro, imagens para a capa e assim por diante. Estes amigos incluem Pat Matthews, da Active Capital; Tucker Max, da Scribe; James Jacoby da Harvard; Bill Shaw, presidente da Entrepreneur. com; Dave Hamilton e Erika Hardin, do Cineflix, que viram o potencial televisivo dos livros; e meu agente de televisão, Ben Levine, da CAA.

Agradecimentos especiais para minha mãe e meu pai por decidirem que iam ter uma "noite entusiasmada" cerca de 29 anos atrás. À minha mãe me ensinou o valor do dinheiro, o poder de uma decisão e o lado positivo do trabalho duro; e ao meu pai que me ajudou a desenvolver os meus músculos competitivos e um apetite incrível por grandes vitórias.

Impresso por

MISTA

Impresso por:

www.metabrasil.com.br